国家自然科学基金项目“全球生产网络与区域发展策略耦合机制和调控研究——以江苏省韩资汽车行业为例”(41371136)资助出版

江苏高校哲学社会科学研究项目“江苏省新型城镇化与经济扩散互动机制及调控研究”(2014SJB663)资助出版

教育部人文社会科学基金青年项目“东部发达地区‘双重目标下’的区域协调发展机制及路径研究—以江苏省市县际为分析视角”(12YJCZH127)资助出版

区域经济空间极化与协调发展

张春梅 著

东南大学出版社

·南京·

图书在版编目(CIP)数据

区域经济空间极化与协调发展 / 张春梅著. — 南京：东南大学出版社，2017.9

ISBN 978-7-5641-7185-8

Ⅰ.①区… Ⅱ.①张… Ⅲ.①区域经济发展—协调发展—研究—江苏 Ⅳ.①F127.53

中国版本图书馆 CIP 数据核字(2017)第 243508 号

区域经济空间极化与协调发展

出版发行：东南大学出版社
社　　址：南京市四牌楼 2 号　邮编：210096
出 版 人：江建中
策划编辑：刘　菲
网　　址：http://www.seupress.com
电子邮箱：press@seupress.com
经　　销：全国各地新华书店
印　　刷：虎彩印艺股份有限公司
开　　本：700 mm×1000 mm　1/16
印　　张：15.5
字　　数：292 千字
版　　次：2017 年 9 月第 1 版
印　　次：2017 年 9 月第 1 次印刷
书　　号：ISBN 978-7-5641-7185-8
定　　价：56.00 元

前 言

区域经济空间极化是指在经济发展过程中因不同地区的发展速度不同导致区域经济偏离原有的空间平衡状态而呈现出相似经济发展水平地区相对集聚的分布态势，即经济发展水平较高地区和经济发展水平较低地区分别相对集聚分布态势。这里的空间平衡状态不是无差异的绝对平均状态，而是经济发展水平较高地区或经济发展水平较低地区较为平均地分布在区域中的相对平均状态，即经济发展水平较高地区和经济发展水平较低地区相互交织地分布在一起的状态。区域经济空间极化研究是区域经济开发与管理的基础，该项研究具有强烈的现实需要与实践意义。本书基于探索性空间数据分析，集成多种定性与定量分析的方法对江苏省区域经济空间极化程度、态势、布局、结构及机制等方面进行研究，为相关经济活动主体的经济行为决策提供依据。

本书共分 11 章。第 1 章为绪论。本章主要对极化、经济极化、经济空间极化、区域经济空间极化、区域经济空间分异、区域经济差异等相关概念进行界定、辨析，介绍本书的选题背景、研究内容、研究意义、研究方法、本书框架和技术路线等内容。第 2 章为国内外区域经济空间极化相关研究进展。本章从研究的历史阶段和研究的内容体系两个视角分别对国内外区域经济空间极化相关研究进展进行回顾，在此基础上对相关研究成果进行评述与展望。第 3 章为区域经济空间极化研究的相关理论。本章从均质与非均质有机统一的经济空间、扩展的要素禀赋理论、循环累积因果关系理论、区域经济发展的极化理论、新经济地理学理论、含有空间维的区域内生经济增长理论等方面，构筑区域经济空间极化研究的理论基础。第 4 章为研究区域、资料来源及研究方法。本章主要介绍研究区域的概况、资料的来源途径、数据的处理方法，构建了区域经济空间极化研究的分析框架。第 5 章为江苏省区域经济空间极化程度研究。本章主要从测度方法、当前极化程度和极化程度演化三个方面加以展开，以衡量江苏省区域经济当前空间极化程度并揭示其形成与演变规律。第 6 章为江苏省区域经济空间极化态势研究。本章主要从极化态势分析方法、当前极化态势和极化态势演化三个方面展开以分析江苏省区域经济当前的空间极化态势，进而探索其形成与演变规律。第 7 章为江苏省区域经济空间极化布局研究。本章主要从极化布局分析方法、当前极化布局和极化布局演化三个方面展开分析，以揭示江苏省区域经济当前的空间极化布局，进而探索其形成与演变规律。第8章为江苏省区域经济空间极化结构研究。本章主要从极化结构分析方法、当前极化结构和极化结构演化三个方面展开研究，以分析江苏省区域经济当前的空间极化结构，进而揭示其形成与演变规律。第9章为江苏省区域经济空间极化机制研究。本章主要从影响因子确定、影响因子模型构建及模拟、影响因子的贡献作用、影响因子的作用机理等方面对江苏省区域经济空间极化格局形成及其演化的内在成因进行研究。第10章为江苏省区域经济空间优化调控研究。本章主要从区域经济空间极化存在的问题出发，基于区域经济空间优化发展的理念，提出区域经济空间优化原则及优化目标，并在此基础上给出相应的策略建议。第11章为结论与展望。本章主要对以上研究进行结论总结，在此基础上指出本书可能的创新点和存在的问题，并展望今后进一步研究的方向。

通过研究，本书得到的结论为：(1)江苏省区域经济当前空间极化程度较高，是长期趋势演化和短期周期变动共同作用的结果，其中长期趋势随着时间演化整体上呈逐渐增大态势，短期变化则呈现出周期性的波动。(2)江苏省区域经济当前空间极化态势呈现出经济发展水平较高地区和经济发展水平较低地区相对集聚分布的格局，且在各个方向上不同。从极化态势演化过程看，经济发展水平较高地区逐渐由零散分布状态转向连片分布状态且其规模呈增大趋势，在各个方向上空间相互影响半径逐渐增加但各不相同。(3)江苏省当前经济发展水平较高地区主要分布在东南部地区，经济发展水平较低地区主要分布在中部和北部地区。从极化布局演化过程看，经济重心呈现出由西南向东南转移的趋势。(4)江苏省区域经济当前全局空间极化结构可以归纳为“集极—孤极—外围”模式，沿江地区表现为较为成熟的“集极—孤极—次集极—次孤极—外围”模式，沿海地区表现为不成熟的“孤极—次孤极—外围”模式，沿东陇海线地区表现为发育程度低的“次孤极—外围”模式，沿京杭运河(江北段)地区表现为发育程度低的“孤极—次孤极—外围”模式。从极化结构演化过程看，全局空间极化结构愈加强化，沿江地区空间极化结构逐渐强化，沿海地区空间极化结构先弱化后强化，沿东陇海线地区空间极化结构逐渐弱化，沿京杭运河(江北段)地区空间极化结构逐渐弱化。(5)江苏省区域经济空间极化是在资本、外资、劳动、人力资本、交通、区域发展战略、空间自相关等7个影响因子的共同作用下形成和演化的。不同时期影响空间极化的主要影响因子不同，且同一影响因子在不同时期贡献作用不同。同一影响因子对不同地区有不同的影响作用，且随着时间演化其影响作用也发生相应的演化。资本、外资、劳动、人力资本、交通、区域发展战略等因子分别从不同的途径发生影响，但它们之间相互影响、相互作用。资源要素禀赋的地理空间效应、循环累积因果效应、空间自相关效应共同促成空间极化的形成和演化。(6)江苏省尚未形成全局一体化的网络结构体系且局部地区间空间极化结构的发育程度差距悬殊，基于适度极化、空间正义、因地制宜、因时制宜、统筹兼顾等空间优化原则，制定构建全局一体化的网络结构体系和缩小局部地区间空间极化结构发育程度差距的区域经济空间优化目标，在评价改革开放以来江苏省区域经济发展策略的基础上提出深化南北干部长效交流机制、加强南北共建园区工程建设、推进振兴苏北的“四项转移”政策、优化南北交通资源配置等优化空间的建议。

本书可能的创新点主要为以下方面：尝试从空间自相关的视角分析区域经济空间极化问题，提炼出全局和局部空间极化结构，在此基础上归纳出“集极”“孤极”“次集极”和“次孤极”等概念；基于探索性空间数据分析方法，同时集成多种时空分析方法和技术手段，对区域经济空间极化问题进行研究，并验证其有效性。

区域经济空间演化和协调发展研究一直是经济地理学和区域经济学的研究热点问题，引起了国内外学者的关注，形成了众多的研究成果。本书的研究是在前人相关研究基础上，对研究思路进行了拓宽，对研究内容进行了拓展，对研究方法进行了进一步集成，本书尽可能标明重要文献的来源，但是面对海量的研究文献，难免会遗漏一些书中未提及却对本选题的研究和本书的撰写带来重要启迪的文献与作者，在此向这些作者表示道歉！由于区域经济空间演化这个选题涉及面广、其间关系错综复杂，虽然本人尽最大努力而为，但是受本人学术水平与能力的限制，书中定有诸多不足的地方，敬请学术前辈和学术同仁们慷慨赐教指正。

张春梅

2017 年 5 月 22 日

目录

第1章
绪 论

1.1 概念辨析与界定

1.1.1 极化

百度百科中对“极化(polarization)”的解释是“事物在一定条件下发生两极分化,使其性质相对于原来状态有所偏离的现象”。杨上广(2005)对“极化”的定义为“事件或事物沿着某一方向持续发展并达到顶峰”。从以上定义中可以看出,“极化”可以理解为事物或事件向极端方向发展变化的过程和结果,它包含四种情况:一是向高端方向发展变化;二是向低端方向发展变化;三是向高端和低端两个方向分别发展变化而出现两极分化;四是向高端方向或低端方向发展变化但因发展变化的速度和强度不同而出现两极分化。极化现象无论是在大自然界还是在人类世界中都经常发生,例如:光之极化、岩石极化、细胞极化、经济-社会极化等。不同学科在研究本学科领域内事物的极化现象时因事物的性质不同而对“极化”的定义各有差异。例如,岩石极化是指岩石在一定的条件下产生各种物理化学作用使其偏离电中性而形成面电荷和体电荷;经济-社会极化(social polarization)最一般的意义是指一个社会实体内贫富差距的扩大(顾朝林等,1997)。

1.1.2 经济极化

经济极化是指有关社会经济的事物在一定条件下逐渐由同质变为异质的现象。经济极化是一个非常宽泛的概念,不同的学科因研究的目标不同对其有不同的内涵界定,即使在同一学科内因研究的侧重点不同对其亦有不同的理解。人类社会学中的“经济极化”是指一个社会实体内由于社会分配不公而引起贫富差距的扩大(顾朝林等,1997),即社会由有专长、高收入人口组成的“富裕”集团和由无专长、低收入人口组成的“贫穷”集团等两个社会集团形成,且两个集团人口所占比重逐渐增大(Sassen,1991;Hamnett,1994),二者之间差距也逐渐增大,而中间状态缩减削弱(J. M. Esteban & D. C. Ray,1999;黄其霜,2008)。经济地理学中的"经济极化"是指经济活动在某一生产部门(Francois Perrour,1955)或某一地理位置集中(Myrdal,1957),资源、技术、信息、资金、配套的产业也被吸引到这里而形成的产业集中或地理集中的过程(吕拉昌,2000),这个过程导致经济活动在产业间或地理空间上的非均衡发展及其差距扩大化(欧向军等,2012)。佩鲁认为经济增长首先出现在规模巨大、与其他部门有紧密联系、具有强大优势和强劲增长力的经济部门,这个经济部门就是"增长极",它通过积极的内外部效应和创新两种方式自动强化其地位而抑制其他经济部门的增长,但通过扩张使得与其紧密联系的上下游产品需求增加而将刺激其他经济部门增长。佩鲁的部门增长极思想被后来的研究者们所继承,虽然涉及一定的地理空间,但他们集中考虑的还是部门之间的相互关系,而地域之间联系只是处于一个边缘位置,认为经济发展的极化仅是部门极化的结果。

1.1.3 经济空间极化

经济空间极化是指经济活动向某一地理位置集中,使得经济活动偏离原来地理空间上的平均分布状态而出现中心区和边缘区的空间非均衡分布状态。法国经济学家布代维尔(Boundville, 1966)提出"区域发展极"的概念,将增长极的空间从只包括经济变量之间的结构关系拓展到涵盖经济现象的地域(区域)之间的结构关系。他首次系统地从空间关系的视角分析"经济空间极化"的概念,将"空间"概念从经济空间推广到地理空间,并基于外部经济和集聚经济分析其形成机理。段学军和虞孝感(2009)在延续增长极或区域发展极基本内涵的基础上提出"极化区"概念,他们把极化区界定为"以地缘关系为基础,超越行政区划(跨省或市),产业、人口集聚能力强,整体经济水平高,具有特殊空间发展价值,在国家层面占有重要战略地位,规划中具有优先发展功能和发展目标的地区",强调从宏观角度进行多区域整体塑造问题。随着经济空间极化格局的演化,经济空间出现"单极""多极""无极""集极"等多种类型(张伯里,2009),其中单极是指一个增长极,多极是指多个增长极,无极是指没有增长极,集极是指多个增长极的集聚区。

1.1.4 区域经济空间极化

区域经济空间极化是指经济活动不断向某些区域集聚,使得区域经济偏离原始空间平衡状态而呈现出相似发展水平地区相对集聚的特征。不同的学者因研究的目标不同对其概念的内涵界定也不同。J. M. Esteban & D. C. Ray(1999)认为区域经济空间极化现象的基本特征是同一类成员之间具有高度的同质性、不同类成员之间具有高度的异质性、有份量类的数量很少而不具份量类的数量很多。Zhang X B & R. Kanbur(2001)认为区域经济空间极化是导致区域经济差异向着“贫穷”和“富裕”两个方向上的区域分化,是一定类型经济的聚集分布状态。欧向军等(2012)认为区域经济空间极化是区域经济差异的特殊表现形式,它有可能使区域经济整体上向某一端(高端或低端)发展而呈现出共同发展的趋势,也有可能使区域经济同时向高端和低端两个相反的方向发展致使中等水平群体数量减少而呈现两极分化的趋势。

本书关注的是区域经济总体发展水平在空间上的映射,即具有不同经济发展水平的地区或具有相似经济发展水平的地区在整个空间中的分布情况以及各个地区之间的空间关系规律。因此,本书认为,区域经济空间极化是指在经济发展过程中因不同地区的发展速度不同导致区域经济偏离原有的空间平衡状态而呈现出相似经济发展水平地区相对集聚的分布态势,即经济发展水平较高地区和经济发展水平较低地区分别相对集聚的分布态势。这里的空间平衡状态不是无差异的绝对平均状态,而是经济发展水平较高地区或经济发展水平较低地区较为平均地分布在区域中的相对平均状态,即经济发展水平较高地区和经济发展水平较低地区相互交织地分布在一起的状态。

区域经济空间极化与区域经济空间分异、区域经济差异这两个概念既有联系又有区别。这三者都是描述经济活动在地理空间上的不平衡分布现象,其中区域经济空间极化强调区域成员围绕样本局部均值成聚类式分布、相似经济发展水平成员间具有较为一致的特征、不同经济发展水平成员间具有不同的特征,是区域经济空间分异和区域经济差异的特殊表现形式。区域经济空间分异和区域经济差异强调的是区域成员偏离全局均值的分布情况而不考虑其是否呈聚类式分布的特点(Zhang X B & R. Kanbur,2001),二者概念内涵相似,在学术研究中经常相互替代使用。

1.2　选题背景

1.2.1　经济发达地区与欠发达地区相对集聚现象凸显

中国经济发展水平较高和经济发展水平较低的地区分别相对集聚的格局逐步形成,且集聚趋势越来越明显。从全国层面上看,东部和中西部分别成为经济发达地区和欠发达地区的相对集聚区。2010年,全国高于或等于平均人均GDP的省

（自治区、直辖市）有10个（香港特别行政区、澳门特别行政区、台湾地区除外），分别是上海市、北京市、天津市、山东省、江苏省、浙江省、内蒙古自治区、广东省、辽宁省和福建省，这些省（自治区、直辖市）中，除了内蒙古自治区处于中西部地区，其他均位于东部沿海地区；全国低于平均人均GDP的省（自治区、直辖市）有21个，除河北省以外都位于中西部地区。从省域层面上看，江苏的苏南和苏北，浙江的浙北和浙南，安徽的皖南和皖北，四川的川东和川西，山东、福建及广东的沿海和内陆等分别成为经济发达地区和欠发达地区的相对集聚区。

这种经济发展水平较高地区和经济发展水平较低地区分别相对集聚格局的出现打破了人口、资源、资本的原有分布格局，使得其进行空间重组，而在这重组过程中如何合理地开发利用空间这一资源，是一个国家和地区亟待解决的问题。

1.2.2 空间处理方法的发展为经济空间极化现象的研究提供了技术支撑

经济活动都是在一定的空间中进行的。一定空间的地理位置都是和相应的自然要素禀赋相结合的，而经济活动最初选择在拥有适宜的自然要素禀赋的位置上开展，并且随着经济活动的展开，非自然要素禀赋会形成累积效应，久而久之，经济活动在空间分布上呈现出非均衡状态，即出现区域经济空间极化问题。因此，地理空间分析是认知区域经济空间极化现象的重要方法。然而，由于空间分析技术的欠缺，传统经济学在解释经济活动的时候通过均质空间假设直接避开空间问题，传统区域经济学在解释经济活动的时候只是从不同区位的运输成本或生产成本高低的角度进行考虑，最终这两大研究领域都没有充分地解释“经济活动在哪里进行”这个问题，当然也无法真正解释区域经济空间极化格局形成这个问题。随着空间数据探索分析（Exploratory Spatial Data Analysis，ESDA）技术的发展及Eviews、ArcGIS、GeoDA和SAM等空间软件的开发利用，可以将空间效应纳入到区域经济活动的分析框架中，从空间相互关系的视角分析经济活动的空间分布格局，可以进一步解释“经济活动在哪里进行”这个问题，并且从空间相互关系的视角解释区域经济空间极化格局形成、演变过程及其内在机制。

1.2.3 江苏省区域经济空间极化现象具有典型性

江苏省存在着明显的苏南、苏中和苏北的区域经济空间集聚与分异现象，这种状况与中国的东中西区域经济空间集聚与分异，浙江省的浙北和浙南区域经济空间集聚与分异，安徽省的皖南和皖北区域经济空间集聚与分异，山东、福建和广东的沿海与内陆区域经济空间集聚与分异现象相似，是全国区域经济空间集聚与分异现象的一个“缩影”，具有一定的典型性。

江苏省经济发达地区和欠发达地区的空间极化现象较为明显。2010年，全省高于或等于平均人均GDP的县级行政单元大多数分布在苏南地区和苏中地区的南部，而低于平均人均GDP的县级行政单元集中分布在苏北地区和苏中地区的北部，逐步形成经济发展水平较高和经济发展水平较低的地区分别相对集聚与分异的格局。

1.3 研究目标

1.3.1 构建区域经济空间极化研究的分析框架

通过系统梳理和归纳总结国内外地理学、社会学、经济学中关于区域经济空间极化的相关文献及研究成果，理清其间的主要观点，分析其取得的成果和研究的薄弱环节，在此基础上构建区域经济空间极化研究的分析框架，然后运用这个分析框架分析江苏省区域经济空间极化现象。

1.3.2 探析区域经济空间极化程度及其演化的规律

在相关研究文献成果的基础上，借鉴相关学科的基本理论，采用实地调研的方法获取研究资料和数据，运用空间基尼系数、空间分异指数等指标测度江苏省区域经济空间极化程度，在此基础上，采用时间序列加法模型、HP滤波分析、时间序列拐点分析、自回归移动平均模型等方法模拟江苏省区域经济空间极化程度演化过程，并归纳其形成和演化的本质规律。

1.3.3 探析区域经济空间极化态势及其演化的规律

借助ArcGIS平台建立数据库，运用全局空间自相关指数、趋势面分析和半变异函数等指标及方法分析江苏省区域经济当前空间极化态势，在此基础上分析该省区域经济在时间序列拐点年份的空间极化态势，用以模拟区域经济空间极化态势演化过程，并归纳其形成和演化的本质规律。

1.3.4 探析区域经济空间极化布局及其演化的规律

运用全局多项式插值法、局部空间自相关指数等指标及方法分析江苏省区域经济全局和局部空间极化布局，在此基础上分析当前极化布局及极化布局演化过程，并归纳其形成和演化的本质规律。

1.3.5 探析区域经济空间极化结构及其演化的规律

从空间自相关视角，运用空间间隔自相关图、半变异函数、结合经济指标和空间关系划分区域类型等方法分析江苏省区域经济当前全局和局部空间极化结构，在此基础上探索江苏省区域经济空间极化结构演化过程，并归纳总结其形成和演化的本质规律。

1.3.6 揭示区域经济空间极化的影响因素与内在机理

在总结前人研究成果的基础上，构建包含空间维在内的区域内生经济增长分析模型，然后用其分析各种影响因子对江苏省区域经济空间极化格局形成及演化的作用，在此基础上探寻江苏省区域经济空间极化格局形成及演化的内在机理。

1.3.7 探索区域经济空间优化发展的对策

基于区域经济空间优化发展理念，在分析区域经济空间极化存在问题的基础上，依据区域间不同的空间关系及相互作用模式，构建区域经济空间优化的目标，并从经济发展推动、区域规划导向、空间行为引导、空间管理创新等方面有针对性地提出促进江苏省区域经济空间优化发展的对策。

1.4 研究意义

伴随着经济的快速发展，我国区域经济发展差距凸显且在空间上呈现出经济发展水平较高地区和经济发展水平较低地区分别相对集聚分布的格局。这种区域经济空间分布格局中极化程度、极化态势、极化布局和极化结构呈现出什么样的特点？它们形成和演化过程具有什么样的规律？其形成和演化的原因是什么？空间关系在该过程中起到什么样的作用？实现对以上一系列问题的科学解答，可望在区域经济研究上取得创新性成果。

1.4.1 理论意义

区域经济空间极化研究是区域经济研究的一个重要领域。随着经济活动的深入发展，越来越多的学者意识到，作为经济活动载体的地理空间对经济活动的影响越来越明显，并由此引起经济活动的空间集聚与分异。而经济活动的空间集聚与分异格局又反馈于经济活动，在此基础上导致一个国家或地区经济增长发生空间分异并逐渐形成空间极化格局。本书从程度、态势、布局、组织结构等四个方面由测度到结果、由表象到内在、由简单到复杂地构建区域经济当前空间极化格局及演化过程研究的分析框架，构建经济空间极化结构模型和构建经济空间极化影响因子模型，用以研究江苏省区域经济当前空间极化格局、演化过程及其形成和演化机制，对深化、完善区域经济空间理论和丰富区域经济空间结构实证案例都具有重要的意义。

1.4.2 实践意义

区域经济空间极化格局及其过程研究是区域经济开发与管理的基础，该项研究具有强烈的现实需要与实践意义。本书采用定性和定量分析相结合的方法从空间极化程度、空间极化态势、空间极化布局和空间极化结构等四个方面对江苏省区域经济当前空间极化格局及其演化过程进行层层深入的剖析，还从区位因素、生产要素、制度因素及空间相互作用等四个方面详尽地分析其空间极化格局形成和演化过程的内在机理，这些研究结果可以为政府的区域经济开发与管理、区域经济发展战略制定、区域经济规划等工作提供决策依据，有助于优化配置资源要素、提高劳动生产效率，使得资源要素获得最大程度的利用和人民生活共同提高。

江苏省区域经济空间极化程度、态势、布局、结构及其相应演化过程及形成、演化机制的研究，不仅可以为本省相关主体的经济行为决策提供依据，而且可以为全国具有相似问题的地区谋求经济空间优化发展提供参考的示范价值。

1.5 研究方法与基本框架

1.5.1 研究方法

1.5.1.1 理论研究与实证研究相结合的方法

本书中的理论研究方法主要用于基本概念辨析、分析框架建立和模型构建等方面，主要通过文献整理以及在此基础上对已有理论进行分析、综合、归纳、演绎等方式进行。本书中的实证研究方法主要用于江苏省区域经济空间极化问题的研究方面，主要通过对实地调查获取的第一手资料进行分析的方式进行。在理论研究的基础上，通过实证研究对已有理论进行修正和发展，以丰富和充实区域经济空间理论体系。

1.5.1.2 静态分析与动态分析相结合的方法

区域经济空间极化是一个不断演化的过程，但是其又具有相对稳定的时期，呈现出一定的阶段性。采用静态分析的方法分析某一个时点上的区域经济空间极化状态，有利于深刻地认知其空间极化的特征规律；采用动态分析的方法分析区域经济空间极化过程，有利于对其空间极化过程进行比较全面的考察；采用静态分析和动态分析相结合的方法，有利于更深入地探求区域经济空间极化格局、过程的特征规律及其形成与演化的内在动力机制。

1.5.1.3 GIS 技术与定量方法相结合的方法

以江苏省轮廓图及相关经济发展指标等资料为基础，基于 GIS 平台建立数据库，利用 GIS、GeoDa、SAM 和 Eviews 等分析软件，从地理空间位置及空间相互关系的视角，运用定量方法，分析江苏省区域经济空间极化格局形成、演化的过程及其形成、演化的内在机理。

1.5.1.4 文献检索与实地调查相结合的方法

通过文献检索的方法收集区域经济空间极化问题研究的相关文献，为区域经济空间极化格局、过程及其形成和演化机制研究提供理论支撑。通过实地调查的方式搜集查阅江苏省 1978—2011 年的统计年鉴、市志、区志与县志资料以获取研究的第一手数据、资料等，为区域经济空间极化格局、过程及其形成和演化机制研究提供实证支持。通过文献检索和实地调查相结合的方法为区域经济空间极化格局、过程及其形成和演化机制研究提供丰富的理论和实证资料保证。

1.5.2 本书框架

本书共安排 11 章内容，具体来说按以下结构展开(图 1-1)：

第 1 章为绪论。本章主要对极化、经济极化、经济空间极化、区域经济空间极化、区域经济空间分异、区域经济差异等相关概念进行界定、辨析，介绍本书的选题背景、研究内容、研究意义、研究方法、本书框架和技术路线等内容。

第 2 章为国内外相关研究进展。本章从研究的历史阶段和研究的内容体系两个视角分别对国内外区域经济空间相关研究进展进行回顾，在此基础上对相关研究成果进行评述与展望。

第 3 章为相关理论基础。本章从均质与非均质有机统一的经济空间、扩展的要素禀赋理论、循环累积因果关系理论、区域经济发展的极化理论、新经济地理学理论、含有空间维的区域内生经济增长理论等方面，构筑区域经济空间极化研究的理论基础。

第4章为案例区域选取及其分析框架。本章主要介绍研究区域的概况、资料的来源途径、数据的处理方法，构建了区域经济空间极化研究的分析框架。

第5章为江苏省区域经济空间极化程度研究。本章在区域经济空间极化程度测度和演化方法介绍的基础上，主要从当前程度和演化过程两个方面分析江苏省区域经济空间极化程度大小及其演化规律。

第6章为江苏省区域经济空间极化态势研究。本章在介绍区域经济空间极化态势分析方法的基础上，主要从当前态势和态势演化过程两个方面分析江苏省区域经济空间极化态势及其演变规律。

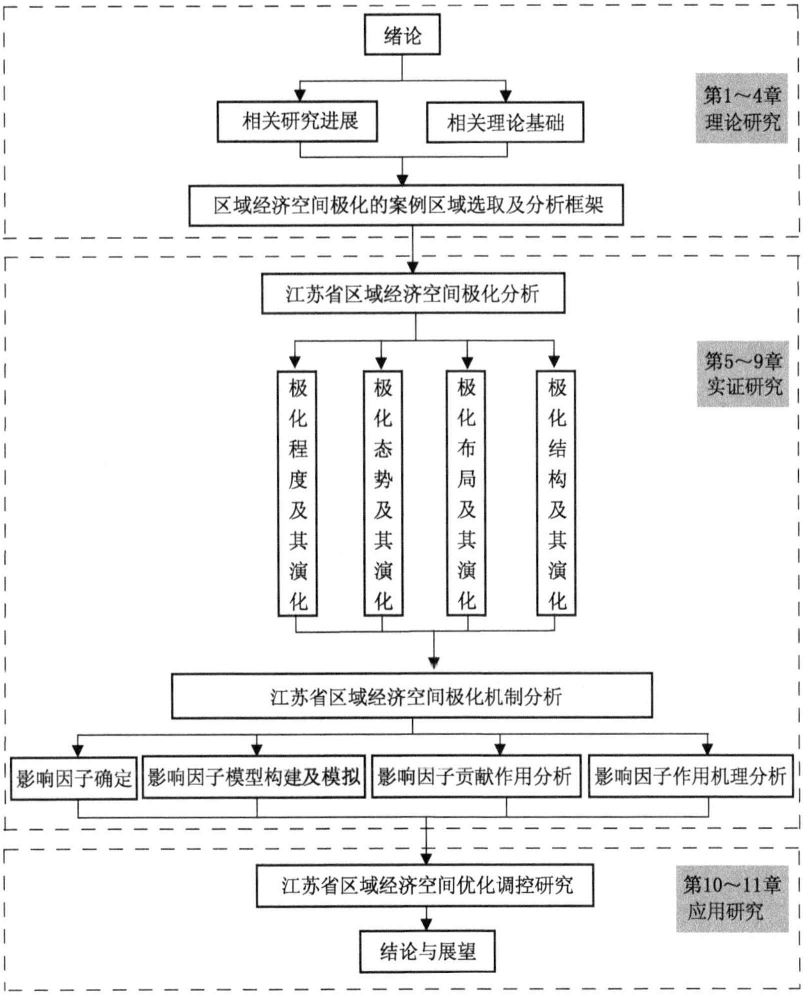

图1-1　本书的研究框架

第 7 章为江苏省区域经济空间极化布局研究。本章在介绍区域经济空间极化布局分析方法的基础上，主要从当前布局和布局演化过程两个方面分析江苏省区域经济空间极化布局及其演变规律。

第 8 章为江苏省区域经济空间极化结构研究。本章在介绍区域经济空间极化结构构建方法的基础上，主要从当前结构和结构演化过程两个方面分析江苏省区域经济空间极化结构及其演变规律。

第 9 章为江苏省区域经济空间极化机制研究。本章在介绍区域经济空间极化机制分析方法的基础上，主要从影响因子确定、影响因子模型构建及模拟、影响因子的贡献作用、影响因子的作用机理等方面对江苏省区域经济空间极化格局形成及其演化的内在成因进行研究。

第 10 章为江苏省区域经济空间优化调控研究。本章主要从区域经济空间极化存在的问题出发，基于区域经济空间优化发展的理念，提出区域经济空间优化原则及优化目标，并在此基础上给出相应的策略建议。

第 11 章为结论与展望。本章主要对以上研究进行结论总结，在此基础上指出本书可能的创新点和存在的问题，并展望今后进一步研究的方向。

1.5.3 技术路线

本书研究的具体技术路线如图 1-2 所示。

本书采用实地调研的方法获取相关研究资料和数据，借助 ArcGIS 平台建立数据库，运用数理统计、空间分析等方法分析江苏省区域经济空间极化程度、极化态势、极化布局、极化结构及极化机理，并将研究成果进行可视化表达。

其中，主要采用空间基尼系数、空间极化指数、时间序列加法模型、HP 滤波分析、时间序列拐点分析、自回归移动平均模型等方法研究江苏省区域经济当前空间极化程度及其演化过程；主要采用全局空间自相关指数、半变异函数、趋势面分析等方法研究江苏省区域经济当前空间极化态势及其演化过程；主要采用全局多项式插值法、局部空间自相关指数等方法研究江苏省区域经济当前空间极化布局及其演化过程；主要采用空间间隔自相关图、叠置分析等方法研究江苏省区域经济当前全局和局部空间极化结构及各自的演化过程；主要采用面板数据模型、空间滞后模型、空间误差模型、地理加权回归模型等方法研究江苏省区域经济空间极化形成和演化机理。

在分析区域经济空间极化程度、极化态势、极化布局、极化结构当前及其演化过程的特征和探索空间极化的影响因素及相应因素的影响作用基础上，揭示江苏省区域经济当前空间极化存在的问题,并结合空间优化目标和原则提出该省区域经济空间优化策略。

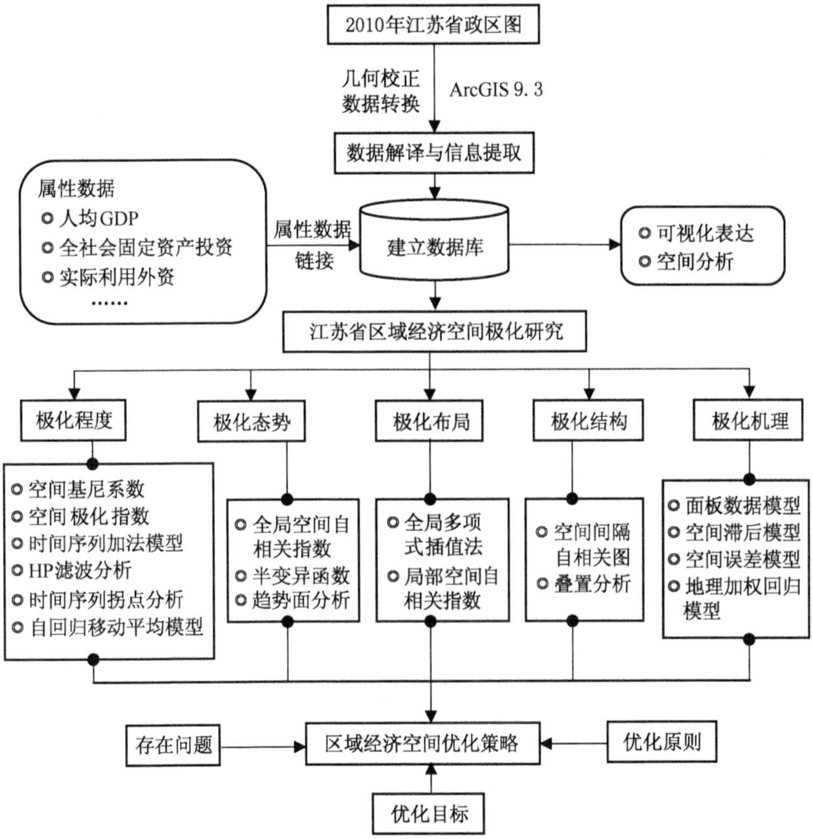

图 1-2 本书研究的技术路线

第 2 章
国内外相关研究进展

2.1 国外相关研究进展

2.1.1 相关研究的历史阶段梳理

国外对区域经济空间极化问题的研究起步较早，研究较为成熟。通过对国外区域经济空间极化问题相关研究文献的梳理，大致将国外区域经济空间极化问题的研究划分为萌芽起步、初步发展、逐步形成、多元化和综合化发展等四个阶段。

2.1.1.1 萌芽起步阶段

从理论的渊源分析，区域经济空间极化问题的研究可以追溯到 18 世纪后期和 19 世纪前期的地域分工理论研究。地域分工理论主要是研究区域之间的经济联系，即各个区域在按照比较利益原则选择和发展各自优势产业的基础上产生不同的地域分工。地域分工理论主要包括绝对成本学说和比较成本学说。1776 年，亚当・斯密（Adam Smith）认为，每个国家（地区）若都根据绝对有利的生产条件去进行专业化生产，则可以使成本绝对降低，而在此基础上进行产品交换则可以使相关国家（地区）都可以从中获利（李小建，1999）。斯密的绝对成本学说最早成为指导地域分工的理论基础，但是它很难解释一个国家（地区）虽然与其他国家（地区）相比在各个方面都处于绝对劣势但仍然参与地域分工并从中获利的现象。1817 年，大卫・李嘉图（David Ricardo）在此基础上提出比较成本学说，他认为，各个国家（地区）应该依据相对优势原则生产本国本地区最有利的产品，在此基础上进行产品交换也可以使相关国家（地区）都从中获利（刘再兴等，1996）。自此以后，大卫・李嘉图的比较成本学说成为众多国家（地区）开展地域分工和贸易的重要理论。

这个时期研究的重点是各个国家（地区）根据各自的优势条件发展经济生产以便能够使自己在国家（地区）间相互产品交换中获得一定利益，虽然没有明确提出区域经济空间极化问题，但是对区域经济空间极化相关知识的积累和后期研究具有重要的作用。

2.1.1.2 初步发展阶段

19世纪20年代至20世纪50年代，经济活动空间极化问题的研究主要集中在农业、工业、商业、城市的区位选择及空间内组合方面，这就是区位论研究阶段。1826年，德国的经济学家杜能(Johan Heinrich von Thünen)在《孤立国同农业和国民经济的关系》一书中采用运输成本的方法研究农业的空间选择及空间内组合，从而创立了农业区位论，并奠定了古典区位论的基础。农业区位论中的孤立化研究思维方法对后来区位论的研究有很大的启发，且该理论系统地阐述了空间摩擦对人类经济活动的影响(Thunen J H Von，1826)。1909年，德国的经济学家韦伯(Alfred Weber)在《工业区位论：区位的纯理论》一书中也是采用运输成本的方法研究工业的空间选择，从而创立了工业区位论，并奠定了工业区位论的基础。与杜能的出发点相反，他不是预测在指定区位生产什么，而是为指定的行业预测最佳区位(Weber A，1909)。工业区位论中的抽象与演绎的方法和最小费用区位原则为后来的学者研究区位论提供了方法论和理论基础。后来，美国的统计学家、经济学家哈罗德·霍特林(Harold Hotelling)，瑞典的经济学家帕兰德(Tord Palander)，美国的经济学家胡佛(E. M. Hoover)，德国经济学家廖什(August Losch)，美国的经济学家沃尔特·艾萨德(Walter Isard)，美国的经济学家麦欧恩·L·格林哈特(Melvin L. Greenhut)从不完全竞争、运费结构、运输方式、最大收入指向、最大利润指向等各个角度对工业区位论进行发展和深化(李小建，1999)。

著名德国地理学家克里斯塔勒(Christaller，1933)运用演绎的方法研究中心地的空间秩序，创立了中心地学说。该理论认为中心地的空间分布形态受市场因素、交通因素和行政因素等三个因素影响，并在此基础上形成不同等级的中心地对应相应规模的多级六边形空间模型。德国经济学家廖什(August Losch，1940)从市场区的角度构建中心地模型。贝里和加里森(Berry & Garrison，1958)首次提出门槛人口并采用计量手段对中心地的等级性、商品供给的范围和中心职能进行研究，赋予中心地理论新的解释，并强调空间结构的组织性和动态性。

这个时期研究的重点是单个厂商、单个产业部门或单个城市的空间选择问题，没有涉及区域和区域间经济活动的空间极化问题，但是这些理论中微观经济活动的空间观对于区域经济空间极化理论的形成奠定了一定的基础。其中韦伯的工业区位论中提到的集聚与分散是区域经济空间极化问题中的核心问题之一，克里斯塔勒的中心地空间模型和廖什的中心地空间模型中中心地和补充区域之间的关系就是区域经济空间极化问题中的核心与边缘之间的关系。

2.1.1.3 逐步形成阶段

20世纪50年代至20世纪70年代，经济活动的空间极化研究主要集中在经济活动空间分布形态和空间组织关系方面，这就是空间结构理论形成阶段。德国学者奥伦巴托(Otremba,1953)和美国学者达恩(Dunn,1956)先后提出空间结构的概念，标志着区域经济活动进入空间结构研究阶段。奥伦巴托认为经济活动都坐落在地球表面的特定空间，其必然产生具有一定经济结构的空间系统。达恩将杜能圈的原理进一步深化，从动态的、整体的角度研究经济活动的空间均衡，试图总结出经济活动区位结构的一般原理。艾萨德(Isard,1956)和他的区域研究小组将研究重点放在区域综合研究方面，他们大量运用计量经济的方法对区域进行综合分析，并建立区域模型。以上的研究主要是从区域内部的视角研究区域经济空间结构，涉及区域间经济空间关系的内容较少。而对区域间空间关系关注较多并进行系统研究的主要有佩鲁(Francois Perroux,1955)的"增长极理论"、冈纳·缪尔达尔(Cunnar Myrdal,1957)的"循环累积因果论"、艾尔伯特·赫希曼(A. O. Hirshman,1958)的"不平衡增长论"、弗里德曼(John. Friedman,1966)的"中心-外围理论"等。其中增长极理论认为经济增长首先发生在增长极上，然后通过各种方式向外扩散，对整个经济发展产生影响，该理论为区域经济空间结构的研究奠定了发生学基础。中心-外围理论认为区域经济空间是一个由中心和外围两个子系统所构成的空间系统，中心与外围的边界在经济增长过程中发生演化，区域空间关系不断调整，最终实现区域经济空间一体化。该理论为区域经济空间结构的研究提供了空间分析的基础。德国学者博芬特尔(Böventer,1979)对经济活动的空间结构做了系统的理论分析并进行了模型的推导，他论证了社会经济不同时期空间结构的一般特征，同时分析了影响空间结构的因素。

这一阶段，学者们多采用系统论及运筹学中的思想和方法研究经济活动中的空间相互作用、空间分布形态以认知区域经济运行的总体性和动态性规律。研究对象从上一个阶段的单个厂商、单个产业的区位选择和空间组合转移到区域内和区域间的总体经济活动的空间选择和空间组合，并建立接近区域经济发展实际的、具有应用价值的区域经济空间结构模型。

2.1.1.4 多元化和综合化发展阶段

20世纪70年代至今，随着新经济现象的出现，区域经济空间极化问题的研究对象逐渐多元化、综合化，研究内容也逐渐扩展。在区位研究方面，研究对象转向多部门企业区位的选择和空间内的组合，其中具有代表性的研究成果有泰勒(M. Taylor,1975)的组织变形及区域演化模式、哈坎逊(L. Hakanson,1979)的全球扩张模式、沃茨(H. D. Watts,1980)的市场区扩大模式和迪肯(P. Dicken,1986;1990)的全球转移模式等。众多学者研究跨国公司的区位选择，认为跨国公司国别选择包括成本取向、利润取向、市场取向、要素取向和公司战略取向等(李小建等,1999),微观区位主要集中于经济中心区(A. Mair & R. Florida,1988; S. Bagchi-san & J. O. Wheeler,1989;E. O'Malley,1994)、边界地区(R. B. South,1990;B. O'Huallachain,1992)、社会联系密切地区(H. W. Yeung,1997)等区位。M. J. Taylor & N. Thrift(1980)、J. N. Behrman & W. A. Fischer(1980)、R. Florida & M. Kenney(1994)、P. Dicken(1992)等学者分别对跨国公司总部、研发机构和生产单位的区位进行了研究。

克鲁格曼(Paul Krugman,1993;1995;1998)在借鉴经典区位理论的基础上,将贸易理论、新经济增长理论中的最新研究成果引入到区位研究中来,力图在它们之间建立关联,在此基础上形成一套新的空间区位理论,即新经济地理学。他从规模收益递增和不完全竞争的视角建立核心-外围模型用以分析经济空间集聚格局并分析劳动力流动和资本流动在经济空间集聚过程中所发挥的作用,认为偶然性、历史、特殊事件和路径依赖等因素在其中起到关键性的作用,且早期的区位优势一旦形成就会产生“锁定”效应,很难自动向最优空间格局发展。

随着新经济增长理论、新经济地理学和空间计量经济学的发展,空间相互作用对经济增长的影响越来越得到学者们的重视。De Long & Summers(1991)、Rey & Montouri(1999)、Fing leton & Lopez-Bazo(2006)、Pfaffermayr(2009)等学者从空间角度进行经济增长趋同假说研究,通过建立空间模型对经济增长进行检验,并分析其趋同机制,然后在此基础上建立空间趋同假说。

这一阶段,区域经济空间极化问题的研究对象既包括新出现的多部门企业,尤其是跨国公司的区位选择和空间内组合,又包括区域内和区域间经济活动的区位选择和空间内组合,研究方法是在借鉴经典空间理论的基础上将贸易理论、新经济增长理论、空间计量经济理论中的最新研究成果引入进来。通过研究对象的扩充、研究内容的拓展、研究方法的完善,力图建立更接近真实世界的区域经济空间极化理论。

2.1.2 相关研究的内容体系梳理

国外对区域经济空间极化相关研究的内容涉及面较广,研究的成果也较多。通过对其研究文献的梳理,大致将其从区域经济空间分异和区域经济空间极化两个方面进行综述,其中前者是后者的一般形式,后者是前者的一种特殊形式。

2.1.2.1 区域经济空间分异

国外对区域经济空间分异的研究进展主要从测度、演化和成因等三个方面进行综述。

（1）测度

国外文献中主要使用洛伦兹曲线（Lorenz curve）、基尼系数（Gini coefficient）、库兹涅茨比率（Kuznets ratio）、泰尔熵标准（Theil's entropy measure）或者泰尔指数（Theil index）、阿特金森指数（Atkinsom index）、变异系数（Coefficient of variation）等指标对区域经济空间分异的程度进行测度。然而，这些测度区域经济发展空间不平衡的指标总是体现不出代表道德价值判断的福利状况，没有一个是最完美的指标，但是它们却在处理经济发展空间不平衡问题时被大量使用。

（2）演化

综观国外区域经济空间分异演变趋势的实证研究，主要存在倒"U"型、收敛（趋同）和发散（趋异）三种演变趋势。倒"U"型趋势最先是由美国著名经济学家西蒙·库兹涅茨（S. Kuznets）在1955年对18个国家经济增长与收入差距实证资料分析的基础上得出的结论，即收入空间分配不平等的长期变动轨迹是"在经济增长的早期增大而在经济增长的后期减少"，表现在图形上是一条形似颠倒过来的U的曲线，故称之为倒"U"型趋势。威廉姆森（J. G. Williamson）于1965年在对24个国家的横剖面数据和10多个国家的时间序列经济数据进行统计分析后，也发现国家间或区域间经济差距呈倒"U"型演变趋势。

区域经济趋于收敛（趋同）是鲍莫尔（Baumol，1986）、巴罗（R. J. Barro，1991）、库伯格（S. Coulombe，2000）、班雅拉塔伟和哈恩（Kraiwinne Bunyaratavei & Eugene Hahn，2007）等学者对国家间、地区间的经济增长做了大量实证研究后得出的结论。Baumol在分析16个工业化国家经济增长数据后发现它们之间存在明显的趋同现象，但由于被质疑选样（样本区域和研究时段）有偏，所以区域经济收敛的分析结果并不能令人信服。在这种情况下，区域经济收敛的支持者从绝对收敛退守至条件收敛（R. J. Barro & Sala-i-Martin X，1992；G. D. Mankiw等，1992；Farhad & Rassekh，2001）和局部收敛（Ben David D，1994；Pritchett，1997；Donghyyun Park，2003）。

区域经济趋于发散（趋异）是由Jackson（1981）、Bernard & Andrew & Steven N Durlauf（1996）、G. Duranton & D. Puga（2000）、Maddison（2001）、Maria Isabel Serra（2006）等学者研究证实。其中，Jackson对美国九大经济区在1960—1978年期间的人均收入变动趋势进行分析，结果表明其人均收入差异基本保持稳定的状态而没有出现收敛的现象。Bernard & Andrew & Steven N Durlauf用新的时间序列分析技术对15个OECD国家1900—1987年期间的数据进行收敛性研究，结果证实了收敛假说的无效性。G. Duranton & D. Puga在分析美国各经济区的经济发展趋势的基础上，发现其经济增长不存在收敛趋势。Maddison在分析世界各国在1820—1992年期间的经济发展差异的基础上，发现西欧国家与非洲国家间的经济差距由最初的 2.9 倍增大到后来的 13.2 倍。Maria Isabel Serra 对拉美地区及其各个国家在 1975—2005 年期间的经济数据进行收敛性分析，在比较实行贸易自由化前后的拉美各国区域经济差异演化趋势的基础上，发现拉美地区国家间的经济差距趋于发散且阿根廷、墨西哥等国家内部的区域经济差异也趋于发散。

(3) 成因

国外文献中关于区域经济空间分异成因的研究主要从构成和影响因素等两个方面进行，其中构成包括行业构成（或部门构成）和区域构成，影响因素主要包括资本、人力资本、制度、区位等。威廉姆森（J. G. Williamson，1965）采用加权变异系数分解的方法对 24 个国家的横剖面数据和 10 多个国家的时间序列经济数据进行行业分解，结果发现：在工业化早期因现代工业主要集中在几个发达区域而导致的工业发展分异是区域经济分异加剧的主要根源；随着工业化的推进，制造业在各个区域分布趋同，从而区域经济趋于收敛。后来，A. F. Shorrocks（1982）、T. Akita（2010）等人使用同样的方法对区域经济行业构成进行分解，都证实了工业空间分异是区域经济空间分异的主要原因。J. Schwarze（1996）、Julide Yıldırım & Nadir Öcal（2006）等学者采用泰尔指数分解的方法分别对德国、土耳其的经济差异成因进行空间分解，结果表明区域间经济分异是总分异的主要来源、区域内经济分异是第二来源。

Mac Dougall（1960）、J. G. Williamson（1965）等学者在对多个国家（地区）多年的经济数据进行回归分析的基础上，认为区域经济的发展和社会资本的配置会因"循环累积因果关系"而出现发达地区资本配置较多且发展较快而落后地区配置较少发展较慢的"马太效应"。Romer（1986）和 Lucas（1988）在论证了干中学与知识外溢可以提高生产力的基础上认为人力资本存量有可能直接影响全要素生产率，即在其他条件相同的条件下，人力资本存量较大的国家或地区有可能在长时期内保持相对较高的经济增长率，而人力资本存量较小的国家或地区则保持相对较低的经济增长率，这是导致区域经济空间分异的主要原因。I. Adelman & C. T. Morris（1973）等人在实证分析的基础上得到相似的结论，那就是制度因素同资源禀赋因素一样是解释区域经济分异的关键因素。A. K. Dixit & J. E. Stiglitz（1977）、U. Walz（1996）、L. Martin（2000）、Jeffrey Sachs（2000）等学者将空间因素纳入西方主流经济学的分析框架，从不完全竞争市场和规模收益递增的视角出发，着重分析聚集经济、规模经济和外部经济的形成，并在此基础上探讨地区经济分异的成因。A. B. Jaffe & M. Trajtenberg & R. Henderson（1993）、A. Getis & J. K. Ord（2002）等学者采用空间统计和空间计量学模型，从知识溢出的视角来探测和检验区域增长过程中表现出的地理空间效应，结果发现空间依赖性和异质性在区域经济空间分异中起到非常重要的作用。

2.1.2.2 区域经济空间极化

国外对区域经济空间极化的研究进展主要从测度、分布、结构、演化和机制等五个方面进行综述。

(1) 测度

伊斯特班和瑞伊(J. Esteban & D. Ray,1994)首先提出 Esteban-Ray 指数用于测度收入分布极化的度量,紧接着,沃尔夫森(M. C. Wolfson,1994)在洛伦兹曲线的基础上推演出 Wolfson 指数,崔启源和王有庆(Kaiyuen Tsui & Wang Youqing,1998)在 Wolfson 指数的基础上推导出 Tsui-Wang 指数用于测度收入分布的极化程度,这三个指数的值越大则表示极化程度越大,反之则越小。然而,这三个指数只能表征研究对象分布的总体极化程度而不能反映其在空间上的极化方向。在这种情况下,坎伯尔(Kanbur) 和张晓波利用 Kanbur-Zhang 指数(区域之间不均衡和区域内部不均衡的比值)来测度区域极化的演化方向(Zhang X & R. Kanbur,2001)。L. Fedorov(2002)利用这些指标测度 1990—1999 年间俄罗斯区域经济的极化程度。

(2) 分布

Pritchett(1997)对世界各国间经济空间极化进行研究,结果表明富裕国家主要分布在西欧和北美而贫困国家主要分布在非洲、拉丁美洲和亚洲。Enrique López-Bazo、Esther Vayá、Antonio J. Mora & Jordi Suriñach(1999)在对欧盟一体化研究过程中,通过采用空间自相关指标(I. Moran's & C. Geary's)对各个国家的人均 GDP 进行空间自相关分析,结果发现经济发展水平较高的区域和经济发展水平较低的区域分别集聚在欧盟的北部和南部,并且局部经济发展的热点(经济活跃区)逐步南移。他们还对欧盟内部的国家区域经济发展进行了分析,结果发现意大利经济发展水平高的区域和经济发展水平低的区域分别集聚在该国的北部和南部,西班牙经济发展水平高的区域和经济发展水平低的区域分别集聚在大西洋沿岸和内陆地区。Donghyyun Park(2003)对亚太地区 1960—2000 年期间的人均收入进行分析,结果发现经济发达地区主要集中在西太平洋沿岸国家和东太平洋沿岸的日本、韩国、新加坡、澳大利亚、新西兰、文莱、中国香港和中国台湾等国家和地区,而发展中国家主要集中在剩下的地区。

(3) 结构

法国经济学家弗朗索瓦·佩鲁(Francois Perroux,1955)首先创立增长极理论,认为经济增长首先出现并集中在具有创新能力的部门,而这些部门常常集聚在某些点上,于是在这些点上形成增长极。德国学者沃纳·松巴特(Werner Sombart)在 20 世纪 60 年代初提出生长轴理论,该理论把交通运输与区域经济发展结合起来,认为交通干线凭借方便人口流动、降低运输费用等优势吸引产业、人口向其集聚，从而形成以交通线为主轴的产业带（张文尝等，2002）。法国的经济学家布代维尔和拉塞把区域及其之间的空间联系纳入增长极理论（J. R. Boudville，1966），强调增长极与周围地区的地域结构关系，认为增长极的空间结构决定了一定发展阶段上的经济空间模式。弗里德曼（John Friedman，1966）在拉美学派依附理论的基础上提出中心-外围理论，认为经济活动常常集聚于区域内少数的“中心”，然后由这些“中心”向“外围”扩散，“外围”依附于“中心”而获得发展，在此基础上形成中心-外围的空间发展模式。

众多学者对以上空间极化结构理论进行实证研究，发现北美、欧洲及亚洲等地区存在多核心-边缘结构。Giuliano & Small（1999）通过对美国芝加哥地区 1970—1980 年的人口和就业数据进行统计分析，将就业密度的峰值地区确认为次核心，从而确认其具有 32 个次核心。I. P. Andrada & J. Timothy（2002）对瑞士 3 个主要的城市带进行研究，发现它们通过几十年发展形成了由多个小型城市主导的多核心空间结构。C. Baumont & Cem Ertur & Julie Le Gallo（2003）利用探索空间数据分析的方法，将就业和就业密度这两个指标都超出周边地区的区域作为潜在核心区，然后根据经济增长高低分出核心区和次核心区。钱运春（2003）通过对 20 世纪 80 年代初至 90 年代末的欧洲就业比重、GDP 增长率等数据进行研究，结果发现德国的萨尔州、荷兰的北荷兰区、法国东部等传统核心和卡斯蒂利亚、爱尔兰、里斯本和阿尔加维等新崛起的核心，都成为欧盟次一级经济核心。

在经济全球化、信息化、网络化快速发展的背景下，区域经济空间极化结构发生了前所未有的演化。Wilson（2000）、J. Ranajo & M. Marquez & G. Hewings（2002）等学者研究发现，区域经济空间极化结构由原来的核心-边缘结构逐渐转向网络结构，该结构由节点、流、网络等三个要素组成，具有很强的连通性，是一种有效的区域经济发展空间结构模式。

（4）演化

美国发展经济学家弗里德曼（Friedman，1966）依据美国不同发展阶段经济中心区和外围区的边界演化，将区域经济空间极化结构的演变分成相互独立且平等的地方中心阶段、强大的单中心-外围阶段、单中心和强大次中心阶段、功能一体化的城市空间体系阶段等 4 个阶段，每个阶段区域经济空间极化结构均表现出不同的特点（图 2-1）。维宁（D. R. Vining & T. Kontuly，1978）在实证研究中发现，在经济发展早期，人口、产业和资本都集中于中心区；在经济发展中期，人口、产业和资本向中心区集聚的现象趋于缓慢，到了经济发展的后期，中心区出现诸如地价高涨、交通阻塞、噪音和空气污染等外部不经济现象，使得人口、产业和资本渐渐地从中心地区向外围区域转出而致使整个区域共同发展。L. S. Bourne（1980）在研究美国经济的空间极化现象时发现，19 世纪至 20 世纪 60 年代期间空间极化现象突出，自 20 世纪 60 年代东北—中西部制造业带形成之后则出现空间反极化趋势。C. C. Fan(1994)在研究美国俄亥俄州经济空间极化与反极化现象时发现：一些老工业核心区因传统制造业衰退而随之衰退，而一些高新产业区或新兴产业区出现在远离老工业中心的新区位。

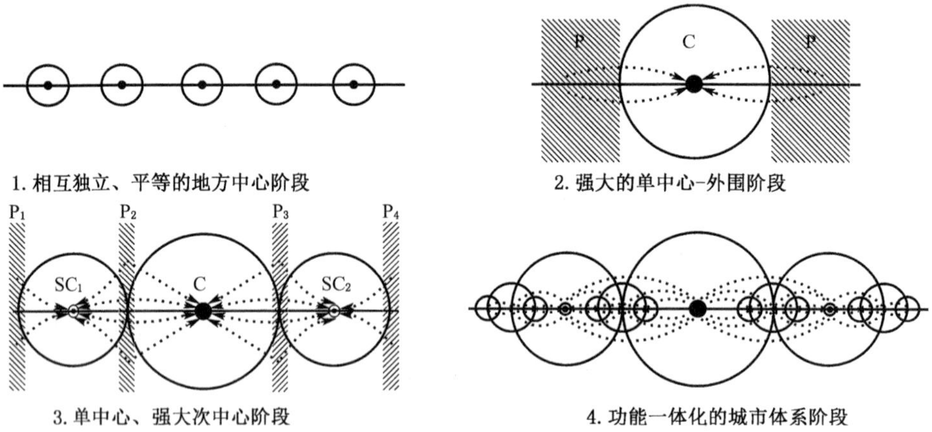

图 2-1　区域经济空间极化结构演化过程

资料来源：樊新生(2005)

(5) 机制

国外学者主要从经济活动主体的区位选择、经济活动客体的禀赋差异、经济活动空间的相互作用等视角分析经济空间极化形成机制。区位论和新经济地理学的研究者重视经济活动主体的区位选择对区域经济空间极化的影响，前者主要关注厂商或企业的区位选择，后者同时关注厂商、消费者和地方政府等三者的区位选择。杜能(Johan Heinrich von Thunen，1826)、韦伯(Alfred Weber，1909)、克里斯塔勒(Christaller，1933)、廖什(August Losch，1940)等学者认为厂商或企业基于对成本最小化或利润最大化原则的区位选择塑造了区域经济空间极化的格局。Dixit & Stiglitz(1977)、Krugman(1995)、Venables(1996)从规模报酬递增、路径依赖等角度进行分析，认为厂商因追求规模报酬递增与运输成本最小化而集中在市场需求最大的地区，且经济活动一旦聚集就会发生循环累积作用，则空间极化趋势愈加明显。

一些学者重视经济活动客体的禀赋差异对区域经济空间极化的影响。D. Lapple & P. Hoogstraten(1980)认为高度发达的资本主义经济制度引起经济活动在空间上的极化，D. K. Forbes(1987)认为区域均衡发展战略使得社会生产力不至于过度集聚，R. L. Mitchelson(1990)分析了经济全球化和信息化对美国经济空间极化的作用，C. C. Fan & E. Caseti(1994)认为区域空间重构是引起 1975—1989 年间美国区域经济极化增强的重要动力之一，Mee Kam NG(1994)认为劳动地域分工制度强化了新兴工业化国家(地区)经济的核心-边缘结构，Yeung(1998)认为有利于垄断的发展战略和相关机构的设立使得跨国资本更容易在某些关键地点集聚，L. Fedorov(2002)认为区域出口额与城市规模是引起俄罗斯区域经济空间极化的主要因素。

另有一些学者关注经济活动空间的相互作用对区域经济空间极化的影响。佩鲁(Francois Perroux，1955)认为经济增长中心通过积极的内外部效应和创新两种方式实现其经济增长的单位成本降低，并凭借其优势吸引其他区域的生产要素而自动强化其地位。缪尔达尔(Cunnar Myradal，1957)和赫尔希曼(A. O. Hirshman，1958)分别用回流效应和扩散效应、极化效应和渗透效应等两个相对立的效应分析区域经济空间极化机制，其中回流效应或极化效应强化空间极化趋势，扩散效应或渗透效应弱化空间极化趋势。至于是扩散效应或渗透效应占优势还是回流效应或极化效应占优势则取决于区域的交通、区位、制度、文化等因素。Krugman(1995，1998)通过市场传导的向心力和离心力作用分析区域经济空间极化现象，若向心力大则极化加强，反之则减弱。L. Anselin(1995)运用空间回归模型探讨空间自相关作用对区域经济空间极化的影响机理及影响程度，结果发现区域经济活动空间的自相关性主要通过空间近邻效应和极化—涓滴效应影响区域经济活动的成本与收益进而影响区域经济空间极化，前者主要是由于区域间距离近使得经济活动成本节约而促进区域经济集聚，后者主要是由于增长极吸引物质资本、劳动力和人力资本等生产要素形成规模经济、范围经济及正外部性经济，使得经济活动成本节约而促进区域经济极化。

2.2　国内相关研究进展

2.2.1　相关研究的历史阶段梳理

国内对区域经济空间极化问题的研究起步较晚，但是发展速度较快，研究方法、研究体系逐渐趋于成熟。通过对新中国成立后国内区域经济空间极化问题相关研究文献的梳理，大致将国内区域经济空间极化问题的研究划分为改革开放前和改革开放后两个阶段。

2.2.1.1　改革开放前

改革开放前，在区域经济发展的理论研究和实践方面都主要秉承前苏联的计划思想，主要从宏观角度研究生产力的空间布局，具体主要从区域经济发展空间战略、经济（生产）地域综合体和经济区划等三个方面展开。一部分学者提出平衡发展战略，并通过将一些重点项目、重点工程布局在内地使得战略付诸实施，用以改善中国工业主要集中分布在狭窄的东部沿海地区的极度不平衡状况（周起业等，1989）。一部分学者通过对经济（生产）地域综合体的研究将分散在地理空间上的资源、要素有机地组合在一起以促进区域经济增长（李小建，1999）。还有一部分学者根据社会劳动地域分工的规律将全国领土进行战略性的经济区划，依据各地区的有利条件和制约因素勾勒出各经济区产业结构和全国的专门化发展方向，在此基础上构建生产力总体布局框架以促进区域经济协调发展（李旭旦，1984）。1962年依据国情全国被划分成东北区、华北区、西北区、华东区、中南区、西南区等六大经济协作区（赵济等，1999），但是在实际运行中区域经济条块分割严重，各大区都追求区内经济系统的综合与完整，阻碍了经济区划关于地域分工协作的原则。同时期，也有一些学者介绍西方的古典区位论（曾菊新，1996），并将这些理论应用于实践，但是鉴于当时中国的实际情况，关于这方面的理论研究和实践都比较少。

2.2.1.2 改革开放后

改革开放后，为了适应中国的改革开放和社会主义市场经济的发展，学者们从多个角度对区域经济空间问题进行研究，取得了卓有成效的结果。一部分学者继承上一时期经济区划的研究思路，相继提出“三分法”综合经济区、“五分法”综合经济区、“六分法”综合经济区、“七分法”综合经济区、“十分法”综合经济区等经济区划方案（赵济等，1999），其中在实践中经常使用的方案是三大经济带和七大经济区。

另有一部分学者借鉴西方的中心地理论、增长极理论、生长轴理论和空间相互作用理论中的核心思想对中国区域经济空间结构进行研究，并在此基础上建立了自己的理论。陆大道（1988，2001）在深入分析中国区域经济发展实情的基础上提出了“点-轴”理论，成为国内系统研究区域经济空间结构理论的第一人。陆玉麒（2002）以流域经济区为背景提出了双核结构模式，并对该模式的形成机理和应用范围进行了深入的分析和探讨。近年来，随着遥感（RS）、地理信息系统（GIS）和全球定位系统（GPS）等现代空间信息技术的发展，新技术、新方法不断地用于区域经济空间结构的研究中，逐渐建立并完善区域经济空间结构理论体系（靳诚等，2009；曹芳东等，2011；张春梅等，2012）。

还有一部分学者从实证角度对区域经济空间问题进行研究。陆大道（1995）对京津唐地区经济空间布局与空间经济结构调整进行研究，胡序威、周一星、顾朝林等（2000）在对珠江三角洲、长江三角洲、京津唐和辽中南等四大经济密集区进行深入研究和对比分析的基础上探索经济空间集聚与扩散的机理。张景秋和杨吾扬等

(2002)从外资流动、政府行为、经济空间集聚与扩散等方面对我国临海地带空间结构演变过程和机制进行研究，甄峰和顾朝林(2000)、陆玉麒(2000)、欧向军和顾朝林(2004)等学者分别对广东省、江苏省等沿海省域经济空间结构现状、演变过程、演变机制及空间结构调整进行了研究，陈修颖(2003)、樊新生(2005)等学者对中西部欠发达地区，利用已有的理论，探讨其区域经济空间结构调整与重组。

2.2.2　相关研究的内容体系梳理

对国内区域经济空间极化相关研究文献的梳理，也是主要从区域经济空间分异和区域经济空间极化两个方面对其进行综述。

2.2.2.1　区域经济空间分异

国内的区域经济空间分异的研究文献主要从测度、演化和成因等三个方面进行梳理，具体内容如下：

(1) 测度

国内学者多采用人均国民收入(杨开忠，1993)、人均国内生产总值(魏后凯等，1997；管卫华等，2006；覃成林，2008)等单一指标和基于区域整体实力的综合指标(王启仿，2003；欧向军，2006)衡量区域经济发展水平，然后在此基础上主要使用基尼系数(林毅夫，1998；石磊等，2006)、泰尔指数(徐建华等，2005；欧向军等，2007)、变异系数(欧向军等，2005)、分异指数(李敏纳，2009)等指标对中国区域经济空间分异的程度进行测度，基本上认为中国区域经济总体差距呈扩大趋势。

(2) 演化

综观国内区域经济空间分异演变趋势的实证研究，主要存在不确定、收敛(趋同)和发散(趋异)等三种演变趋势。胡鞍钢等(2000)认为中国区域经济在 1978 年前不断趋异而 1978 年之后则趋同，到了 90 年代以后又趋异。徐建华(2005)、郭岚(2008)等人认为中国区域经济空间分异的演化过程呈现为一条由几个倒“U”与“U”型曲线首尾相接的“复合曲线”。高志刚(2002)对新疆改革开放以来的地州经济分异现象进行研究，结果发现地州经济在 90 年代之前趋同而之后趋异。黄雪琴(2004)对江苏 1952—2002 年期间区域经济发展进行分析，认为江苏区域经济在 1957—1962 和 1978—1983 年间趋异而在其他时间趋同。

金相郁等(2010)、潘文卿(2010)等人认为改革开放以来无论是静态分析还是动态分析中国区域经济增长都呈收敛趋势。李冀等(2010)在研究 1999—2008 年间中国东中西三大地带之间的经济分异过程中发现三大地带的经济增长存在绝对收敛特征并且以大约 9.4%的速度发生收敛。沈坤荣等(2002)、董先安(2004)等学者在分析中国各省份多年的人均 GDP 的基础上，发现自改革开放以来中国区域经济发展存在着条件收敛特征，其中董先安认为收敛速度为每年 9.6%。蔡昉等(2000,2001)、刘强 (2001)、彭文斌(2008)等人认为自改革开放以来中国东、中、西三大区域间经济发展不存在普遍的趋同现象但各自区域内经济发展存在趋同现象。王启仿(2004)在对江苏省 1994—2000 年期间区域经济空间分异现象进行研究时发现经济较发达的苏南和苏中内部县市存在局部收敛趋势，但是苏北内部不存在局部收敛趋势。董亚娟(2008)基于人力资本视角对浙江区域经济空间分异现象进行统计分析，发现浙江区域经济不存在绝对收敛的特征，但表现出明显的条件收敛和局部收敛的特征。

温桂芳等(2003)在分析中国各省在 1981—1999 年期间的经济数据后发现地区经济分异非但没有收敛反而以每年 1.2%～2.1%的速度进行发散。刘夏明等(2004)认为中国经济总体上不存在收敛，姚波(2005)、何江(2006)、盖文启等(2010)等学者认为从长期看中国区域经济发散现象无论是在三大区域间还是在省际间都是普遍存在的。刘金山(2005)利用经济收敛模型论证了泛珠三角地区自从市场经济体制改革以后经济增长呈发散趋势并且发散速度越来越快。董德利(2000)实证分析后得出四川区域经济在 1990—1997 年期间呈发散趋势，张文(2003)得出云南县域经济发展近 20 年来趋于发散，李植斌(2003)得出浙江自 20 世纪 90 年代以后区域经济亦呈发散趋势，宋萍等(2009)得出福建省的区域经济亦趋于发散。

(3) 成因

国内文献中关于区域经济空间分异成因的研究也是主要从构成和影响因素等两个方面进行，其中构成包括行业构成(或部门构成)和空间构成，影响因素主要包括战略与政策、资源禀赋、经济结构、制度、全球化程度等。林毅夫等(1998)、范剑勇(2003)等人采用基尼系数分解的方法对中国地区经济分异成因进行分析，结果发现第二产业和第三产业空间分异是主要原因。欧向军(2005)使用同样的方法对改革开放以来江苏省县域经济分异的演化过程进行结构分析，结果发现第三产业产值的空间分异所起的作用越来越强。赵光华(2006)采用加权变异系数分解的方法对 1995—2004 年山西省区域经济空间分异的产业结构进行分解，结果发现第一产业对全省总体经济空间分异的贡献率非常微小，第二产业占主导地位，第三产业呈徘徊上升的趋势。魏后凯(1997)采用泰尔指数分解的方法研究中国经济空间分异成因时发现，自 1985 年以来中国经济空间分异主要表现为三大地带间分异和东部地区内的省际分异，其中总分异中的 64%以上是由区域间的分异引起的，另有 28%左右来源于东部地区内省际间的分异。欧向军(2004,2007)、胡志远等(2007)对改革开放以来江苏省区域经济空间分异成因进行研究，结果发现江苏省经济空间分异的主要来源是苏南、苏中与苏北三大区域之间的分异和苏中及苏北内部的分异。

对中国区域经济空间分异现象研究较早的是Aguighier,他在分析中国地区发展战略模式及其演变过程的基础上发现中国政府实施的不平衡发展战略是加大东西部分异的重要原因(李敏纳,2009)。后来,林毅夫等(1998)、魏后凯等(2005)等众多学者也从这个视角对中国经济空间分异的原因进行分析。蔡昉等(2000)、张藕香(2007)等人从资本、劳动力、人力资本等资源要素禀赋的角度分析其对地区经济分异的影响并论证其在拉动地区经济中的决定性作用。魏冬(1996)、苏良军等(1999)、董亚娟(2008)等人分别对长三角地区、湖北省、浙江省和江苏省等地区的区域经济分异的成因进行研究,亦发现物质资本和人力资本等生产要素是重要的影响因素。沈坤荣等(2002)等学者从产业结构、所有制结构等角度分析,认为在计划时期形成的东部重视轻工业而西部重视重工业的产业分布格局是区域经济分异的源头,改革开放后东部拥有较大比例经营灵活、生产效率高的非国有企业是东西部地区分异的主要原因。蔡昉(2002)、白永秀等(2004)、窦玲(2006)等人认为东部地区拥有更加完善的市场制度和更高的资源配置效率,在各种经济社会因素互相推动下形成上升的循环,而中西部地区则是形成下降的循环,从而加剧了地区经济分异。我国东西部地区在制度创新方面受到路径依赖的锁定,且西部地区所受的锁定作用明显高于东部地区,这就使得西部地区的制度创新难度要明显高于东部地区(邓庆远,2005)。林毅夫(1998)、蔡昉等(2001)认为要素和产品市场扭曲使得产品和要素不能自由流动,从而不能够反映出它们的相对稀缺程度,致使形成的地区比较优势与该地区的资源禀赋相背离,进而导致中西部地区难以发挥后发优势,这正是促成近年来我国地区之间分异加剧的深层原因。沈坤荣等(2001)、魏后凯(2002,2004)等学者研究外商直接投资(FDI)在中国的分布,得到基本一致的结论,那就是外资在我国地区间的不均衡分布是造成经济非均衡发展的重要因素。魏后凯的研究显示,东部发达地区与西部落后地区之间GDP增长率的差异,大约有90%是由外商投资引起的。Poncet(2003)等学者研究对外贸易在中国的分布,指出对外贸易发展快的地区,其经济增速会快于其他地区,而基础设施不完善、企业融资能力差的落后地区,其技术转变、资源流动和投资活动均遭到抑制,从而分享经济全球化的利益较少。

2.2.2.2 区域经济空间极化

国内对区域经济空间极化的研究进展主要从测度、分布、结构、演化和机制等五个方面进行综述,具体内容如下:

(1) 测度

Zhang X B & R. Kanbur(2001)、欧向军和顾朝林(2004)、郭腾云(2005)、李秀伟等(2008)、孟德友和陆玉麒(2009)、马国霞等(2010)等学者主要运用Esteban-

Ray 指数、Wolfson 指数、Tsui-Wang 指数测度中国区域经济空间极化的总体程度，运用 Kanbur-Zhang 指数反映其在空间上的极化方向。张晓波等人认为我国城乡间极化比沿海与内地之间的极化严重，但极化速度慢于沿海与内地之间的极化速度。欧向军和顾朝林认为开放以来江苏省区域经济空间极化明显增强。郭腾云在考察 1952—2003 年间我国区域经济空间极化程度及其空间极化方向时发现，我国区域经济空间极化趋势随时间推移呈交替上升与下降运动，在东西方向上和城乡之间存在明显的极化特征。李秀伟等学者认为 1990 年以来东北三省区域经济空间极化程度增加。孟德友和陆玉麒从外向型经济的视角测度区域经济空间极化程度并探讨其空间极化方向，发现河南省外向型经济区域空间极化态势突出，中原城市群地区与其外围地区的极化格局明显。马国霞等在对 1993—2007 年京津冀都市圈经济增长空间极化程度测度的基础上，采用 GIS 空间分析技术对其进行空间模拟，发现京津冀都市圈经济增长空间极化呈上升趋势，且经济增长自经济中心向外围的演化并不完全遵循距离衰减规律，而是在离经济增长中心 80 km 处出现低谷。

(2) 分布

国内学者通过空间探索数据技术（ESDA）对整个中国（孟斌等，2005；鲁凤等，2007；吴玉鸣等，2008；张春梅等，2012）、经济区（李秀伟等，2008；胡毅等，2010）、省域（蒲英霞等，2005；靳诚等，2009；曹芳东等，2011）等不同层次空间进行区域经济的分布格局分析。其中，孟斌和鲁凤等人发现中国省区经济之间的关系存在“高高”“高低”“低高”和“低低”四种类型，前三种类型主要分布在东部地区，而后一种类型主要分布在中西部地区。张春梅等人分析后认为区域经济发展受到空间毗邻关系的影响，存在经济发达地区与欠发达地区分别集聚的现象，其中上海、江苏、浙江、北京和天津等成为发达经济的集聚区，而西藏、云南和山西等中西部地区成为欠发达经济的集聚区，全国区域经济发展形成发达经济与欠发达经济空间集聚与分异的格局。李秀伟和修春亮对东北三省区域经济空间集聚现象进行分析，认为高值聚集区分布在辽中南地区，而低值聚集区分布在黑龙江北部、吉林东部和西部、辽宁西部等地。胡毅等对长三角经济区的县域经济进行空间分析，结果发现“高高”类型主要分布在上海、苏南及浙北地区，而“低低”类型主要分布在苏北和浙南地区。蒲英霞等学者基于 ESDA 对江苏县域经济进行全局和局部空间自相关分析，结果发现苏南和苏北地区内部分别形成了与周边地区显著相似的区域。靳诚等学者运用空间关联指数、空间变差函数等探索性空间数据分析方法对江苏省县域经济发展格局进行分析，得出相似地区在空间上集聚分布且空间格局中连续性和自组织性越来越强而随机成分却不断降低的结论。曹芳东等学者运用不平衡指数和空间统计模型对江苏省区域经济发展水平进行定量研究，得出苏南和苏北地区分别成为江苏经济的高度集聚区和低度集聚区的结论。

(3) 结构

我国学者陆大道(1988,1995,2001)在吸收增长极理论和生长轴理论核心思想的基础上,提出"点-轴"空间结构理论。该理论认为,在区域经济发展过程中,社会经济要素大都向"点"上聚集,同时"点"与"点"之间由线状基础设施联系形成"轴","轴"成为"点"吸引社会经济要素和扩散社会经济要素的载体,在此基础上形成不同等级的"点"和"轴",正是由这些不同等级的"点"和"轴"构成了有机的区域经济空间结构体系(图2-2)。陆玉麒(1998,2002)在点-轴空间结构理论的基础上以流域为研究背景提出"双核"结构理论。该理论认为,区域核心城市与港口城市的空间组合实现了区位上和功能上的互补,这种由区域核心城市、港口城市及其间连线构成了一种有机的区域经济空间结构体系。这种双核空间结构现象广泛存在于各国沿海和沿江地区,依据不同的主导方式可分为内源型和外生型两种类型。吴相利(2000)在点-轴空间结构理论和双核空间结构理论的基础上基于流域经济发展的视角提出"点-轴-面"结构理论。该理论认为,依托流域中河流沿线城市这些"点",借助河流沿线这个"轴",辐射整个流域的"面",从而形成"点-轴-面"的空间结构系统。

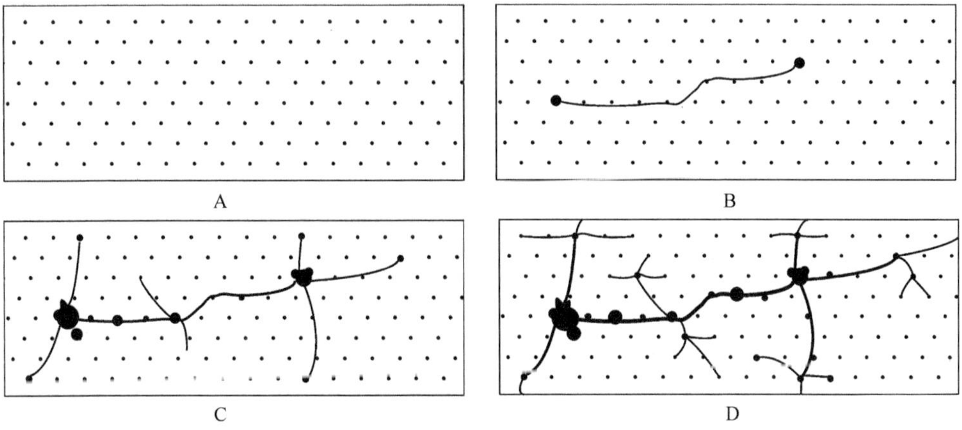

图2-2　点-轴空间结构系统的形成过程

资料来源:陆大道(1995)

我国众多学者采用各种方法对区域经济空间极化结构进行实证研究。在核心区和边缘区的范围识别方面主要采用计量经济统计方法、地统计方法及二者相结合的方法。Tuan & Linda(2000)对1998年广东省电子产业数据进行计量统计分析,结果发现深圳、广州、惠州和汕头等四个城市为该区域的核心城市,其余地区则为边缘区域。王冠贤等(2003)选取12个典型经济指标通过主成分分析和聚类分析确定珠三角地区经济发展类型，在此基础上对其经济空间结构进行分析，结果发现：珠三角经济区的空间组织呈现出新的发展态势，正由极化向反极化、由不平衡向平衡、由单极核向多极核的方向演变。樊新生(2005)在对河南省经济空间结构研究时认为核心区必须具备人均 GDP 要高于整个区域的均值且其相邻区域人均 GDP 低于整个区域的均值、经济增长与相邻区域的经济增长存在显著的空间负相关性等两个条件，在此基础上发现，河南省经济空间结构出现多经济中心现象，而且经济中心处于更替过程中。李小建等(2006)、李秀伟等(2008)、靳诚等(2009)、曹芳东等(2010)、张春梅等(2012)等学者利用空间自相关分析推算经济聚集区的范围，以此判定经济的核心区和边缘区的范围。

(4) 演化

陆大道(1988)在总结前人研究成果的基础上提出低水平的平衡状态的空间结构、城乡二元空间结构、多核心的空间结构、高水平的平衡状态的空间结构等四阶段的区域经济空间演变过程。薛普文(1988)将区域经济空间结构演化过程划分为分散孤立的小地域范围内的低水平均衡式空间结构、以向中心区集聚为特征的极核式空间结构、以向外扩散为特征的极核式空间结构、多核心的网络化的高水平均衡式空间结构等四个阶段。覃成林(1996)认为，对应于生产力的不同发展阶段，区域经济空间结构演化过程划分为极核式结构、分布有序的点-轴式空间结构和均衡式网络结构等三个阶段。崔功豪(2000)认为，与区域经济工业化的演进顺序相对应，区域经济空间结构相应地表现为离散型空间结构、聚集型空间结构、扩散型空间结构和均衡型空间结构的演替次序。甄峰等(2000)在对改革开放以来广东省空间结构演化过程进行实证研究时发现，区域经济空间结构由计划干预下的单核心结构经老核心区和新核心区并存的多核心结构转向极化与反极化并存的空间结构(图 2-3)。王冠贤等(2003)以珠三角地区 28 个县市为地域研究单元，对 1990 年、1995 年和 1999 年该地区经济空间结构进行分析，发现珠三角地区的经济空间结

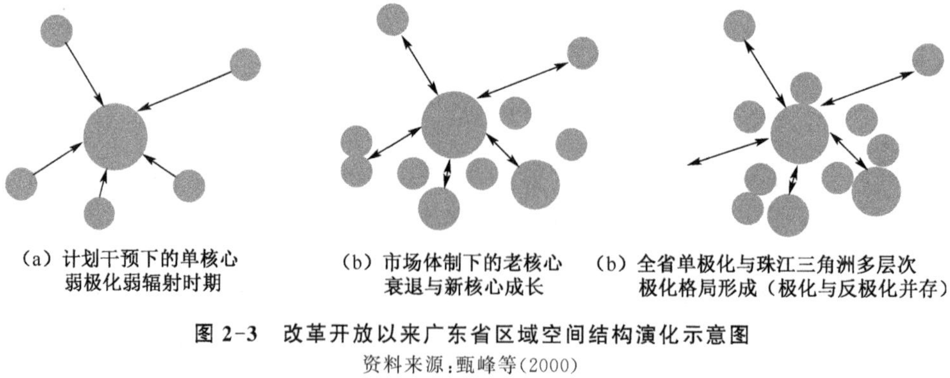

图 2-3　改革开放以来广东省区域空间结构演化示意图

资料来源：甄峰等(2000)

构正由单极核向多极核的方向演变。刘兆德等(2007)对 1991 年、1998 年和 2005 年的长江三角洲地区空间极化特点进行研究,结果发现,长江三角洲地区一直表现为核心-边缘结构,只是由传统的单核心模式转变为具有等级体系的多核心模式。

(5) 机制

国内学者也是主要从经济活动主体的区位选择、经济活动客体的禀赋差异、经济活动空间的相互作用等三个视角分析经济空间极化形成机制。

谭遂等(2002,2003)研究居民和生产厂商行为选择对多核心-边缘结构形成的影响,结果显示消费者多样化消费偏好和生产厂商对中间产品的多样化偏好是区域经济聚集的主要力量。梁棋等学者(2004)认为经济活动主体基于节约成本和利用集聚经济的双重考虑是形成多核心-边缘结构的来源。金丽国(2007)认为,居民和企业两个经济主体进行空间自组织活动产生区域经济空间极化,地方政府在此基础上加剧了这种空间极化。

王合生等(2000)、郭腾云(2006)等学者认为区域发展政策影响我国区域经济空间极化分布,其中优先发展的区域凭借先发优势成为经济核心区,而其他区域则因为没有优惠政策发展后劲不足成为外围区。金凤君(2001,2003)认为铁路客运提速、航空客流网络发展凭借其信息交流快捷而抢占市场先机使得经济向铁路沿线区域、机场所在区域集聚。欧向军等(2004)认为区域发展策略、乡村工业化和外商直接投资分别从自上而下的方向、自下而上的方向、外生的方向影响空间极化。胡彬(2006)认为制度通过体制与市场这两个界面组织与再组织区域经济活动,而不同程度的市场化进程对区域经济空间格局产生了非对称性的影响是形成经济空间极化的根本原因。赵映慧等(2010)认为优越的交通条件、重要的经济与政治地位、优惠的经济发展政策、强大的地方财力、产业集聚与规模经济效应和地方政府极化开发等方面是引起经济空间极化的动力。赵新正(2011)从外资企业、跨国公司分布等方面分析上海-长三角经济区经济空间极化格局,认为经济全球化对经济空间极化影响显著。郭腾云等(2012)等认为资本深化、技术效率、技术进步和空间依赖效应对京津冀都市区经济空间极化起显著作用。

吕拉昌(2000)运用增长极理论分析极化效应和新极化效应对珠江三角洲经济空间极化格局形成的影响。陈修颖(2003)在研究湖南省经济空间极化格局时发现,20 世纪 80 年代珠三角成为全国集聚核心区时湖南省湘江-京广铁路沿线成为该省经济空间集聚区,90 年代以后当长三角崛起成为国家集聚核心区时湖南省经济向环洞庭湖地区、岳阳、长株潭地区集聚,从而认为空间近邻效应对区域经济空间极化格局的形成具有重要的作用。杨帆(2005)从集聚和辐射的角度分析多核心结构的形成。王建廷(2007)从分工网络、交易的地理集中及分工水平相互作用的角度解释区域经济空间极化结构的形成,结果发现:在专业化分工水平很低时因交易需求很少，经济活动在空间上是分散的，在专业化分工水平上升时因交易的地理集中，经济活动产生空间极化，随着交易网络的扩大，因集中交易的效率降低，经济活动空间极化趋势减弱。李国平等(2007)通过转移概率矩阵对无条件和包含空间条件两种情况下动态随机核估计及密度进行对比分析，认为是空间溢出效应促使相似经济水平地区的空间聚集。

2.3 江苏省相关研究进展

2.3.1 区域经济空间分异

学者们对江苏省区域经济空间分异的研究主要集中在测度、成因、格局及演化趋势等方面。沈正平等(2003)从经济规模、人均水平、产业结构、经济效益、外向型经济和城乡居民收入等指标比较江苏省苏南与苏北的经济分异，并用人均 GDP 的变异系数和洛伦兹曲线对区域经济空间分异的程度进行测度，结果发现江苏省区域经济差距悬殊且呈迅速扩大趋势。他们认为区位条件是差距形成和扩大的客观基础，观念是差距形成和扩大的主观原因，经济基础是差距形成和扩大的重要背景，生产要素配置上的“马太效应”是差距形成和扩大的根本原因。王启仿(2003)、欧向军等(2004;2005;2007)、李丽等(2010)等学者利用人均 GDP 的变异系数、基尼系数、泰尔指数及分离系数对江苏省区域经济空间分异的程度进行测度并对其形成原因进行分析，发现江苏省区域经济空间分异的程度逐渐增加且主要表现为区域间分异，认为市场化水平、工业化水平、劳动力参与率、初始人力资本禀赋、投资率、历史因素、地理区位、区域发展策略、中心城市规模、人口数量与质量、全球化水平等因素是导致区域分异形成的主要因素。欧向军等(2007)、王迎英等(2010)等学者从产业结构转换的角度对江苏省区域经济空间分异的机理进行分析，认为产业结构转换能力是造成江苏省区域经济空间分异的主要因素。黄雪琴(2008)从全球化的角度对江苏省区域经济空间分异的机理进行分析，认为其通过影响区域间生产要素及其配置效率进而导致区域经济分异的形成。

仇方道等(2004)以 SPSS 统计分析软件和 GIS 技术为基础，以县域为研究单元，对江苏省区域经济空间分异格局进行分析，发现经济发达区集中于沿江地区、经济次发达区集中分布于苏南地区、经济欠发达区主要位于发达区周围、经济不发达区集中分布于苏北地区。欧向军(2006)采用综合指标借助 SPSS 软件运用主成分分析方法对江苏省区域发展空间分异现象进行综合分析，发现综合发展水平由南向北逐渐递减的地域梯度分异特征显著。

王启仿(2003)基于经济增长收敛的理论与方法对江苏省区域经济规模及其增长的收敛性进行了分析,发现江苏省人均 GDP 及其增长总体上都不存在绝对收敛,但存在条件收敛,且收敛程度较弱,同时发现在经济比较发达的苏南和苏中内部存在局部收敛而在经济欠发达的苏北内部则不存在局部收敛趋势。王学勇(2011)对江苏省区域经济增长的收敛性进行验证,发现苏南和苏北间经济增长呈发散趋势而两大区域内部经济增长则呈收敛趋势。

2.3.2 区域经济空间极化

江苏省区域经济空间极化的研究主要从极化测度、极化格局等两个视角进行,前者重视空间极化的程度,后者重视空间极化的形态。欧向军等(2004)使用沃尔夫森指数、崔-王指数、坎贝尔-张指数等指标定量评价改革开放以来江苏省区域经济极化的总体水平与极化方向,并在此基础上分析其极化的动力,结果显示:区域经济极化明显增强,表现为南北区域的分化与城乡分化两个方面,其主要影响因素是区域发展策略、乡村工业化和外商直接投资等三个动力因子,其中区域发展策略是自上而下的动力因子,乡村工业化是自下而上的动力因子,外商直接投资是外生的动力因子。欧向军等(2012)运用差异系数与极化指数定量比较 1994 年以来江苏省区域经济差异与极化的演化过程与格局,结果发现:江苏省区域经济发展差异程度与极化程度都呈“缩小—扩大—再缩小”的过程,在空间上主要表现为苏南、苏中与苏北三大区域间的差异与极化,且三大区域间的极化呈增强趋势。

戴先杰(1994,2000)在分析江苏省区域经济极化格局时指出苏南地区作为江苏省的经济核心区已见雏形,并运用生产力布局的原理指出苏南地区网络型生产力空间结构、东陇海铁路沿线的轴线结构和淮阴、盐城二市市区的据点结构等三种未来生产力空间结构模式。陆玉麒(2000,2004)从点轴发展和双核发展的角度对江苏省经济空间结构的特点进行分析,认为江苏省存在徐州—连云港、淮安—连云港、苏州—张家港、苏州—太仓、无锡—江阴等双核结构模式。刘兆德等(2003)运用因子分析法对 20 世纪 90 年代江苏省区域综合发展实力进行分析,发现江苏省区域经济空间上呈现出明显的苏南、苏中、苏北的梯度分异,即核心-边缘结构,其中苏南地区以及沿江地区是核心区,而苏北、苏中北部地区是外围地区。管卫华等(2004)运用同样的方法分析江苏区域经济极化结构的特点,发现苏南处于由轴线向网络化发展阶段、苏中处于由点向轴线发展的阶段而苏北处于增长极发展阶段。在以上学者研究基础上,江苏省委省政府在 20 世纪 90 年代主要提出“两区五轴模式”和“四沿”模式(邵川,2005)。21 世纪江苏省委省政府主要提出“三圈五轴”空间结构模式和新“四沿”模式(邵川,2005;江苏省“十二五”规划,2010)。

进入21世纪后，学者们采用空间统计方法，借助ArcGIS平台，从空间异质性和依赖性的视角对江苏省区域经济的空间格局进行研究，发现该省出现经济发展水平较高的地区和经济发展水平较低的地区分别向苏南和苏北地区集聚的现象。蒲英霞等(2005)、葛莹等(2005)、曹芳东等(2010,2011)、熊薇等(2011)、蔡芳芳等(2012)等学者采用ESDA中全局和局部空间关联分析方法，对江苏省区域经济发展的空间极化格局进行了研究，认为江苏省区域经济在整体格局上呈现出一定的集聚态势，且苏南地区成为经济发展水平较高地区的集聚区而苏北地区成为经济发展水平较低地区的集聚区。靳诚等(2009)引入Moran's I、Getis-Ord General G和Getis-Ord Gi等指标测度江苏省全局和局域经济的空间集聚特征，并用空间变差函数对其进行模拟，在此基础上分析经济集聚的驱动力，结果显示：相似经济发展水平的地区在空间上集聚分布，热点区的空间结构多表现为以苏州、无锡为核心的圈状空间结构，且不断地向东南方向集聚；历史发展基础、经济区位和区域发展政策等是江苏省经济极化格局演化的驱动力。李丽等(2010)采用聚类分析方法对江苏省区域经济极化格局进行分析，发现该省经济发展水平高的地区逐渐向江苏南部集聚，经济发展水平低的地区逐渐向江苏中北部集聚。

2.4 评述与展望

2.4.1 相关研究的特点

通过对区域经济空间极化相关研究文献的系统梳理可以看出，国内外学术界在这一领域进行了积极的探讨，对其认识也逐步深化。总体来看，主要表现为以下几个方面的特点：

2.4.1.1 研究尺度多元化

区域经济空间极化问题的研究尺度大小不一，综合起来看，主要有5个层次：一是整个世界；二是跨国界的经济合作区；三是某一个国家；四是跨行政区边界的经济区；五是某一个省域。通过对不同尺度的区域经济空间极化问题的研究，大到可以了解整个世界经济的分布格局，小到可以认识一个省域经济的分布格局，可以为相应尺度的相关部门宏观调控区域经济发展、制定区域经济发展政策提供参考依据。

2.4.1.2 研究内容多样化

区域经济空间极化问题的研究内容涉及面非常广，既包含经济活动的区位选择，又包含区域和区域间经济活动的空间组合。前者包含单个产业部门或单个厂商的空间选择、多部门企业尤其是跨国公司区位的区位选择等方面。后者包括经济活动空间分布不平衡程度、格局、结构、演变过程、成因及应对之策等。通过对这些内容的研究，可以从方方面面认知区域经济发展的空间极化问题，发现区域经济发展的空间规律，并将其运用到区域经济开发和管理的实践当中，为人类认识和改造世界提供帮助。

2.4.1.3　研究视角多维化

区域经济空间极化问题的研究视角呈现出多维的特点，综合来看，主要有三维：一是时间维，二是空间维，三是时空维。从时间的维度研究区域经济空间分布不平衡程度的演变趋势，从空间的维度研究区域经济空间分布格局，从时空的维度研究区域经济空间分布格局的演变过程。通过多维度的研究，可以立体地了解区域经济空间极化问题，更为深入地认知区域经济发展中内在的空间规律。

2.4.1.4　研究方法科学化

区域经济空间极化问题的研究方法逐渐由定性分析走向定量分析及定性与定量相结合分析，其中定性分析更加规范，定量分析也更加科学。通过定性分析演绎出区域经济发展因素间的联系，并推测出区域经济活动区位选择及空间组合的变动趋势，然后在此基础上提出区域经济空间协调发展的对策；通过定量分析测度出区域经济不平衡分布的程度，呈现出其分布格局，探索出其形成原因，演变出其变动趋势，并在此基础上寻求其解决的对策；通过定性与定量相结合分析可以对区域经济空间极化问题进行更全面、更深刻地研究。

2.4.2　相关研究的不足

区域经济空间极化问题已经成为多学科关注的研究领域，研究成果众多，特点明显，但是也存在一定的不足，这也是今后相关研究需要注意的方面。

2.4.2.1　区域经济空间极化问题研究的理论体系不够完备

区域经济空间极化理论体系的建立具有一定的历史阶段性和地域性，它需要跟随时代变迁和地域变动不断地调整、丰富。随着 20 世纪末和 21 世纪初新经济、新技术不断地呈现，经济活动的生产、运营方式发生改变，经济活动的区位选择和空间内经济活动的组合也发生了演化，已有的理论无法解释这些现象，因此，需要在新环境下调整已有的理论或创建新理论，以丰富已有的理论体系。尤其是国内相关研究尚处在对国外相关理论的引进和初步应用阶段，而忽视国内的实际国情完全照搬国外的理论并不能很好地解释我国区域经济空间极化格局及其演化的规律。中国需要探索切合本国实际的区域经济空间极化理论。

2.4.2.2　区域经济空间极化问题研究的内容体系不够丰富

区域经济空间极化问题研究的内容随着新经济事物或者新经济现象的出现而

不断扩充。随着区域经济空间分异的发展，区域经济出现经济发达地区和欠发达地区相对集聚分布的极化现象，虽然也有学者对这种现象进行了研究，但研究的文献较少，且他们只是研究极化程度，或是研究极化格局，或是从某一个方面研究极化机理，而欠缺对区域经济空间极化规律、结构、内在机制等方面的综合研究。关于区域经济空间极化现象的研究案例较少，研究内容不全面，深度也不够，更未形成完整的体系。

2.4.2.3 区域经济空间极化问题研究的方法不够完善

区域经济空间极化问题研究的方法需要不断地创新、完善，只有如此，才能更好地认识经济发展的规律。传统区域经济空间极化理论的研究，大多数运用抽象的理论模型或模式进行分析，而较少采用案例实证研究之后归纳出理论的方法。区域经济空间极化程度的测度指标沃尔夫森指数、崔-王指数只是验证了区域极化的存在，但是不能解释区域经济极化的方位和极化的动力因素。坎贝尔-张极化指数虽然能解释区域经济极化的区域和极化的动力因素，但是不能解释区域经济空间极化的形态和布局。传统的区域经济空间极化结构中核心区与外围区的边界划分只考虑经济、人口等相关指标，而没有考虑区域间的相互关系，具有一定的片面性，不能真实地反映区域经济空间极化现象。

2.4.3 未来研究的展望

在梳理已有研究特点与不足的基础上，综合考虑学科发展趋势和国家需求，我国区域经济空间极化问题的研究在未来一段时期内将主要集中在以下几个方面：

2.4.3.1 完善区域经济空间极化研究的理论体系

随着高速铁路、高速公路等交通设施的大发展，运输费用在经济活动区位选择和空间组合的约束作用相对降低，但是交通的便利性、可达性对经济活动区位选择和空间组合的约束作用相对提高。随着中国改革开放的进一步推进，国外资本和产业实体大量涌入，这些外资、外企的区位选择影响了区域经济的空间极化发展。正值经济发展转型升级时期，制度的灵活性在经济活动区位选择和空间组合中所起的作用逐渐增强。区域间相互关系在区域经济空间分异过程中引起经济发达地区和欠发达地区相对集聚分布的现象。未来研究需要加入这些时代性、地域性因素以完善现有的区域经济空间极化理论。

2.4.3.2 构建区域经济空间极化研究的分析框架

区域经济空间极化研究需要从时间演变、空间格局和时空演变等多维视角进行立体研究。在具体研究中，需要从区域经济空间极化程度、态势、布局、结构等多方面分析区域经济空间极化格局及其演变过程的特征和规律。在对区域经济空间极化形成和演化机制研究时，要充分考虑新出现因素及其作用的机理。

2.4.3.3　改进区域经济空间极化研究的方法

通过空间基尼系数和空间极化指数衡量区域经济空间极化程度，借助 ArcGIS、Eviews、SAM、Geoda 等技术对区域经济空间极化格局进行动态监测和空间分析，采用经济指标和空间相互关系指标划分经济极化区和非极化区的边界范围以分析区域经济空间极化结构，借助含有空间维的区域内生经济增长模型和区域经济自组织与复杂性研究的方法分析区域经济空间极化格局形成与演化的内在机理，通过这些集成方法探索区域经济空间极化格局形成与演化的特征与规律，为相应经济活动主体的行为决策提供科学依据。

第3章 相关理论基础

区域经济发展自身就具备非常复杂和综合的特质,因此,区域经济空间极化研究的相关理论也必然具有多元性和综合性。由于区域经济发展的复杂性,尽管其中存在一些普遍性规律,但这些规律会因为其中一些条件的改变而发生一定的变异,因此,并不存在绝对性的普遍适用理论。区域经济发展涉及自然科学、人文科学、社会科学、经济学和工程技术等众多领域,其相关理论也大致来源于这些领域。下面就经济空间的均质与非均质有机统一、区域经济发展的极化理论、新经济地理学理论、含有空间维的区域内生经济增长理论、要素禀赋理论、循环累积因果关系理论等方面进行较为详细的阐述,以作为区域经济空间极化研究的理论基础支撑。

3.1 经济空间——均质与非均质的有机统一

空间是经济发展的载体,也就是说,任何经济活动都是在一定的空间中进行的。因此,空间一直是区域经济发展理论研究的出发点。郝寿义(2007)认为,空间是对经济活动的客观载体——区域的抽象。在对区域的抽象中,主要面临如何界定其本质特征的问题。一般来讲,主要从三个层面对区域的本质特征进行界定:一是区域的地理特征是否平坦;二是承载经济主体活动的区域中经济要素的分布是否均等;三是市场组织中各个经济主体是否平等竞争。针对地理分布特征、要素分布特征和经济主体竞争特征这三个方面,区域研究中关于抽象的空间一般有均质和非均质两种情况,具体特征见表3-1。

表3-1　均质与非均质空间的特征

	均质空间	非均质空间
地理特征	平坦分布	不平坦分布
要素禀赋	均等分布	非均等分布
市场结构	完全竞争	不完全竞争

资料来源:郝寿义(2007)

3.1.1 均质空间分析

3.1.1.1 均质空间的含义

均质空间的含义可以从表3-1中的三个不同层面得到体现：首先，均质空间抽象掉了所有的地理特征，只研究一种平坦的空间，从而经济学上可以通过距离和运输成本分析来研究资源有效配置的途径；其次，均质空间假设要素禀赋均等分布，使得关注资源配置的经济学和关注区位选择的区域经济学可以仅从距离的角度解释经济活动的空间特征，特别是可以将区位选择的问题简单地归结于距离问题；再次，均质空间假设生产要素市场和消费市场都是完全竞争市场，以便能够通过抽象演绎和建模的方法研究资源配置问题以揭示经济演化的内在机理。

在现实生活中，均质空间也是大量存在着的。比如，软件产业园区，该园区内发展的产业都是软件产业，而地理分布上的差异对这一特殊产业几乎没有任何影响，且它们面临着相同的资源、市场、政策和制度环境。

3.1.1.2 均质空间分析

均质空间分析是指在假设研究的经济空间中地理上平坦分布、要素禀赋空间分布均等、生产要素市场和消费市场都是完全竞争市场等前提下，可以把距离和运输成本通过线性演化的方式引入到分析框架里，通过抽象演绎和建模的方法解释经济发展的过程，以便能够让人们认识经济发展本质并对其进行宏观调控。杜能(Johan Heinrich von Thünen)的农业区位论和廖什(August Losch)的市场区位论都是通过均质空间分析得出的结论。农业区位论是在假设一个孤立的土质条件均质的平原中只有一个城市，交通工具只有马车，人工产品供应只来源于这个城市而这个城市的食物供给全部来源于周围平原、矿山和食盐坑等，且它们都在城市附近等前提条件下，通过地租收入这个指标探讨市场距离对农业生产方式配置的作用，得到以城市为中心从里向外六大圈层依次分布的同心圆结构。市场区位论是在假设平原上的生产原料充足且均等分布，平原上沿各个方向的运输条件都相同，平原上均等地分布着农业人口且他们的最初生产都是自给自足和消费行为都相同，平原上的居民都具有相同的技术知识且得到的生产机会都相同，除经济方面的因素外其他因素都可不考虑等前提条件下，把市场需求作为空间变量，探讨了市场区位体系和工业企业最大利润的区位，进而形成了六边形市场区的空间理论。

3.1.1.3 均质空间分析的不足

在均质空间分析中，通过假设将地理特征和经济要素特征进行了均质抽象，使得距离和运输成本变量容易进行技术处理，但是却很不全面。因为在现实世界中，完全的均质空间是不存在的，且这种要素的外生化假设和处理，使我们无法回答杜能圈中的中心地究竟是怎样形成的、现实中的逆杜能圈是怎样形成的等一系列问题，且在真实的景观中，由于道路网、资源赋存、劳动力以及市场等的分布与演化不均，使得市场区很少会趋向于廖什的六边形市场区。

3.1.2 非均质空间分析

3.1.2.1 非均质空间的含义

非均质空间的含义也可以从表3-1中的三个不同层面得到体现：首先，非均质空间认为经济发展空间中的地理特征分布是不均匀的，在距离和运输成本的技术处理时要根据事实情况而定；其次，非均质空间强调要素禀赋的非均等分布，用以解释区域发展差异及区域间贸易；再次，非均质空间强调生产要素市场和消费市场都是不完全竞争市场，强调规模收益递增，以解释经济极化和相似区域间发生贸易的现象。

在现实生活中，非均质空间随处可见。如农业生产受到自然地理特征的影响，制造业生产受到生产要素禀赋分布不均的影响，第三产业受到市场需求不同的影响等。

3.1.2.2 非均质空间分析

非均质空间分析是指在假设研究的经济空间中地理特征分布不均、要素禀赋空间分布不均、生产要素市场和消费市场都是不完全竞争市场等前提下，根据事实情况，将自然条件、自然资源、社会经济资源等引入到分析框架里，通过经验归纳的方法解释经济发展的现象，以便能够让人们认识经济发展的空间极化并对其进行宏观调控。亚当·斯密(Adam Smith)的绝对优势理论、大卫·李嘉图(David Ricardo)的比较优势理论和保罗·克鲁格曼(Paul R. Krugman)的新贸易理论都是通过非均质空间分析得出的结论。亚当·斯密的绝对优势理论指出，由于各国的自然资源、自然条件与社会经济条件存在差异，因而每一个国家在生产同种商品时的劳动生产率不同，从而形成各自绝对的生产成本差异，即各自的绝对优势不同，因此，如果每一个国家均能依照绝对优势的指向，进行劳动分工，然后从事自由贸易，那么，结果就是每一个国家的利益均获得改善；大卫·李嘉图的比较优势理论是在亚当·斯密的绝对优势理论的基础上发展起来的，该理论指出，即使一国在所有商品的生产上都处于绝对劣势而另一国在生产所有商品上都处于绝对优势，但只要处于绝对劣势或优势的程度不同，则处于绝对劣势的国家可以生产劣势较轻的产品而处于绝对优势的国家可以生产优势较大的产品，然后进行相互贸易，这样做的结果仍然能使两个国家都从贸易中得到利益；保罗·克鲁格曼的新贸易理论认为生产要素市场和消费市场都是不完全竞争市场，其分别存在着规模收益递增和产品差异性需求，用以揭示产业内贸易产生的原因。

3.1.2.3 非均质空间分析的不足

非均质空间分析强调的是初始条件的非均质，能够描述区域经济空间极化及区域间贸易的现象并揭示其中的原因，但是难以揭示区域经济空间极化和区域间贸易过程中组织运行的内在机理，特别是难以揭示空间聚集的实现路径。非均质空间分析主要是通过以地方为主的“极级”推理作为分析的手段，而忽视地方主体——厂商、居民和地方政府的行为，因此，其对于区域经济问题的研究则过度依赖于经验归纳，而对空间组织机理的演绎分析不足。

3.1.3 均质与非均质有机统一的空间分析

均质和非均质都是经济空间的属性，以非均质空间作为研究的逻辑起点，可以分析区域经济空间极化及区域间贸易等经济现象的原因，以均质空间作为逻辑的起点，可以揭示区域经济空间极化及区域间贸易等经济现象的发生过程及其组织运行的内在机理。传统经济学和经济地理学在对经济空间问题展开研究的时候，各自片面地强调了空间的一种属性，因此，二者在解释现实经济世界的时候都存在不足。经济学擅长通过均值空间分析探讨经济功能区的形成及其演化的机理，且在微观区位选择问题上有着独到的成就；而经济地理学则擅长于通过非均质空间的分析，研究区域经济空间极化和区域间贸易等问题。在现实经济世界中，既存在大量的均质空间现象，也存在大量的非均质空间现象。因此，在区域经济问题研究中要充分考虑二者的结合以便全面地分析问题。区域经济空间极化研究中的经济空间是均质和非均质的结合体，只有将二者进行有机统一分析，才能更为准确地把握区域经济空间集聚和分异的特性和本质，揭示区域经济空间集聚和分异演化的内在规律。

3.2 扩展的要素禀赋理论

要素禀赋理论是一个解释区域分工、区域间贸易和区域经济空间分布不均衡等经济现象的理论，主要通过揭示区域经济活动主体选择行为发生的直接原因对诸多区域经济现象进行研究，得出：要素禀赋是区域经济发展的起点，是区域分工、区域间贸易和区域经济空间分布不均衡等经济现象形成的源头。要素禀赋理论可溯源至英国古典经济学的创始者威廉·配第（William Petty）的劳动价值论，后经亚当·斯密、大卫·李嘉图、阿尔弗雷德·马歇尔（Alfred Marshall）、赫克歇尔（F. Heckscher）、俄林（C. Ohlin）、陆大道、安虎森、郝寿义等众多学者不断地补充和完善。下面主要从要素禀赋内涵的扩展、要素禀赋的集聚和扩散规律及要素禀赋集聚与扩散对区域经济发展的影响等三个方面对该理论进行较为详尽的介绍。

3.2.1 要素禀赋内涵的扩展

要素禀赋是指特定区域在一定时期内所拥有的资源状况,具体包含三个方面的含义:一是资源的种类,二是资源的数量,三是资源的品质。随着人类认识世界和改造世界强度和深度的增加,人们对要素禀赋内涵的认识不断地从自然资源拓展到社会经济资源。在农业社会时期,生产力水平低下,人们对要素禀赋的定义主要集中在地形地貌、土壤肥沃程度和港口优势等自然资源上。随着经济技术水平的不断发展,自然禀赋的约束逐渐被打破,人类对要素禀赋的定义主要集中在道路、桥梁、制度和文化等后天人类投入固化在特定空间上所形成的后天资源禀赋和资本、劳动和技术等流动性资源禀赋上。其中自然资源和后天人类投入固化在特定空间上所形成的后天资源是区域性要素,这些资源不可流动或很难移动,也是不可替代要素。而流动性资源是非区域性要素,这些要素可以在全世界范围内流动。区域性要素和非区域性要素在一定程度上可以相互转换和相互替代,但是其间转换和替代往往是单方向的,即非区域性要素在一定的条件下可以转换成区域性要素且可以被区域性要素所替代,然而区域性要素却很难转换成非区域性要素且也很难被非区域性要素所替代。因为一旦某些要素在特定区位上积淀,其再重新选择区位时存在空间成本问题,所以在现实的社会经济活动中区域性要素的作用变得更强了。

3.2.2 要素禀赋的集聚与扩散规律

某个特定区域的要素禀赋并不是一成不变的,而是在资源的种类、资源的数量和资源的品质等方面都会发生演化。要素禀赋的这种演化主要体现在其时间和空间维度上的集聚与扩散。

要素禀赋在时间维度上可以划分为原始要素禀赋、初始要素禀赋、现时要素禀赋和预期要素禀赋等四个阶段。其中原始要素禀赋是指特定区域在未经人类任何改造的情况下各种要素的赋存状态,是人们最早进行区位选择的基础;初始要素禀赋是指特定区域在既定时点上的要素赋存状态,是进行不同区域要素禀赋比较研究的基础;现时要素禀赋是指特定区域在当前时点上的要素赋存状态,是进行区域经济发展研究的直接依据;预期要素禀赋是指特定区域在未来时点上可能的要素赋存状态,是进行预测经济活动主体未来区位或区域选择的重要依据。在区域经济发展问题研究中,初始要素禀赋、现时要素禀赋和预期要素禀赋等三个阶段通常会被详细分析:通过分析初始要素禀赋和现时要素禀赋之间的演化以了解区域经济发展的过程及要素禀赋对区域经济发展演变的作用;通过分析预期要素禀赋可以预测区域经济发展未来的结果。

要素禀赋在空间维度上的分布可以划分为区位、功能区和区域三大类型。区位是指要素在空间上分布的点,是单个经济活动主体选择的对象;功能区是要素在空间上的集聚区,是与既定区位的经济活动主体具有共同的要素需求或者密切关联的经济活动主体选择与既定区位毗邻的区位后形成的;区域是要素在空间上的集聚和扩散区,是由多个地域上毗邻、功能互补、相互间联系密切的特定功能区组合而成的。空间是人类经济活动的载体,不同空间点的要素禀赋条件不同,因此,在理性经纪人的假设条件下,单个经济活动主体选择具有比较优势的空间点。在聚集动力的作用下,众多经济活动主体选择与之毗邻的区位形成特定经济功能区。在多样化的经济发展需求下,多个特定经济功能区组成功能互补和完善的经济区域。在区域经济发展问题研究中,通过分析要素禀赋的区位、功能区和区域之间的演化过程,人们可以了解区域经济发展的空间演化过程及要素禀赋在其间所起的作用。

3.2.3　要素禀赋集聚与扩散对区域经济发展的影响

区域经济发展自始至终都伴随着要素的时空集聚与扩散。从要素禀赋的时空聚集与扩散的演化过程中可以看出,区域经济发展包括两个循环过程(图 3-1):一是初级循环过程,二是高级循环过程。

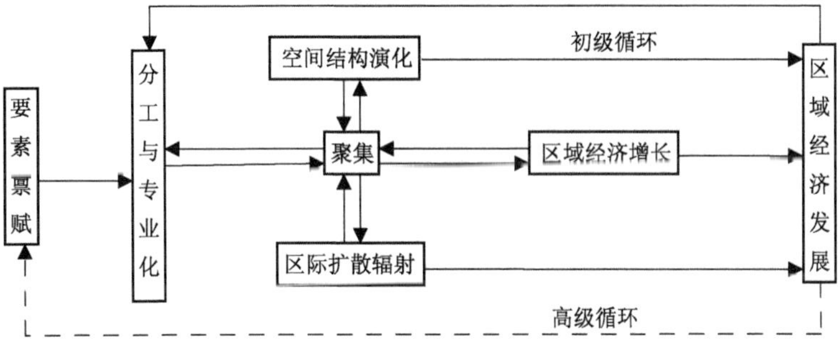

图 3-1　区域经济发展循环

资料来源:王建廷(2007)

初级循环过程是指在区域产业结构固定不变的条件下,要素的集聚与扩散在流入效应、流出效应和乘数效应的交互作用下推动区域经济循环累积的经过。初始要素禀赋条件决定了某个特定区域的地域分工与专业化生产,形成了相对稳定的区域产业结构；在流入效应和乘数效应的综合作用下，区域的要素聚集度提高；在集聚和扩散的作用下，区域空间结构进行演化且区际间发生扩散辐射；在规模经济和聚集经济的作用下，区域经济开始增长，区域经济得到发展。区域经济发展进一步引起要素集聚，进而引发分工与专业化的深化，使得新一轮的循环开始进行。在这个循环累积过程中，要素聚集只是使区域内以主导产业为主的产业结构逐渐优化，但是主导产业并没有发生改变。

高级循环过程是指要素禀赋和主导因素的演化导致区域产业结构升级后，在流入效应、流出效应和乘数效应的综合作用下，聚集动力推动区域经济在新的产业结构下发展的经过。当区域经济处于聚集不经济状态，即原有产业结构不适应区域经济发展要求，区域产业结构在客观上就会被要求发生改变。随着要素的集聚与扩散，新的主导因素产生，重新决定了分工和专业化生产，区域聚集度进一步提升，在区域经济空间结构演化和区际辐射与扩散的推动下，区域经济不断增长，区域经济不断向前发展，并进入新的初级循环。在这个循环累积过程中，要素聚集使得区域内的主导产业发生改变，并形成以新主导产业为主的新产业结构。

3.3 循环累积因果关系理论

循环累积因果关系理论是一个用于解释区域经济空间分布不均衡的理论，它是众多学者研究思想的综合，其中具有较大影响力的是维多恩-卡尔多法则（Verdoorn-Kaldor Law）和基于非均衡力的循环累积因果律，前者揭示了循环累积因果关系存在的原因，后者分析了循环累积因果关系形成的动力机制。

3.3.1 维多恩-卡尔多法则

维多恩-卡尔多法则是卡尔多（N. Kaldor）在维多恩法则（Verdoorn Law）的基础上建立的用以解释区域经济空间分布不均衡的一个思路。维多恩法则是指劳动生产率（劳均产出增长率）和就业增长率之间存在的正相关关系，在其基础上，卡尔多用产出增长率代替了就业增长率，推出了著名的维多恩-卡尔多法则。该法则显示：由于存在规模经济和聚集经济，经济增长导致生产率增长。为了更清楚地解释这一法则，这里使用一个简单的案例进行说明：假设一个区域经济快速增长，增长收益全部投资于该区域，则该区域的投资也增长；由于规模经济和聚集经济的存在，投资收益也增长，假设投资收益全部由该区域获得，则这一区域的劳动生产率增长；劳动生产率增长反过来又会促使区域产出增长，即这一区域经济快速增长；这个区域经济快速增长又使得其投资增长，投资增长使得投资收益增长，投资收益增长使得劳动生产率增长，劳动生产率增长使得经济快速增长，周而复始地进行这样的循环累积过程。

维多恩-卡尔多法则揭示了区域经济空间分布不均衡长期存在的原因，指出因经济活动中存在规模经济和聚集经济而产生的收益递增是循环累积因果原则的核心内容。该法则虽然假设投资、投资收益完全不流动，与现实不太相符，导致解释不足难以使人信服，但是其仍旧能够很好地解释区域经济空间分布不均衡现象长期存在的原因。

3.3.2 基于非均衡力的循环累积因果律

基于非均衡力的循环累积因果律是安虎森在前人研究的基础上从动力的角度解释区域经济空间分布不均衡形成机理的一个理论。非均衡力由接近市场效应、价格指数效应以及市场拥挤效应三者共同决定。接近市场效应是指企业选择市场规模较大的区位进行生产并向其他市场区出售其产品的行为，价格指数效应是指企业的集中使当地居民生活成本下降的作用，市场拥挤效应是指企业基于较小竞争而趋向于选择分散区位的行为，其中接近市场效应和价格指数效应是聚集力，市场拥挤效应是分散力。在接近市场效应和价格指数效应的作用下，区际人口和资本不断地移动，就形成了循环累积因果律。基于非均衡力的循环累积因果律主要从需求关联、成本关联及需求关联和成本关联相互作用的视角分析循环累积因果律形成的机制问题。(1)需求关联的循环累积因果律。假设一个经济系统包含北部和南部两个区域，二者初始资源禀赋条件及消费者的消费偏好都相同。若因某种外生冲击致使至少一个工人从南部向北部转移，北部和南部的初始对称状况就会遭到破坏。由于工人把自己的收入花费在工作地点，所以此时北部支出份额变大而南部支出份额变小，从而使得北部市场规模变大而南部市场规模变小。基于市场接近效应，任何企业都选择市场规模大的区位。如此一来，人口向北部转移导致消费支出向北部转移，继而导致生产活动向北部转移，则北部就业机会扩大(北部劳动力供给小于劳动力需求)，进一步激励人口的转移。因为这个过程的发生是由劳动力需求空间分布的变动引起的，所以这种机制称为需求关联的循环累积因果关系。(2)成本关联的循环累积因果律。假设每个企业只生产一种产品，则由于人口向北部迁移而引起的北部企业数量增多将增加北部生产的工业品种类和数量。在本地生产的产品在本地市场出售无需支付贸易成本且其他条件不变的情况下，北部产品种类和数量增加将降低其生活成本，从而进一步激励人口从南部向北部转移，继而北部产业份额不断扩大。因为这个过程的发生是由生活成本变动引起的，所以又被称为成本关联的循环累积因果关系。(3)需求关联和成本关联相互作用的循环累积因果律。假设北部工人需求增加,则吸引工人向其转移,继而引起产业向其转移,从而增加其产品种类和数量,降低其生活成本,即北部实际收入水平提高,则刺激工人进一步从南部向北部转移。这个循环累积因果过程是由劳动力需求空间分布的变动和生活成本的变动共同引起的,又被称为需求关联和成本关联相互作用的循环累积因果律。当然,如果因果链的聚集力小于分散力,则初始振动的影响将逐渐减弱,产业空间分布将维持原有的对称格局。

基于非均衡力的循环累积因果律揭示了区域经济空间分布不均衡形成的动力机制,解释了因劳动力需求和工人生活成本产生的关联是形成循环累积因果原则的重点内容。基于非均衡力的循环累积因果律中的假设虽然有些与现实不太相符,降低了其信服度,但是其仍旧能够很好地解释区域经济空间分布不均衡形成的动力源及它们之间作用的内在机理。

3.4 区域经济发展的极化理论

区域经济发展的极化理论是随着时间的推移形成的、自身带有共同特点的各种论据的一个综合,该理论采用归纳的方法从细节的经验开始研究,在此基础上得到相关的结论,因而在很大程度上反映了现实情况。该理论的观点是经济发展非均衡和趋异倾向,即区域发展过程不是导致均衡,而是导致区域差别的强化。这一观点建立在以下一系列的证据基础之上:生产要素被视为非同质的,而且至少一部分生产要素是不可流动的,因此,不能被完全替代的那些生产要素的价格促使了区域经济发展趋向不平衡状态;现实中市场是垄断竞争市场且具有外部性,而并不存在完全竞争市场;信息,尤其是关于技术和组织创新的信息并不都是无成本的随处可以获取的完全信息,而是要花费成本去获得甚至需要研究开发才能获得的不完全信息。极化理论将区域经济发展与社会、政治环境联系在一起进行考察。区域经济发展的极化理论主要包括增长极理论、区域极化论和中心-外围模型。

3.4.1 增长极理论

增长极理论是在法国经济学家弗朗索瓦·佩鲁(F. Perroux)一些思想的基础上,主要由法国和比利时的一些研究者们创立和发展而成的,因而又被称为区域发展理论的法国学派。佩鲁的中心思想是经济增长不是遵循均衡的路径进行,而是源于一个"推动型单位",这个"推动型单位"是一个规模巨大、与其他部门有紧密联系、具有强大优势和强劲增长力的经济部门。"推动型单位"主要通过积极的内外部效应(即实现内部和外部的节约)和创新两种方式实现其"推动效应":"推动型单位”中形成的积极的内外部效应使得经济增长的单位成本降低而自动强化其地位，同时，“推动型单位”扩张使得与其紧密联系的上下游产品需求增加，从而将增长刺激扩展到其他经济部门；“推动型单位”通过产品创新和生产过程创新而获得垄断利润（即较高的创新利润），反过来，它使得“推动型单位”很容易为继续创新进行投资，从而使得其保持了相对于其他经济部门的领先地位。“推动型单位”对其他经济部门还有消极的“制动效应”：“推动型单位”凭借它们的优势吸引其他经济部门的生产要素或者运用它们的市场权利施加负面影响，所有这些都造成对其他部门的“制动效应”。佩鲁的部门增长极思想被后来的研究者们所继承，并且在原有的基础上丰富其研究内容、拓宽其研究领域。后来的研究者们大多数的经验研究都涉及一定的区域，但他们集中考虑的还是部门之间的相互关系，而区域之间联系只是处于一个边缘位置，认为区域发展的极化仅是部门极化的结果，因此，法国学派没能对区域经济政策提供增长极构想的实施手段。

把区域和空间联系纳入增长极理论的先行者是法国的经济学家布代维尔（J. R. Boudeville）和拉塞（J. R. Lasuén）。他们将克里斯塔勒和廖什的中心地理论运用到增长极的研究中，认为增长极产生于具有聚集优势和多种功能的中心城市，对周边地区经济增长刺激遵循中心地等级扩散，即从最高一级的中心城市逐级向低一级地扩散。在这个研究过程中，布代维尔将其中抽象的空间转换为具体的地理空间，强调增长极与周围地区的地域结构关系，认为是增长极的空间结构决定了一定发展阶段上的经济空间模式。拉塞则认为，经济空间发展模式不是既定不变的，而是发展过程的结果。一个国家或区域的经济发展是创新吸收过程的时空演变轨迹，经济活动密集和已形成发展优势的城市比周围的农业区更容易吸收创新，并接受更强烈的发展刺激，从而能够巩固和扩展它的优势。因此，一个区域的经济发展意味着除在一定时点上存在地区差别以外，还包含了一个创新扩散的循环累积过程，即那些已经进行创新的地方则能够更好地吸收新的创新，而那些还没有进行创新的地方则吸收创新的能力很弱。由此可见，对于大多数区域来讲，在日益全球化的今天，他们都面临着两难选择的境地：要么通过参与全球的发展过程最大可能地迅速吸收创新，而这样做的结果就是在以往的创新还没有在全国扩散之前吸收创新的只有这些国家的发展中心地带，致使这些国家的不平衡发展状态更加加剧；要么就是一直到以往的创新在全国均匀扩散的时候，国家的中心地带再开始吸收创新，而这样做的结果就是这个国家会因此脱离全球的发展过程而被远远地落在后边。

增长极理论出现后，曾一度被许多国家或区域，特别是发展中国家视为实施国家经济发展战略的理论依据和国家规划的构想框架。因为该理论是以发达的市场经济体制为背景的，又由于各国在经济社会体制和发展阶段等方面客观上存在差异，所以在实践应用中的效果是不同的。因此，每一个国家将它运用到实践当中时，要充分考虑其适宜性和限制性。

3.4.2 区域发展极化论

区域发展极化论主要是由瑞典的缪尔达尔(G. Myrdal)和美国的赫尔希曼(A. O. Hirschman)等两位学者创立和发展，该理论在考察部门关系的基础上，主要讨论区域之间的差别，并且探讨引起区域发展极化的影响因素及内在机理。下面主要从区域发展的极化、扩散效应和回流效应两个方面对区域极化论作解释。

3.4.2.1 区域发展的极化

就某一个区域经济发展问题，缪尔达尔提出了循环累积因果过程的观点，即在区域经济发展过程中，经济发展一旦发生偏离，这种偏离将会得到强化，即经济发展过程出现非均衡状态且不断得到强化，再也不会回到原始的均衡状态。在一个区域内，在一个偶然的机会下，某一个产业部门在某一区域发生，然后在规模收益、外部效应、垄断及寡头市场结构的作用下发展壮大，且通过外部效应扩展到区域内的其他部门，使得偶然的经济增长刺激改善了一个区域未来的经济增长机会，反之，偶然的增长障碍也会使一个区域未来的增长机会前景黯淡。创新作为一种具有特殊意义的发展刺激，它可以使发生创新的区域获得其他区域不具备的创新利润而优先发展起来，反之，没有发生创新的区域在发展过程中将逐渐被落下。在这个过程中，对于最初刺激来讲，其存在着正向反馈(与最初刺激呈相同方向作用)和负向反馈(与最初刺激呈相反方向作用)等两种反馈效应，其中，正向反馈效应大于负向反馈效应。

为了更清楚地解释这一过程，这里借助于一个简单的例子：假设一个区域内有一个大纺织厂关闭了，成千上万的劳动力被解雇了。对于这个案例，缪尔达尔给出的分析是：纺织厂倒闭引起纺织厂对供货商的需求和相关的服务企业、相近的供应企业的需求下降，大量工人失业使得工人的收入下降，从而使得这一区域的提供生活用品的企业需求减少，这些企业因需求减少也将减少生产并解雇工人，导致这一区域的需求进一步减少；企业因生产减少导致的收入减少，使得地方政府结构的税收也将随之减少，从而地方政府对有必要扩建的地方基础设施投资减少，则进一步使得工人失业增加和相关企业因生产不便移出该区域而导致需求减少；由于就业机会少，高技能的年轻劳动力从该区域流出，导致这一区域只能吸引那些对劳动力技能要求比较低的企业进入，而对那些对劳动力技能要求比较高的企业没有吸引力，区域的创新过程被阻断，使得区域进一步衰落；该区域因工人和企业流出而使得工人供给减少和土地需求减少，则具有工资水平上升和土地价格下降的有利条件，前者可以使得工人收入有所增加进而增加需求，后者使得生产成本下降而增加生产，然而这二者对区域经济增长的反馈作用非常有限，远远小于最初刺激所导致的正向反馈作用。所以，企业倒闭的消极刺激因正向反馈作用大于负向反馈作用而形成这种消极的循环累积因果关系，使得区域日益衰落。当然，若是某一区域最初是新企业成立或企业创新的积极刺激，也会在正负反馈作用下形成积极的循环累积因果关系，使得区域日益繁荣。如此一来，只要是各个区域最初的经济刺激不同，则会使各个区域之间的发展差距相差越来越大，形成以工业为主导的繁荣区域和以农业为主导的停滞区域，在理论上常常用“中心”和“外围”这一相对概念来进行表述。

3.4.2.2 扩散效应与回流效应

就区域之间相互作用关系问题，缪尔达尔和赫尔希曼分别用回流效应和扩散效应、极化效应和渗透效应等两个相对立的效应进行描述。回流效应或极化效应是指繁荣区域因自身积极的发展而吸引周边地区的资金、劳动力和技术等的流入，从而使周边地区因资金、劳动力和技术的缺乏而发展遭到抑制，即繁荣区域对周边地区施加的消极影响。扩散效应或渗透效应是指繁荣区域因自身积极的发展而使资金、劳动力和技术等刺激经济发展的因素向周围地区扩展，从而带动周围地区的经济发展，即繁荣区域对周边地区施加的积极影响。

在一个区域经济发展体系中，区域发展是趋向于均衡发展还是非均衡发展主要取决于扩散效应或渗透效应占优势还是回流效应或极化效应占优势，若是扩散效应或渗透效应占优势则区域发展趋向于均衡发展，若是回流效应或极化效应占优势则区域发展趋向于非均衡发展。对于这个问题，赫尔希曼持乐观态度，而缪尔达尔持悲观态度，前者认为区域经济发展从长期看是趋向均衡状态，后者认为因回流效应起主导作用而使得“中心”与“外围”差距越来越大，尤其是穷国和落后地区。缪尔达尔认为回流效应和扩散效应的相对比重取决于区域的交通、通信、文化和创新等因素，而这些因素又紧紧和经济发展水平联系在一起，因此，在市场经济体制中，“自由市场力量的作用使经济向区域不均衡方向发展是一个内在的趋势”，且“这种趋势越强化，农村也就越穷”。极化理论认为，区域发展本身就是非均衡分布的，少数区域经济发展较先进并通过回流效应或极化效应阻碍其他区域的发展。按照极化理论的观点，要想减小区域发展差距，区域经济政策一方面要削弱回流效应或极化效应以阻止极化力量，另一方面要阻断消极的循环累积过程。为此，相关政府部门可以采取诸如促进资源要素向外围区域转移、国家向外围区域进行投资等措施以强化扩散效应或渗透效应且促进积极的循环累积过程的形成。极化理论虽然没有一个严密的理论体系，甚至缺乏精确明晰的表述，但是他们的一些基本思想在经济理论和经济政策实践方面是值得肯定的，尤其是在经验上把握区域经济发展的长期差距并从直观上考察其形成机制方面做出的巨大贡献。

3.4.3 中心-外围理论

中心-外围理论，又称核心-边缘理论，起源于拉美学派的依附理论，后经约翰·弗里德曼(John Friedmann)、维宁(D. R. Vining)等学者进一步扩展而形成。从空间上的解释来看，中心-外围理论针对的是两个区域类型之间的关系，“中心”是指决定区域经济体系发展路径的局部空间，“外围”是指区域经济体系中除“中心”之外的其他区域，二者之间以权威性和依附性关系为标志。

3.4.3.1 弗里德曼的中心-外围理论

弗里德曼是从区域经济学的角度讨论中心-外围理论的第一人，他将区域经济发展过程和社会发展过程都纳入到思考范畴。弗里德曼以创新作为研究出发点，认为逐步累积的创新促进了区域发展，而创新最先出现在区域内少数的“中心”，然后由这些“中心”向“外围”扩散，“外围”依附于“中心”而获得发展。

弗里德曼还将区域经济发展的特征与经济发展的阶段联系起来(表 3-2)。他将区域经济发展划分为相对均衡发展阶段、中心-外围阶段Ⅰ、中心-外围阶段Ⅱ和区域经济一体化阶段等四个阶段，每一个阶段工业化程度不同，资源要素流动状态也不相同，空间分布亦呈现出不同格局。从表 3-2 中可以看出，中心-外围理论中区域经济发展主要是通过“中心”的创新集聚或扩散资源要素，从而引导和支配外围区的发展，最终走向区域经济一体化。

表 3-2 区域经济发展阶段及其发展特征

特征＼阶段	相对均衡发展阶段	中心-外围阶段Ⅰ	中心-外围阶段Ⅱ	区域经济一体化阶段
工业化程度	以农业生产为主	初级工业化	成熟工业化	后工业化
资源要素流动状态	极少流动	外围地区资源要素大量流入中心区	中心区要素高度集中，并开始回流到外围区	资源要素在整个区域系统内全方位流动
空间分布特征	存在若干个不同等级的中心，但彼此之间几乎隔绝	中心区进入极化过程，中心-外围格局初步形成	中心区开始对外扩散，外围区出现次中心	少数中心区失去原有主导地位，多核心空间分布格局形成

资料来源：陈秀山等(2003)

后来，弗里德曼又进一步把社会、政治因素引入中心-外围理论，对其作出更加全面的解释。他认为，“中心”除了具备比较活跃的创新活动外，还具有使“外围”服从和依附的权威和权力，因此，它才能够对"外围"施加影响。弗里德曼将"中心"对于"外围"的这种权力归结为六种自身强化的反馈效应：优势效应、信息效应、心理效应、现代化效应、联动效应和生产效应。

弗里德曼还认为，"中心"对"外围"的优势是可以被改变的。区域经济发展到一定阶段，由中心发源和扩散的创新使得权力在"中心"和"外围"分配不均等，导致"中心"和"外围"之间在文化、心理和制度上矛盾突出，"外围"中的精英争取发展自主权的要求越来越大。这种冲突可能产生维持已形成的中心-外围结构、"外围"中的精英中立化发展、"中心"解体和"中心"中的精英向外围转移等四种结果。

弗里德曼的中心-外围理论不仅考察经济过程，更是将社会过程也纳入其中，不仅依靠拉美学派的依附发展理论，还依靠马克思主义的社会发展理论，他对区域发展的贡献是区域发展不仅是经济发展过程，也是社会和政治发展过程。

3.4.3.2 维宁的中心-外围理论

维宁从经济学的角度为中心-外围理论提供了实证支持。在实证研究中，维宁发现：在经济发展的早期阶段，人口、产业和资本都集中于中心区；在经济发展中期，人口、产业和资本向中心区集聚的现象趋于缓慢；到了经济发展的后期，中心区出现诸如地价高涨、交通阻塞、噪音和空气污染等外部不经济现象，人口、产业和资本便渐渐地从中心地区向外围区域转出，整个区域共同发展。

3.4.3.3 中心-外围理论的贡献与应用

中心-外围理论是一个具有严密理论体系且通过实证支持的理论，它将区域经济发展的特征与经济发展的阶段联系起来分析区域经济发展的演进过程，更是将社会、政治因素引入到分析的框架之中，使得人们能够更加清楚地认识区域发展的过程。中心-外围理论也是许多国家，特别是欠发达地区，实施发展战略的理论依据和区域规划的构想框架，同样由于各国各地在经济社会体制和发展阶段等方面存在客观上的差异，在将其运用于实践当中时要因地制宜并因时制宜。

3.5 新经济地理学理论

新经济地理学理论是美国的经济学家保罗·克鲁格曼(Paul R. Krugman)在20世纪80年代在对经济现象的空间格局研究中所得到的一些成果，该理论的核心思想主要表现在报酬递增、经济发展的自组织及路径依赖、垄断竞争的D-S模型框架及其应用等三个方面。其中报酬递增和经济发展的自组织及路径依赖为解释经济活动的空间问题拓展了新思路，垄断竞争的D-S模型为处理不完全竞争市场提供了技术可能。该理论对于解释区域经济空间极化现象及揭示其演化的内在规律有很好的借鉴作用。下面主要从基本假设、主要内容和基本结论方面对该理论中关于区域经济空间极化的内容进行较为详尽的阐述。

3.5.1 基本假设

假设研究的经济系统具备以下前提条件：

(1) 包含北部和南部两个区域、只有制造业和农业两个生产部门、由工业劳动力和农业劳动力两个生产要素组成。

(2) 南部和北部两区域在消费偏好、技术、贸易开放度和初始要素禀赋等方面是相同的。

(3) 工业部门(I)使用工业劳动力(L_I^β)并表现为规模收益递增的垄断竞争市场结构，农业部门(A)使用农业劳动力(L_A^β)并表现为规模收益不变的完全竞争市场结构。

(4) 农业劳动力不能在区域间流动，北部区域农业劳动力和南部区域农业劳动力各占整个经济系统中农业劳动力的一半，即 $L_A = L_A^* = L_A^\beta/2$，其中，$L_A$表示北部区域农业劳动力，$L_A^*$ 表示南部区域农业劳动力，L_A^β 表示整个经济系统中农业劳动力；工业劳动力在区域间可以流动，则 $L_I + L_I^* = L_I^\beta$，其中，L_I表示北部区域工业劳动力，L_I^* 表示南部区域工业劳动力，L_I^β 表示整个经济系统中工业劳动力。

(5) 工业部门生产差异化产品，则每一种工业品的生产成本函数为 $w_{Ii}(F_i + a_{Ii}x_i)$，其中，i 表示第 i 种工业产品，w_I 表示工业劳动力的工资水平，F 表示固定投入的工业劳动力数，a_I 表示单位工业品所需的可变投入的工业劳动力数，x 表示工业产品的产量；农业部门生产同质的产品，则农产品的生产成本函数为 $w_A a_A y$，其中，w_A 表示农业劳动力的工资水平，a_A 表示单位农产品所需要的农业劳动力数，y 表示农产品的产量。

(6) 工业产品和农业产品都可以在区域内和区域间进行贸易，其中农产品贸易成本无论是在区域内还是在区域间都为零，但是工业产品贸易成本在区域内为零而在区域间为“冰山”成本(用来描述贸易壁垒而产生的经济效率损失：若一个区域向另一个区域出售一单位产品，就必须从本区域运出 τ 单位产品 ($\tau \geqslant 1$)，其中 $\tau - 1$ 就构成了“冰山”成本)。

3.5.2 主要内容

在上述假设条件成立的前提下，通过分析由于工业劳动力的区际工资差异而引起的工业劳动力区际流动达到长期均衡时的情况，进而得出经济发展的空间分布格局情况。其具体的分析过程如下：

以北部区域为例，消费者的柯布-道格拉斯型效用函数是

$$U = C_I^{\mu} C_A^{1-\mu} \tag{3-1}$$

$$C_I = \left(\int_0^{n+n^*} c_i^{(\sigma-1)/\sigma} d_i\right)^{\sigma/(\sigma-1)} \tag{3-2}$$

$$0 < \mu < 1 < \sigma \tag{3-3}$$

式中，U 表示北部区域消费者的效用；C_I 表示北部区域对工业产品的消费；C_A 表示北部区域对农产品的消费；μ 表示北部区域消费者购买工业产品的支出份额；$1-\mu$ 表示北部区域消费者购买农产品的支出份额；n 表示北部区域生产的工业产品的种类数；n^* 表示南部区域生产的工业产品的种类数；c_i 表示北部区域消费者对第 i 种工业产品的消费量；d_i 表示北部区域消费者对第 i 种工业产品的消费量与所有工业产品消费量的比值；σ 表示北部区域不同工业产品之间固定不变的消费替代弹性。

如果北部区域工业劳动力的收入仅来自于其名义工资 w，那么北部区域工业劳动力的实际工资水平可以用间接效用函数表示，即

$$\omega = w/P \tag{3-4}$$

$$P \equiv p_A^{1-\mu} P_I^{\mu} \equiv p_A^{1-\mu} \ (\overline{p_I} n^w)^{-\alpha} \tag{3-5}$$

$$\overline{p_I} \equiv \left(\int_0^{n+n^*} p_i^{1-\sigma} d_i\right) / n + n^* \tag{3-6}$$

$$\alpha \equiv \mu/(\sigma-1) \tag{3-7}$$

式中，ω 表示北部区域工业劳动力的实际工资水平的间接效用；w 表示北部区域工业劳动力的名义工资；P 表示北部区域的价格指数；p_A 表示北部区域的农产品价格；P_I 表示北部区域的工业品价格指数；μ 表示北部区域工业产品价格所占的份额；$1-\mu$ 表示北部区域农产品价格所占的份额；$\overline{p_I}$ 表示以 $1-\sigma$ 为指数的北部区域工业品价格的平均值；p_i 表示北部区域的第 i 种工业品的价格；d_i 为北部区域的第 i 种工业品的消费量与所有工业品消费量的比值；n 表示北部区域生产的工业产品的种类数；n^* 表示南部区域生产的工业产品的种类数；n^w 是 n 和 n^* 的二者之和；α 表示以 μ 和 σ 定义的复合参数。

工业劳动力在区域间的分布是由区域间实际工资差异决定的，一般来讲，工业劳动力流向实际工资水平较高的区域，直至区域间实际工资水平相等时才停止流动。工业劳动力在区域间的流动服从如下方程：

$$\Delta S_{L_I} = (\omega - \omega^*) S_{L_I} (1 - S_{L_I}) \tag{3-8}$$

$$S_{L_I} \equiv L_I / (L_I + L_I^*) \tag{3-9}$$

$$\omega \equiv w/P \tag{3-10}$$

$$\omega^* \equiv w^* / P^* \tag{3-11}$$

式中，S_{L_I} 表示北部区域工业劳动力在总量中所占的份额；ΔS_{L_I} 表示北部区域工业劳动力在总量中所占份额的演化量；ω 和 ω^* 分别表示北部区域和南部区域工业劳动力的实际工资水平的间接效用；L_I 和 L_I^* 分别表示北部区域和南部区域工业劳动力的数量；w 和 w^* 分别表示北部区域和南部区域工业劳动力的名义工资水平；P 和 P^* 分别表示北部区域和南部区域的价格指数。

当 $\Delta S_{L_I} = 0$ 时，意味着工业劳动力在区域间的分布达到平衡。此时有三种情况：一是 $\omega = \omega^*$；二是 $S_{L_I} = 0$；三是 $S_{L_I} = 1$。第一种情况是两个区域工业劳动力的实际工资相等，工业劳动力在两个区域分布相同；第二种情况是南部区域工业劳动力的实际工资高于北部区域，工业劳动力全部流向南部区域，即整个经济系统中全部的工业劳动力都集中在南部区域；第三种情况是北部区域工业劳动力的实际工资高于南部区域，工业劳动力全部流向北部区域，即整个经济系统中全部的工业劳动力都集中在北部区域。

因为工业产品的生产都是由工业劳动力生产出来的，所以工业的分布也存在上述三种情况；又因为区域经济发展水平的高低主要取决于工业发展水平的高低，所以区域经济发展的分布也存在上述三种情况。

3.5.3 基本结论

从上面的分析可以得出以下基本结论：

(1) 经济发展达到长期均衡时会形成三种不同的空间分布格局：一是两区域经济发展水平相当；二是南部区域的经济发展水平高而北部区域的经济发展水平低；三是北部区域的经济发展水平高而南部区域的经济发展水平低。这三种情况可以归类为两种空间结构模式：前者属于对称结构，后两者属于核心-外围结构。

(2) 在现实经济世界中，是形成北部区域与南部区域对称发展结构，或是形成北核心-南外围结构，亦或是形成南核心-北外围结构，取决于区域经济增长过程中的两种力量——聚集力和分散力的制衡结果。当来源于北部区域市场放大效应和北部区域市场价格指数效应的聚集力大于来源于北部区域市场拥挤效应的分散力时，区域经济发展形成北核心-南外围的结构形式；当来源于南部区域市场放大效应和南部区域市场价格指数效应的聚集力大于来源于南部区域市场拥挤效应的分散力时，区域经济发展形成南核心-北外围的结构形式；当来源于北（南）部区域市场放大效应和北（南）部区域市场价格指数效应的聚集力等于来源于北（南）部区域市场拥挤效应的分散力时，区域经济发展就会维持北部区域与南部区域均衡发展的结构形式。

3.6 含有空间维的区域内生经济增长理论

含有空间维的区域内生经济增长理论是马丁和奥塔维诺（Martin & Ottaviano）于 1999 年首次提出的，后经鲍德温（Richard Baldwin）、马丁和奥塔维诺不断拓展和完善。该理论将空间因素引入到经济增长的分析框架中，详细地讨论了空间因素对经济增长的影响。该理论包含全域溢出模型和局部溢出模型两大方面内容。

3.6.1 全域溢出模型

全域溢出模型是由马丁和奥塔维诺建立的，用以分析资本存量产生的溢出效应对资本形成成本的影响及其进一步对资本积累过程和长期经济增长率的影响的一个模型。下面分别从模型的基本逻辑和假设、主要内容及基本结论等三个方面对该模型进行较为系统的梳理。

3.6.1.1 基本逻辑和假设

全域溢出模型对区域经济实现内生增长的解释是按照以下的基本逻辑关系进行的：

（1）全域溢出模型认为资本生产成本遵循学习曲线，即随着知识资本的积累，当期的资本生产在借鉴前期资本生产的基础上生产效率提高且生产边际成本降低，并通过这种方法解决经济体实现内生增长中的资本积累的规模收益递增问题。一般来讲，资本存量产生的溢出效应使得新资本的形成成本减少，有利于资本的积累。

（2）公共知识和技术可以同时被创造者及创造者以外的其他人或组织运用而不影响其效果。创新部门存在部分公共知识和技术的溢出效应，这一点使得企业愿意在创新部门所在的区位投资，且在“前向联系”和“后向联系”的累积循环作用下，有更多的企业向该区位不断集聚，从而使得该区位因聚集经济而致使价格指数下降，进而使得实际产出和实际收入水平提高，进而增加资本存量。而当地资本存量增加产生的“溢出效应”使得资本创造成本不断降低，引起新一轮企业投资向该区位集聚，从而经济体实现长期的内生增长。

全域溢出模型假设研究的经济系统具备以下前提条件：

(1) 经济系统中有北部和南部两个区域，有农业部门、工业部门和资本创造部门三个部门，有物质资本和劳动力资本两种生产要素。

(2) 北部和南部两个区域初始状态相同，即资源禀赋相同、劳动力份额相同、消费者偏好相同和生产技术相同等。

(3) 工业部门表现为规模收益递增和垄断竞争的特点，农业部门和资本创造部门表现为规模收益不变和完全竞争的特点。

(4) 农产品的生产只使用劳动力一种生产要素，农产品都是同质，农产品在区内和区域间的交易成本都为零。

(5) 工业品的生产需要物质资本和劳动力两种生产要素，工业品是异质的；每一种工业品的生产需要 1 单位的物质资本和 a_I 单位的劳动力，其成本函数为 $\pi + w_I a_I x$，其中 π 表示物质资本的报酬，w_I 表示工人的工资率，a_I 表示所需劳动力的数量，x 表示工业产品的产量；工业品在区内交易成本为零，在区域间交易成本遵循“冰山交易成本”。

(6) 资本的生产只使用劳动力一种生产要素，单位资本的生产需要 a_K 单位的劳动；假设资本的折旧率为 δ，则 t 期的单位资本在 $(t+n)$ 期仍然可以使用的部分为 $\exp(-\delta n)$；资本和生产资本的劳动力都不可以在区域间流动；为了弥补资本的折旧以使每一期的资本量保持不变，资本的生产速度等于 δ。

(7) 知识资本是知识资本创造部门生产出来的，新知识资本的生产需要成本。区域知识资本生产成本由本地资本存量和外地资本存量决定，是二者之和的倒数，则每一个区域知识资本生产成本相等；知识资本总存量以常数 g 的速率稳定增长，在学习效应下单位知识资本生产成本逐渐下降；知识资本分为私人知识和公共知识两种，前者可以获得专利且通过卖给他人以实现产品生产，后者无法获得专利但可以通过广泛传播而被其他企业吸收使其通过较小的努力生产出新的知识资本；知识溢出在各地相同，即一个区域的知识资本在该区域内和区域外的作用效果是相同的；知识资本也存在折旧，折旧率为 δ。

3.6.1.2 主要内容

在全域溢出模型中，当经济系统达到长期均衡(对称分布模式和核心-边缘模式)的时候，整个系统处于全域总资本存量一直在以常数 g 的速率稳定增长、资本品不能流动但资本知识能够溢出的状态，因此，资本的空间分布 s_n 保持长期稳定状态，即资本区位并不随市场开放度的演化而演化。当长期均衡时，资本的折旧率 δ、增长率 g 和折现率 ρ 三个变量在全域内是相等的，因此，全域溢出模型中北部区域和南部区域的资本现值分别可以表示为 $v = \pi/(\rho+\delta+g)$ 和 $v^* = \pi^*/(\rho+\delta+g)$，其中 v 和 v^* 分别表示北部区域和南部区域的资本现值，π 和 π^*

分别表示北部区域和南部区域的资本收益率。而资本分布要想处于长期均衡，其收益率必须相等，所以经济系统长期均衡条件就是全域资本的收益率相等或全域的资本现值相等。全域溢出模型主要分析了长期资本增长率、市场规模、产业份额与市场规模关系、资本增长率与经济增长率之间的关系等问题。

(1) 长期资本增长率。经济系统达到长期均衡时，全域所有的资本收益率都相等，这时每单位资本的经营收益可以表示为整个经济系统总收益与资本存量的比率。由于长期均衡时托宾 q 值等于 1，所以资本的增长速度 g 可以表示为：

$$g = bL^w - (1-b)\rho - \delta \tag{3-12}$$

式中，$b=\mu/\sigma$ 表示消费者对工业品的支出份额与工业品之间的不变的替代弹性之比；L^w 表示经济系统劳动力总量；δ 表示资本折旧率；ρ 表示资本折现率。从上式中可以看出，长期资本增长率 g 与资本的空间分布无关，这是由于假设原有技术和知识对所有区域资本形成成本产生相同影响以及假设均衡时资本的经营收益相等所造成的。尽管全域溢出模型考虑了空间因素，但是因为假设知识资本的溢出效应对全域都相同，所以空间对于资本增长率的影响是“中性”的。

(2) 市场规模(支出份额)。长期均衡时，支出等于收入，所以支出份额 s_E 可以表示为：

$$s_E = \eta s_n + (1-\eta)s_L \tag{3-13}$$

$$\eta = \rho/(L^w + \rho) \tag{3-14}$$

式中，s_E 表示市场规模；s_n 表示北部区域资本的份额；s_L 表示北部区域劳动力份额；η 和 $1-\eta$ 分别表示北部区域资本份额与劳动力份额的权重；ρ 表示经济系统的折现率；L^w 表示经济系统劳动力总量。从该式中可以看出，如果经济系统的折现率 ρ 较大，则 η 就更大，这是因为人们重视当期利益而忽视未来收益，致使资本的价值较低，从而资本生产减少。从这一点可以说明，此时资本份额相对市场规模的重要性较大。

(3) 产业份额与市场规模关系。长期均衡时，资本收益或资本价值在区内和区际都相等，则北部区域的产业份额(资本份额)与市场规模关系可以表示为：

$$s_n = 1/2 + (1+\varphi)/(1-\varphi)(s_E - 1/2) \tag{3-15}$$

式中，s_n 和 s_E 分别表示北部区域的产业份额(资本份额)和市场份额；φ 表示市场开放度。从该式中可以看出，均衡时一个区域的产业份额与该区域的市场份额同向演化。

(4) 资本增长率与经济增长率之间的关系。在长期均衡状态下，资本的空间分布对资本的增长率没有影响，但是对区域的收入水平却有影响。在不考虑开放条件的情况下，名义 GDP 包含消费支出和投资支出或者劳动收入和资本收入，在全域溢出模型中表现为经济系统总消费支出和资本生产投资。在实现长期均衡时，由于每个区域的消费支出和资本增长率是既定不变的，所以每个区域的名义 GDP 也是既定不变的。但是，每个区域的价格指数却是不同的，即商品种类增加的区域价格指数下降，因此，每个区域的实际 GDP 是演化的。通常我们所说的经济增长是指实际 GDP 的增长，所以，经济增长率与资本增长率之间的关系可以表示为：

$$\hat{g} = ag \tag{3-16}$$

$$a = \mu/(\sigma - 1) \tag{3-17}$$

式中，$\hat{g}$ 表示实际 GDP 的增长率；g 表示资本增长率；a 表示资本增长率与实际经济增长率的系数；μ 表示消费者对工业品的支出份额；σ 表示工业品之间的替代弹性。

3.6.1.3 基本结论

通过以上分析，全域溢出模型对区域经济发展的解释具有许多不同于传统经济增长理论的一些新的思想，这些新思想可以概括如下：

(1) 区位优势的强化。在全域溢出模型中，经济增长过程就是资本积累过程，即随着资本存量的增加，经济总量(实际 GDP 总量)也增加。该理论假设资本收益全部支付在资本所在地，所以，该地市场规模随之扩大，在需求的拉动下该地的生产份额也随之增加，进而该地新一轮的投资额也随之增加。这样的过程周而复始，其间的循环累积作用使得该地的区位优势不断得到强化。

(2) 经济“繁荣区”和“萧条区”的形成。全域溢出模型解释了经济的“繁荣区”和“萧条区”的形成。当市场开放度达到某一临界值时，全域溢出模型中假设的资源禀赋的对称结构会向非对称结构转变，资本存量也将会呈非均衡分布状态。在此过程中，资本逐渐向早期资本投资区集聚，使该区的资本积累和经济增长速度较高，并逐渐形成经济的“繁荣区”；相反，资本流失后的区域，因资金缺乏使得其资本积累和经济增长速度较低，逐渐变成经济的“萧条区”。

(3) 区际永久的收入差异。在全域溢出模型中，收入的空间分布取决于资本份额的空间分布。由于区际要素禀赋呈非对称性分布，所以区际产业亦是非对称性分布。在市场放大效应和生活成本降低效应作用下资本向产业集聚区聚集，资本存量出现区际差异，收入也出现区际差异。产业集聚区的人均资本存量高且人均收入水平也高，非产业集聚区的人均资本存量低且人均收入水平也低，二者之间的这种差距并不会随着贸易自由度的提高而消失。

(4) 区域经济一体化的内涵。区域经济一体化主要是指生产要素在区际交易成本较低的情况下在整个区域中自由流动的状态和过程。全域溢出模型通过贸易自由化和知识资本区际溢出的分析较为完整地解释了区域经济一体化的内涵，并揭示了市场开放度与资本转移之间的关系。

全域溢出模型尽管包含了空间维度，但是因其假定知识资本不存在衰减定律（即知识溢出对任何区域的影响都相同），因此，空间维度对经济系统的影响是“中性”的，这与现实经济发展状况不符。为解决这种空间“中性”问题，出现了局部溢出模型。

3.6.2　局部溢出模型

大量的事实证明，知识和技术溢出并不是全域性的，而是知识和技术的溢出强度随着空间距离的增加而减弱，即距离知识和技术的发源中心越远，溢出的知识和技术越少。正是基于对知识溢出强度和空间距离之间的衰减关系的这种认识，鲍德温、马丁和奥塔维诺(2001)建立了与现实更加相符的局部溢出模型。

3.6.2.1　局部溢出模型的基本逻辑和假设

局域溢出模型对区域经济实现内生增长的解释是按照以下的基本逻辑关系进行的：

(1) 局部溢出理论认为知识溢出效应对全域并不是等同的，而是随着空间距离的增加其溢出强度逐渐减弱，即只有本地知识资本的溢出是被本地资本创造所完全利用，而外地知识资本对本地的溢出强度是随着空间距离的增加而减弱的。通过知识资本的溢出效应与空间之间关系的研究，局域模型分析了溢出效应对经济活动空间分布的影响以及对内生经济增长的影响。

(2) 局部溢出模型考虑了空间距离对知识传播的影响，认为空间距离对知识溢出起到阻碍作用，即距离越远，知识溢出效应就越微弱。从这个角度进行理解，则知识溢出就存在本地化的特征，即本地资本的积累更加有利于本地资本的创造，使得该地具有了一种“聚集力”，表现出空间具有“非中性”的特征。

局部溢出模型与全域溢出模型除了对资本生产成本的假设不同之外，其他假设完全相同。其他假设见全域溢出模型的基本假设，这里主要阐述对资本生产成本的假设。

(1) 局部溢出理论认为某一地区的资本生产成本受到本区域资本存量的全部溢出效应和其他区域资本存量的部分溢出效应的共同作用，即资本生产成本受到经济系统资本存量空间分布的影响。以北部区域为例，局部溢出模型中资本生产成本如下：

$$F = w_L a_I \tag{3-18}$$

$$a_I = 1/(K^w A) \tag{3-19}$$

$$A = s_K + \lambda(1 - s_K) \tag{3-20}$$

式中，F 表示北部区域单位资本生产成本；w_L 表示北部区域单位劳动力的工资水平；a_I 表示北部区域单位资本生产所需劳动量；K^w 表示经济系统的资本总量；A 表示北部区域实际可利用的知识资本份额；s_K 表示北部区域知识资本份额；$1-s_K$ 表示南部区域知识资本份额；λ 表示知识资本空间溢出的难易程度（区际知识资本溢出仅限于公共知识，其中 $\lambda = 1$，公共知识资本在全域中完全自由溢出；$\lambda = 0$，公共知识资本溢出只限于当地；$0<\lambda<1$，公共知识溢出到其他区域时有损耗，损耗的部分是 $1-\lambda$）。

（2）局部溢出理论仍然假设私人知识资本在区域间不能自由流动。之所以做这样的假设，是因为私人知识资本主要专门用于新产品的生产和新企业的创建。通过该假设可知，私人知识资本数量等于企业数量（因为一种差异化产品的生产需要 1 单位资本作为固定成本），即 $s_n = s_K$ 和 $s_n^* = s_K^*$，其中 s_n 和 s_n^* 分别表示北部区域和南部区域产业所占份额，s_K 和 s_K^* 分别表示北部区域和南部区域私人资本所占份额。在此基础上，北部区域的资本创造成本可表示为 $a_I = 1/(K + \lambda K^*)$，而南部区域的资本创造成本则可表示为 $a_I^* = 1/(K^* + \lambda K)$，其中 a_I 和 a_I^* 分别表示北部区域和南部区域单位资本生产所需劳动量，K 和 K^* 分别表示北部区域和南部区域的资本存量，λ 表示知识资本空间溢出的难易程度。

3.6.2.2 局部溢出模型的主要内容

由于资本空间分布 s_n 和相对支出规模 s_E 在短期内保持不变，所以在局部溢出模型中除了资本生产成本 a_I 和 a_I^* 以外所有短期均衡表达式与全域溢出模型相同。但是，在短期内，资本价值并不一定等于资本生产成本，即不一定满足经济系统的长期均衡条件。局部溢出模型的长期均衡条件与全域溢出模型的均衡条件相同，即资本生产成本等于资本价值。局部溢出模型有内点均衡、角点均衡等两种长期均衡，其中内点均衡包括对称和非对称均衡两种，前者是指两个区域的资本份额相等，后者是指两个区域的资本份额不等。局域溢出模型主要分析了本地溢出效应、不同分布模式的增长率和不同的经济发展战略等问题。

（1）本地溢出效应。本地溢出效应是“聚集力”的一个重要源泉，是区域经济发展实现空间集聚的一个重要原因。在局部溢出模型中，资本生产成本的大小与资本的区位相联系。一个区域的资本存量越大，资本的本地溢出效应就越大，资本生产成本就越小，资本生产的动力也就越大，资本增长率也就越大，资本得到不断积累，在此过程中，形成了区域经济发展的另一形式的聚集力，即“本地溢出效应”形式表现的聚集力。区域经济发展的聚集力是由“本地溢出效应”形式表现的聚集力与“本地市场放大效应”形式表现的聚集力等两部分共同组成，当其大于以“市场拥挤效应”形式表现的分散力时，此时若受到外生冲击，则其中一个区域的资本生产过程开始加速而另一个区域却开始减速，即资本的空间分布开始发生演化。在此过程中，资本价值与资本生产成本相等但资本份额不等的非对称均衡状态会不断出现，一直持续到所有资本都集中到某一个区域的核心-边缘均衡状态的形成，此时核心区的资本价值等于资本生产成本，且其资本增长率亦大于对称均衡时的增长率。局部溢出模型中存在着无数个稳定的内点非对称均衡，这说明经济区位对资本的增长率和经济的增长速度都有影响，也就是说空间对区域经济发展的作用并不是“中性的”。

(2) 不同分布模式的经济增长率。首先，考虑对称均衡状态时的经济增长率和收入水平（支出水平），其表达式为：

$$g^S = b(1+\lambda)L^w/2 - (1-b)\rho - \delta \tag{3-21}$$

$$E^w = L^w + 2\rho/(1+\lambda) \tag{3-22}$$

式中，S 表示对称结构，即南部和北部两个区域的资本份额相等；g^S 表示对称结构均衡状态时的经济增长率；$b=\mu/\sigma$ 表示消费者对工业品的支出份额与工业品之间的不变的替代弹性之比；λ 表示知识资本空间溢出的难易程度；L^w 表示经济系统劳动力总量；ρ 表示经济系统的折现率；δ 表示资本折旧率；E^w 表示经济系统收入总量。

其次，考虑核心-边缘结构均衡状态时的经济增长率和收入水平，其表达式为：

$$g^C = bL^w - (1-b)\rho - \delta \tag{3-23}$$

$$E^w = L^w + \rho \tag{3-24}$$

式中，C 表示核心-边缘结构，即资本生产全部集中在一个区域而另一个区域没有生产资本；g^C 表示所有资本都集中在北部区域时的长期均衡增长率；E^w 表示经济系统总收入水平。从中可以看出，此时的经济增长率就是全域溢出理论中的经济增长率，相当于对称结构均衡状态时 $\lambda=1$ 时的经济增长率，此时的经济增长率最大。这是因为，此时所有资本都集中在一个区域，知识的溢出效应全部都集中在该区域，最大限度地发挥了知识资本对经济增长的贡献作用。

最后，比较核心-边缘结构和对称结构两种均衡状态下的经济增长率，其表达式为：

$$g^C - g^S = b(1-\lambda)L^w/2 \tag{3-25}$$

从该式中可以看出，$g^C - g^S$ 的值总是大于零，即聚集模式下的经济增长率大于对称分布时的经济增长率。

（3）不同的经济发展战略。经济发展战略可以归类为两大战略，一是均衡发展战略，二是非均衡发展战略。均衡发展战略对应的是均衡增长方式，即与资本的对称分布相应的增长方式，非均衡发展战略对应的是非均衡增长方式，即与资本的核心-边缘结构分布相对应的增长方式。因为非均衡发展战略的经济增长率大于均衡发展战略的增长率，所以，当经济战略取向为效率时，则应采取非均衡战略，即尽可能强化各种生产要素的聚集，当经济战略取向为公平时，则应采取均衡战略，即尽可能强化各种生产要素的分散。空间对经济增长的影响绝不是“中性”的，因此，空间问题在区域经济增长研究或是在区域经济发展战略制定中都要受到重视。

3.6.2.3 局部溢出模型的基本结论

通过以上分析，局域溢出模型对区域经济发展的解释除了具有同全域溢出模型一样的一些思想之外，还包括以下一些思想：

（1）资本的本地溢出效应为聚集力。在局部溢出理论中，当 $\lambda = 0$ 时，知识资本没有溢出，而是全部应用于本地。即使区域的初始状态为对称均衡状态，然而在发生某种外生冲击作用下，其中一个区域的资本积累会快于另一个区域，逐渐成为核心区，而另一个区域则成为边缘区。如此一来，资本份额较大的区域因对其他资源具有很大的吸引力而使得经济增长的速度也较快，形成经济的内生增长。

（2）资本的区际间溢出效应为分散力。在局部溢出理论中，资本的区际间溢出效应是促使经济分散的力量。这一点可以从以下两个方面进行认识：首先，当 $\lambda = 1$ 时，虽然区际知识溢出不存在障碍，但是如果市场的开放度足够低，此时的经济系统将维持对称均衡状态；其次，当 $0 < \lambda < 1$ 时，公共知识部分溢出到其他区域，但是随着 λ 增大维持对称均衡稳定的市场开放度的取值范围越来越大，即对称均衡状态越来越不容易被破坏。

（3）区域发展战略与经济起飞。局部溢出模型最重要的贡献就是揭示了经济区位对经济增长的影响。当市场开放度较低且低于某一临界值时，对称均衡状态是稳定的均衡分布状态，此时的产业和创新中心在北部和南部两个区域分散布局。在该种均衡分布状态下，知识溢出效应很微弱，因而创新成本很大。当市场的开放度较高且高于某一临界值以后，核心-边缘结构变成了唯一的稳定均衡分布状态，此时的产业和创业中心都集中在一个地区。在这种均衡分布状态下，知识溢出效应非常大，因而创新成本很小。从以上的分析中可以得到这样一个结论：如果经济发展采取非均衡战略，则可以促使生产要素向某一区域聚集，可以提高整个经济系统的经济增长率，使经济发展进入“快车道”。

（4）有条件的福利补偿作用。局部溢出模型还分析了聚集力对核心区和边缘区福利影响效应，认为聚集力对核心区福利的提高具有正向效应，但对边缘区福利的影响是不明确的。核心区和边缘区福利水平的演化是由产业增减而引起的静态演化和由经济增长而引起的动态收益共同作用的结果。聚集力吸引产业从边缘地区向核心地区集聚,因价格指数效应使得核心区居民实际收入增加而边缘区居民实际收入减少,这是静态的收益演化。经济增长使得核心区和边缘区的收益都增加,这是动态收益。对于核心区来讲,静态收益和动态收益都增加,所以它的福利水平是提高的。而对边缘区来讲,静态收益是减少的,动态收益是增加的,最终其福利水平的提高或降低取决于静态收益和动态收益二者之间的关系。若对制造业产品的支出份额较小,则经济增长率的提高对福利水平的影响也较小,此时边缘区的福利水平因静态损失大于动态收益而降低;若对制造业产品的支出份额较大,则边缘区从经济增长中获得的动态收益大于静态损失,其福利水平因此而提高。因此,对发达的核心地区而言,聚集力能够改善其福利状况,对边缘地区中的较发达地区而言,经济增长的动态效应占主导,可以提高其福利水平,然而对于边缘地区中的贫困落后地区而言,产业份额损失的静态效应占主导,会进一步恶化其福利状况。

3.7 相关理论评述

区域经济空间极化过程是一个十分复杂的过程,需要众多相关理论作为其研究指导的理论基础。涉及的相关理论主要有经济空间——均质与非均质的有机统一、扩展的要素禀赋理论、循环累积因果关系理论、区域经济发展的极化理论、新经济地理学理论和含有空间维的区域内生经济增长理论等。其中均质与非均质有机统一的经济空间是区域经济空间极化现象研究的基础,通过非均质空间分析可以揭示区域经济空间极化的原因,通过均质空间分析可以揭示区域经济空间极化的发生过程及其组织运行的内在机理,只有在均质空间和非均质空间有机统一的分析框架中,才能更为准确地把握区域经济空间极化的本质及其演化的内在规律。扩展的要素禀赋理论通过揭示区域经济活动主体选择行为发生的直接原因对区域经济空间分布不平衡现象进行研究,它认为:具有时间性、地域性的要素禀赋是区域经济空间极化现象形成的源头。循环累积因果关系理论、区域经济发展的极化理论、新经济地理学理论和含有空间维的区域内生经济增长理论分别从循环累积因果效应、支配效应、乘数效应、极化效应、扩散效应、规模报酬递增效应、溢出效应等视角分析区域经济空间极化发生过程及其运行的内在规律。

第4章 案例区域选取及其分析框架

4.1 研究区域

4.1.1 基本概况

江苏省地处我国大陆东部沿海中心，位居长江、淮河下游，介于东经 116°18′～121°57′和北纬 30°45′～35°20′之间，东濒黄海，东南毗邻浙江和上海，西接安徽，北连山东(图 4-1)。全省面积 10.26 万平方公里，占全国的 1.06%，位处全国第 24 位。2011 年常住人口有 7 898.8 万人，人口密度为 770 人/平方公里，地区生产总值为 48 604.3 亿，人均地区生产总值为 61 534 元。

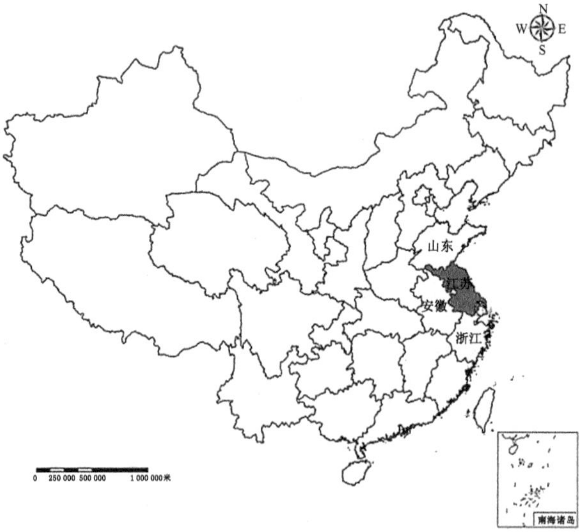

图 4-1 江苏省在全国的地理位置

4.1.2 行政区划

江苏省是1952年成立的省份，其省域范围由新中国成立初的苏北行署区、苏南行署区和直辖市南京市三个部分组成，后多次与周围省份进行局部调整，在1979年确定的省界沿用至今。从1952年到1982年期间，江苏省通过"专区或地区—省辖市、县、县级市"的方式进行管理。自1983年以后，江苏省统一实行"市管县"的管理体制。1983年江苏省下辖11个地级市，分别是南通市、扬州市、常州市、苏州市、无锡市、南京市、徐州市、连云港市、淮阴市、镇江市和盐城市。1996年，新设立宿迁市和泰州市为地级市。在此期间，许多县升级为县级市。2000年以来，全省调整了13个省辖市市区行政区划，撤并17个县(市、区)，新设立14个区，基本解决了市县同城问题。2011年江苏省行政区划具体情况如表4-1所示：

表4-1　2011年江苏省行政区划一览表

市域名	市辖区、县(市)
南京	玄武区、白下区、秦淮区、建邺区、鼓楼区、下关区、浦口区、栖霞区、雨花台区、江宁区、六合区、溧水县、高淳县
无锡	崇安区、南长区、北塘区、锡山区、惠山区、滨湖区、江阴市、宜兴市
徐州	鼓楼区、云龙区、贾汪区、泉山区、铜山区、丰县、沛县、睢宁县、新沂市、邳州市
常州	天宁区、钟楼区、戚墅堰区、新北区、武进区、溧阳市、金坛市
苏州	沧浪区、平江区、金阊区、虎丘区、吴中区、相城区、常熟市、张家港市、昆山市、吴江市、太仓市
南通	崇川区、港闸区、通州区、海安县、如东县、启东市、如皋市、海门市
连云港	连云区、新浦区、海州区、赣榆县、东海县、灌云县、灌南县
淮安	清河区、楚州区、淮阴区、清浦区、涟水县、洪泽县、盱眙县、金湖县
盐城	亭湖区、盐都区、响水县、滨海县、阜宁县、射阳县、建湖县、东台市、大丰市
扬州	广陵区、邗江区、维扬区、宝应县、仪征市、高邮市、江都市
镇江	京口区、润州区、丹徒区、丹阳市、扬中市、句容市
泰州	海陵区、高港区、兴化市、靖江市、泰兴市、姜堰市
宿迁	宿城区、宿豫区、沭阳县、泗阳县、泗洪县

4.2 资料来源和数据处理

4.2.1 资料来源

本研究的资料包括多年的江苏省统计年鉴及其他社会经济统计数据、江苏省各地级市的统计年鉴、中国统计年鉴、江苏省的行政区划图、江苏省各地级市的行政区划图、中国的行政区划图、江苏省省志、江苏省各市县志等(表 4-2)。其中统计年鉴是国家公开发表刊物,具有很高的可信度,是本研究的主要数据来源。

表 4-2 主要资料清单

数据名称	年代	说明
江苏省统计年鉴	2001—2011	提取 2000 年后的主要经济指标
数据见证辉煌——江苏 60 年	1949—2009	提取 2000 年前的主要经济指标
江苏省行政区划图	2011	主要用于空间格局分析
江苏省各地级市的行政区划图	2011	辅助分析
江苏省各地级市的统计年鉴	2000—2011	辅助分析
中国统计年鉴	2010—2011	辅助分析
江苏省志・地方志	1999	辅助分析
江苏省志・经济综合志	1999	辅助分析
中国行政区划图	2011	辅助分析
第六次人口普查资料	2010	辅助分析

4.2.2 数据预处理

4.2.2.1 人均 GDP 的通货膨胀处理

考虑到不同年份通货膨胀率不同,采用以 1978 年为基年进行计算修正,以消除通货膨胀的影响,增强不同时间序列数据间的可比性。因此,凡是涉及某一年度的 GDP 的值均是现值,但是凡是涉及时间跨度的 GDP 的值均为真实 GDP,即对名义 GDP 进行修正。本书采用地区生产总值指数法对名义 GDP 进行修正。

4.2.2.2 研究空间单元的处理

考虑到改革开放以来江苏省的行政区划经过多次变更,为了实现行政区域的前后一致以增强空间序列数据间的可比性，采用 2011 年的江苏省行政区划为标准进行修正，并且为了方便获取数据，分别将各地级市的所有下辖区统一统计为一个单元，即市区。经过这样的处理后，研究的空间单元共有 13 个省辖市区、26 个县级市和 24 个县等 63 个行政单元(图 4-2)。

图 4-2　江苏省行政区划(2011)

4.2.3　建立数据库

根据研究需要，在 ArcGIS 9.3 平台上，将江苏省各个研究空间单元的相关信息建立属性数据库，并通过标准编码建立相互间的连接，以构建本书研究所需的数据库(图 4-3)。

4.3　分析框架

本书根据研究目标选取区域经济空间极化和协调发展作为研究的两个主要内容，并依此构建该论题研究的分析框架(图 4-4)。

区域经济空间极化主要从极化程度、极化态势、极化布局、极化结构和极化机理等五个方面展开，前四者又分别从当前状况和演化过程两个层次进行分析，后者又从影响因子确定、模型构建、贡献作用及作用机理等四个层次逐步深入。采用空间基尼系数、空间分异指数测度当前空间极化程度，运用同样的指标通过时间序列

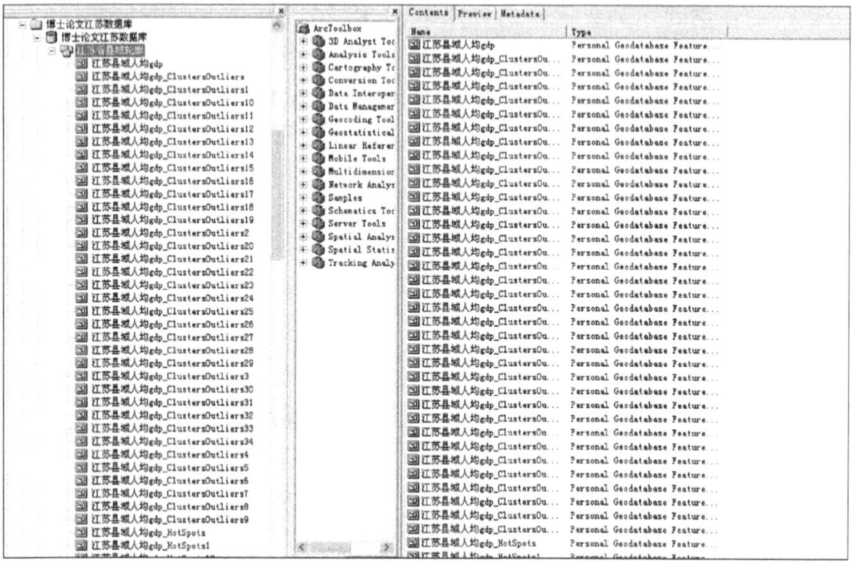

图 4-3　ArcGIS 9.3 环境下的数据库示意图

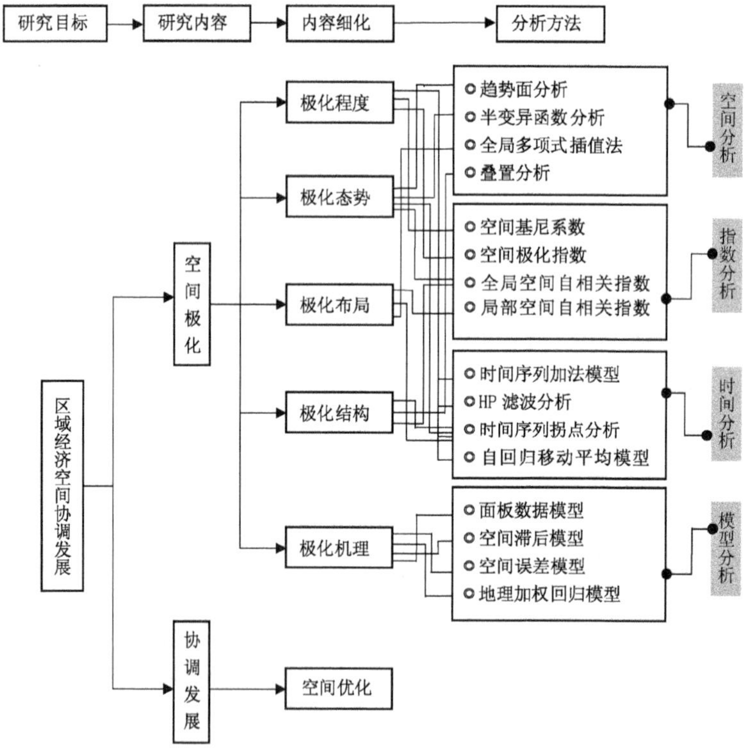

图 4-4　江苏省区域经济空间极化研究的分析框架

加法模型、HP滤波分析、时间序列拐点分析、自回归移动平均模型等方法模拟空间极化程度的变化过程；采用全局空间自相关指数、半变异函数、趋势面分析描述当前空间极化态势，运用同样的指标和方法描述时间拐点年份的空间极化态势，依次分析空间极化态势的变化过程；采用全局多项式插值法、局部自相关指数等方法分析时间拐点年份的空间极化布局，依次分析当前布局和布局演化过程；采用半变异函数、空间间隔自相关图、叠置分析等方法构建并分析时间拐点年份的空间极化结构，分析当前结构和结构演化过程；采用面板数据模型确定影响经济空间极化的因子，采用空间滞后模型、空间误差模型、地理加权回归模型等方法构建影响因子模型，在此基础上分析影响因子的贡献作用及其作用机理。区域经济协调发展主要从空间优化视角提出对策建议。

本书充分遵循"当前格局—演化过程—形成机制—对策建议"的研究方式，在江苏省区域经济空间极化程度、态势、布局和结构的研究中首先分析它们的当前格局，紧接着分析它们的极化过程，然后在此基础上分析空间极化形成及其演化的机理，最后指出区域经济空间极化在区域经济发展中存在的问题并给出空间优化的对策建议，层层深入，环环相扣，以揭示江苏省区域经济空间极化的内在规律，并为政府制定区域协调发展的宏观政策提供科学依据。

4.4 本章小结

本章首先界定了研究区域范围。为了实现空间研究单元的前后一致性及获取数据的方便，本书采用2011年的江苏省行政区划标准进行修正，研究区域范围包含13个省辖市区、26个县级市和24个县等63个行政单元。在此基础上搜集相关的数据、图像、文献等资料，通过一定的预处理，借助ArcGIS平台建立研究数据库。此外，在系统梳理相关研究文献和归纳相关理论的基础上构建区域经济空间极化和协调发展研究的分析框架。

第5章 区域经济空间极化程度

本章首先对江苏省区域经济空间极化程度进行研究，主要从测度方法、当前极化程度和极化程度演化三个方面加以展开。在介绍空间基尼系数和空间极化指数两种测度指标的基础上分析江苏省区域经济当前的空间极化程度，进而运用时间序列加法模型、HP滤波、时间序列拐点和自回归移动平均模型（ARMA模型）等方法模拟空间极化程度演化过程并总结其演变规律。

5.1 区域经济空间极化程度测度方法

区域经济空间极化程度可以用空间基尼系数（G）和空间极化指数（IP）进行度量，这两个指标都是通过衡量人均GDP高于等于中位值的行政单元在全省分布中的集聚程度来表示的。因为江苏省的行政单元可以以人均GDP中位值为界限划分为经济发展水平较高地区和经济发展水平较低地区两大类型，二者构成了江苏省整个经济空间。因此，本书测度出人均GDP高于等于中位值的经济发展水平较高地区的空间集聚分布程度即代表了江苏省区域经济的空间极化程度。

5.1.1 空间基尼系数

在区域经济研究中，空间基尼系数是衡量经济活动空间集聚程度的重要指标。空间基尼系数是克鲁格曼（Krugman）于1991年提出的，主要用于当时美国制造业行业集聚程度的测算，它的值介于0和1之间，值越大，表示某行业在地理上的集聚程度越高，反之则集聚程度越低，其中极值0和1分别表示绝对均衡和完全集聚的极端分布状态。其表达式为：

$$G=\sum_{i=1}^{n}(p_i-q_i)^2 \tag{5-1}$$

式中，G为行业空间基尼系数；n为区域的个数；p_i为i区域某行业就业人数（产值或增加值）占全国该行业就业人数（产值或增加值）的比重；q_i为i区域就业人数(产值或增加值)占全国总就业人数(产值或增加值)的比重。

本书借用该公式表示人均 GDP 高于等于中位值的地区在空间分布上的集聚程度,式中 G 为空间基尼系数,n 为区域的个数,p_i 为 i 区域人均 GDP 高于等于中位值的地区数占全域人均 GDP 高于等于中位值的地区数的比重,q_i 为 i 区域地区数占全域地区数的比重。

5.1.2　空间极化指数

空间极化指数是在 Massey 和 Denton 提出的分异指数(Index of Dissimilarity,简称 ID)基础上改进的用以衡量经济活动空间集聚程度的指标。当时的分异指数是用于测算研究对象人口在整个空间范围内的分异程度,具体涵义指的是为实现研究对象人口在各个空间单元的均匀分布必须从现有空间单元迁出的总百分比,它的值介于 0 和 1 之间,值越大,研究对象人口空间分异的程度越大,值越小,研究对象人口空间分异的程度越小,极值 0 和 1 分别代表完全没有分异和完全分异的两种极端分布状态。其计算公式为:

$$ID = \frac{\sum_{i=1}^{n} T_i \left| p_i - p \right|}{2Tp(1-p)} \tag{5-2}$$

式中,ID 为分异指数;T 为总人口数;T_i 为 i 区域的总人口数;p 为研究对象人口数占总人口数的比例(如大学教育水平人口等的比例);p_i 是 i 区域中研究对象人口数占全域中研究对象人口数的比例。

本书借用该公式表示人均 GDP 高于等于中位值的地区在空间分布上的极化程度,式中 IP 为空间极化指数,n 为区域的个数,p_i 为 i 区域中人均 GDP 高于等于中位值的地区数占该区域的地区数的比重,p 为全域中人均 GDP 高于等于中位值的地区数占全域地区数的比重。其计算公式为:

$$IP = \frac{\sum_{i=1}^{n} T_i \left| p_i - p \right|}{2Tp(1-p)} \tag{5-3}$$

5.2　区域经济空间极化程度

根据公式(5-1)和(5-3),计算出江苏省区域经济空间基尼系数(G)和空间极化指数(IP),结果如表 5-1 所示。

表 5-1　江苏省区域经济空间基尼系数和空间极化指数

年份	空间基尼系数	空间极化指数	年份	空间基尼系数	空间极化指数
1978	0.077 8	0.517 4	2000	0.095 8	0.657 0
1990	0.066 6	0.538 8	2010	0.108 3	0.785 7

从表 5-1 中可以看出，2010 年江苏省区域经济空间极化程度较高。2010 年江苏省区域经济空间基尼系数是 0.108 3，高于 1978 年的 0.077 8、1990 年的 0.066 6 和 2000 年的 0.095 8；2010 年江苏省区域经济空间极化指数为 0.785 7，高于 1978 年的 0.517 4、1990 年的 0.538 8 和 2000 年的 0.657 0。

5.3　区域经济空间极化程度演化

5.3.1　区域经济空间极化程度演化分析方法

5.3.1.1　时间序列的加法模型

对于一个时间序列，可采用加法模型来进行描述，即：

$$Y_t = T_t + S_t + C_t + I_t \tag{5-4}$$

式中，Y_t表示某一个时间序列；T_t表示这个时间序列的长期发展趋势及潜在水平；S_t表示这个时间序列受季节变动影响的一年一度的周期性演化，是描述周期长度小于 1 年的周期波动；C_t则表示这个时间序列围绕长期发展趋势 T_t上的周期演化波动，主要是周期长度大于 1 年的周期波动；随机因子 I_t是各种偶然因素造成的随机扰动。

本书研究的时间序列是刻画以年为最小单位的演化规律，季节波动不在研究范围，而随机扰动的大量偶然因素对区域差异演化的影响很小，可以忽略不计，因此，所研究的时间序列演变过程中的本质性规律是长期发展趋势和短期周期波动的规律。

5.3.1.2　HP 滤波法

HP 滤波法是霍椎克和普雷斯克特(Hodrick and Prescott，1980，1997)通过采用对称的数据移动平均方法原理设计的一个滤波器(HP 滤波器)将长期趋势和短期周期波动从一组演化的时序数据中相分离的一种滤波方法，最初是应用于经济周期的研究中，后被西方学者广泛地应用于宏观经济数据的平稳性研究中。

假设某项社会经济活动运行由两部分组成，一部分由长期因素决定，另一部分由短期因素决定，则该项社会经济活动运行可以被表示为：$Y_t = Y_t^P + Y_t^T$，其中 Y_t

表示第 t 期该项社会经济活动运行实际状况，Y_t^P 和 Y_t^T 分别表示由长期因素和短期因素决定的第 t 期的该项社会经济活动运行的潜在趋势和短期周期波动。根据 HP 法，$\hat{Y}_t^P$ 可以通过以下规划生成：

$$\min\left\{\sum_{t=1}^{n}(Y_t - Y_t^P)^2 + \lambda\sum_{t=1}^{n}[(\hat{Y}_{t+1}^P - \hat{Y}_t^P) - (\hat{Y}_t^P - \hat{Y}_{t-1}^P)]^2\right\} \tag{5-5}$$

式中，n 表示样本的数量；$\sum_{t=1}^{n}(Y_t - Y_t^P)^2$ 是对短期波动部分的度量；$\lambda\sum_{t=1}^{n}[(\hat{Y}_{t+1}^P - \hat{Y}_t^P) - (\hat{Y}_t^P - \hat{Y}_{t-1}^P)]^2$ 是对趋势部分"平滑程度"的度量；λ 为平滑参数。

求解这一规划可得到一阶条件和边界条件如下：

$$Y_t = \lambda\hat{Y}_{t-2}^P - 4\lambda\hat{Y}_{t-1}^P + (6\lambda + 1)\hat{Y}_t^P - 4\lambda\hat{Y}_{t+1}^P + \lambda\hat{Y}_{t+2}^P \tag{5-6}$$

$$\begin{cases} Y_1 = \hat{Y}_1^P \\ Y_2 = -2\lambda\hat{Y}_1^P + (5\lambda + 1)\hat{Y}_2^P - 4\lambda\hat{Y}_3^P + \lambda\hat{Y}_4^P \\ \qquad\cdots \\ Y_{n-1} = -2\lambda\hat{Y}_n^P + (5\lambda + 1)\hat{Y}_{n-1}^P - 4\lambda\hat{Y}_{n-2}^P + \lambda\hat{Y}_{n-3}^P \\ Y_n = \hat{Y}_n^P \end{cases} \tag{5-7}$$

用 $\boldsymbol{Y}$ 和 $\hat{\boldsymbol{Y}}^{\boldsymbol{P}}$ 分别表示由 $\boldsymbol{Y_1}, \boldsymbol{Y_2}, \cdots, \boldsymbol{Y_n}$ 和 $\hat{\boldsymbol{Y}}_1^{\boldsymbol{P}}, \hat{\boldsymbol{Y}}_2^{\boldsymbol{P}}, \cdots, \hat{\boldsymbol{Y}}_n^{\boldsymbol{P}}$ 组成的向量，用 $\boldsymbol{A}$ 表示 $\hat{\boldsymbol{Y}}^{\boldsymbol{P}}$ 的系数矩阵，即有

$$\boldsymbol{Y} = \boldsymbol{A}\hat{\boldsymbol{Y}}^{\boldsymbol{P}} \tag{5-8}$$

利用 SAS/IML/EVIEWS 软件可解得 $\hat{\boldsymbol{Y}}^{\boldsymbol{P}}$，则短期周期波动数据由下式生成：

$$\hat{\boldsymbol{Y}}_t^{\boldsymbol{T}} = \boldsymbol{Y}_t - \hat{\boldsymbol{Y}}_t^{\boldsymbol{P}} \tag{5-9}$$

HP 滤波法的一个关键问题就是平滑参数 λ 的取值，不同的 λ 值决定不同的滤波器，短期波动的周期方式和长期趋势的平滑度也不同。λ 值越大，长期趋势部分的演化在规划中的权重越高，其路径就越平滑，而短期波动也就越剧烈，反之则长期趋势部分的演化路径越陡峭而短期波动越平缓。目前在处理月度和季度数据方面，λ 值分别沿用 Hodrick 和 Prescott(1980,1997)所设置的 14 400 和 1 600，这一点经济学家基本达成共识。但是，在处理年度数据时的 λ 取值，经济学家的分歧较

大：Backus 和 Kehoe(1992)认为 λ 应取值 100；Correia、Neves 和 Rebelo(1992)及 Cooley 和 ohanian(1991)认为 λ 应取值 400；Baxter 和 King(1999)的研究表明 λ 应取值 10；通过在频域上比较 HP 滤波转移方程的图像、分析 HP 滤波的转移方程以及进行蒙特卡罗实验，Ravn 和 Uhlig(2002)认为 λ 应取值为观测数据频率的 4 次方，即 λ 取值为 6.25。本书在进行时间序列数据的长期趋势和短期波动分离时 λ 取值全部为 6.25。

本书运用 HP 滤波法将区域经济空间极化程度的演变过程分离为长期趋势和短期波动，分别对这二者进行特征分析，在此基础上总结出区域经济空间极化程度的演变规律。

5.3.1.3 时间序列拐点

时间序列拐点是时间序列从一个模式到另一个模式的转变点，在社会经济活动研究领域中多被用来描述某种情形持续上升一段时间后开始回落或持续下降一段时间后开始回升的现象。这种点不是数学上的拐点，而是极值点或驻点。时间序列拐点可以将时间序列划分为具有不同模式的阶段，研究者可以通过对其分析从而充分地了解时间序列的演变过程和演变规律。

假设有一个时间序列函数 $Y=f(t)$，定义域为 $(0,\delta]$，且在点 t_{0i} 的邻域 $U(t_{0i},\theta)$ 内具有一阶导数和二阶导数，其中 δ 为正数，θ 为实数，则极值点的求解步骤如下：

首先，求函数的一阶导数 $f'(t)$，并令 $f'(t)=0$，求得驻点 t_{0i}。

其次，求函数的二阶导数 $f''(t)$，并将 t_{0i} 代入其中，若 $f''(t_{0i})<0$，则 $f(t_{0i})$ 是极大值，也就是由增大转变为减小的拐点；若 $f''(t_{0i})>0$，则 $f(t_{0i})$ 是极小值，也就是由减小转变为增大的拐点。

本书利用时间序列拐点分析区域经济空间极化程度的演变过程，在此基础上总结区域经济空间极化程度的整体演变规律和阶段性演变规律。

5.3.1.4 自回归移动平均模型(ARMA 模型)

自回归移动平均(Autoregressive Moving average，简称 ARMA)模型是由美国统计学家 George Edward Pelham Box 和英国的统计学家 Gwilym Meirion Jenkins 在 20 世纪 70 年代提出的时间序列分析模型，是一类常用的随机时序模型，是一种精度较高的短期预测方法。它不需要事先假定数据存在着一定的结构，而是从数据本身出发去寻找可以较好描述数据的模式以保证模型与数据较好的拟合。ARMA 模型在理论上已趋于成熟，且其操作简便、预测精度较高，从而被广泛应用于自然、社会和经济等众多领域。一般的 ARMA(p,q)模型数学表达式为：

$$\varphi_p(B)\dot{Y}_t = \theta_q(B)\alpha_t \tag{5-10}$$

$$\varphi_p(B) = 1 - \varphi_1 B - \varphi_2 B^2 - \cdots - \varphi_p B^p \tag{5-11}$$

$$\theta_q(B) = 1 - \theta_1 B - \theta_2 B^2 - \cdots - \theta_q B^q \tag{5-12}$$

式中，$\dot{Y}_t$ 是一个稳定的时间序列；α_t 是一个白噪声序列；B 为后移算子；p 为 AR 的阶数；q 为 MA 的阶数。当 $p=0$ 时，ARMA(p,q)= ARMA$(0,q)$= MA(q)；当 $q=0$ 时，ARMA(p,q)= ARMA$(p,0)$= AR(p)。

如果某一时间序列是非平稳序列，则需要经过差分处理后产生一个平稳的新序列，然后才可以用 ARMA 模型去模拟，模拟这类序列的模型称为自回归求和移动平均(Autoregressive Integrated Moving Average，简称 ARIMA)模型，其表达式为：

$$\varphi_p(B)(1-B)^d Y_t = \theta_0 + \theta_q(B)\alpha_t \tag{5-13}$$

式中，d 为差分阶数；θ_0 为确定性趋势项。

本书运用自回归移动平均模型对区域经济空间极化程度的演变过程进行模拟，以分析其演变规律。

5.3.2　区域经济空间极化程度演化特征

根据公式(5-1)和(5-3)，分别计算出改革开放以来江苏省区域经济空间基尼系数(G)和空间极化指数(IP)，结果如表 5-2 和图 5-1 所示。

表 5-2　江苏省区域经济空间基尼系数和空间极化指数的演化

年份	空间基尼系数	空间极化指数	年份	空间基尼系数	空间极化指数
1978	0.077 8	0.517 4	1987	0.075 1	0.571 4
1979	0.078 1	0.547 6	1988	0.066 6	0.538 8
1980	0.078 1	0.547 6	1989	0.066 6	0.538 8
1981	0.087 6	0.583 7	1990	0.066 6	0.538 8
1982	0.072 4	0.556 5	1991	0.087 2	0.642 9
1983	0.084 2	0.595 2	1992	0.086 4	0.675 2
1984	0.084 2	0.595 2	1993	0.086 4	0.675 2
1985	0.084 2	0.595 2	1994	0.086 4	0.675 2
1986	0.084 2	0.595 2	1995	0.086 4	0.675 2

续表 5-2

年份	空间基尼系数	空间极化指数	年份	空间基尼系数	空间极化指数
1996	0.086 4	0.675 2	2004	0.095 8	0.657 0
1997	0.086 4	0.675 2	2005	0.095 8	0.657 0
1998	0.095 8	0.657 0	2006	0.095 8	0.657 0
1999	0.095 8	0.657 0	2007	0.094 7	0.690 5
2000	0.095 8	0.657 0	2008	0.093 4	0.741 7
2001	0.085 7	0.619 0	2009	0.106 0	0.811 5
2002	0.095 8	0.657 0	2010	0.108 3	0.785 7
2003	0.095 8	0.657 0			

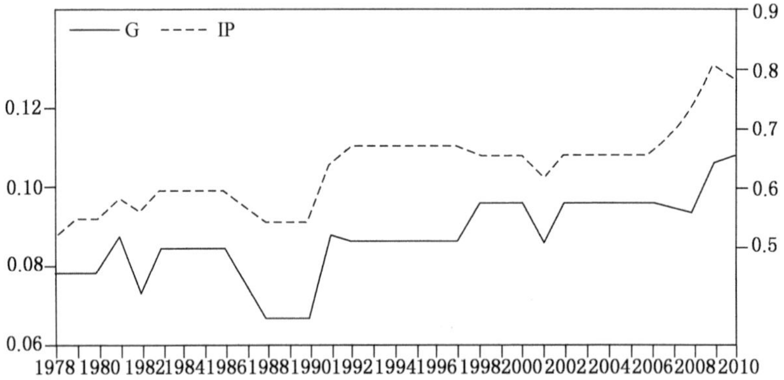

图 5-1　江苏省区域经济空间基尼系数和空间极化指数的演化

从表 5-2 和图 5-1 中可以看出，江苏省区域经济空间基尼系数和空间极化指数的演化过程大致相似，整体上都是呈由小变大的趋势，但是二者在某些时段的演化又有一些细微的差别。1978 年的空间基尼系数和空间极化指数分别为0.077 8 和 0.517 4，逐渐增长为 2010 年的 0.108 3 和 0.785 7。但在 1997—1998 和 2009—2010 期间，空间基尼系数分别由 0.086 4 和 0.106 0 增加为 0.095 8 和 0.108 3，而空间极化指数却分别由 0.675 2 和 0.811 5 减少为 0.657 0 和 0.785 7，变化的幅度都在 10%以内。

5.3.2.1　整体呈增大趋势

为了更清楚地了解江苏省区域经济空间极化程度的演化过程，这里以空间极化指数的演化过程为例进行具体的分析。对于江苏省区域经济空间极化指数的演化过程主要从整体特征与阶段特征两个方面进行阐述。在整体演化特征分析中，主要采用时间序列的加法模型和 HP 滤波等方法将江苏省区域经济的空间极化指数分解为长期趋势和短期波动两个部分，在此基础上分别对这两个部分加以分析。在整体演化特征分析中，还将江苏省区域经济的空间极化指数与其泰尔指数进行比对分析，从而剖析空间极化程度与差异程度之间的关系。在阶段性特征分析中，主要根据时间序列拐点的原理和方法，对江苏省区域经济的空间极化指数的长期趋势进行阶段划分，并在此基础上对各个阶段的特征进行详细地分析。

(1) 区域经济空间极化程度是长期趋势和短期波动共同作用的结果

根据时间序列的加法模型，江苏省区域经济空间极化指数(IP)可以分解为由长期因素决定的趋势项和短期因素决定的波动项两个部分，用 HP 滤波方法(λ=6.25)将二者分离，结果如图 5-2 所示。

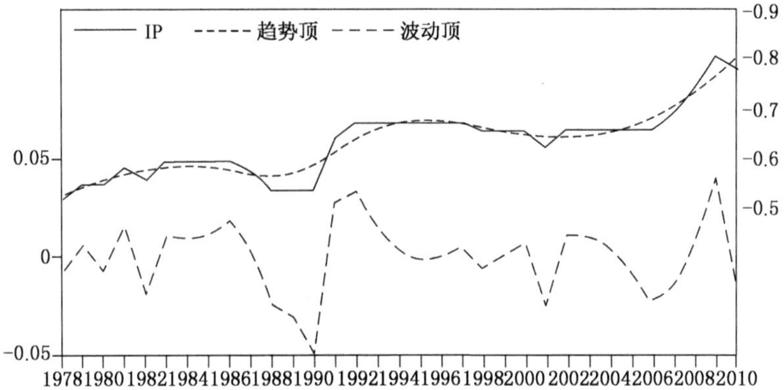

图 5-2　江苏省区域经济空间极化指数的长期趋势和短期波动

从图 5-2 中可以看出，江苏省区域经济空间极化指数是长期趋势演化和短期周期变动共同作用的结果。其中江苏省区域经济空间极化指数的长期趋势项随着时间的变化整体上呈逐渐增大的态势，而短期波动项却是随着时间的变化呈现出周期性的变化。

(2) 区域经济空间极化程度的长期趋势大致呈阶梯状增长态势

江苏省区域经济空间极化指数的长期趋势主要从演化过程描述和演化过程模拟两个方面进行分析。通过演化过程描述可以直观地显示江苏省区域经济空间极化指数的长期趋势特征，而通过演化过程模拟可以更深刻地揭示其内在的演化规律。

① 长期趋势演化过程描述

从图 5-3 中可以看出，江苏省区域经济空间极化指数的长期趋势大致呈现出阶梯状增长态势。整个变动过程中，空间极化程度的长期趋势表现出三个递增的阶梯形状：第一个阶梯是由 1978 年的 0.525 8 到 1990 年的 0.587 7，历时 13 年，平均潜在趋势为 0.568 3；第二个阶梯是由 1991 年的 0.615 4 到 2006 年的 0.680 1，历时 16 年，平均潜在趋势为 0.657 3；第三个阶梯是由 2007 年的 0.705 7 到 2010 年的 0.801 5，历时 4 年，平均潜在趋势为 0.753 8。在整个过程中，只有 1985—1988 年和 1996—2002 年共 11 年处于下降趋势，其他的 22 年都处于上升趋势，由最初的 0.525 8 上升到后来的 0.801 5，上升幅度达 0.275 7，比先前上升了一半还要多。

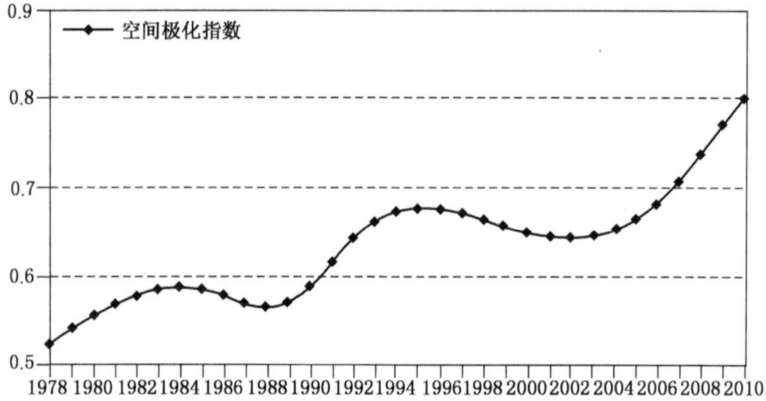

图 5-3　江苏省区域经济空间极化指数的长期趋势

② 长期趋势演化过程模拟

为了更清楚地了解江苏省区域经济空间极化指数的长期趋势演化过程，本书拟用 ARIMA(p,d,q)函数对其进行模拟。模拟过程需要经过对江苏省区域经济空间极化指数的长期趋势序列进行单位根检验、对通过单位根检验的平稳数列进行模型识别、确定最优拟合模型、模拟长期趋势演化过程等环节，具体操作如下：

首先，运用 Augmented Dickey-Fuller test statistic 方法，对江苏省区域经济空间极化指数的长期趋势序列进行单位根检验，以确定其是否为一个稳定的时间序列。从表 5-3 中可以看出，江苏省区域经济空间极化指数长期趋势的二阶差分序列是一个平稳的时间序列。江苏省区域经济空间极化指数长期趋势的原数列的 t 统计值为 1.849 9，大于显著性水平为 5%时 T 的临界值－1.952 9，出现在 T 的临界值的右侧的概率为 98.19%，没有通过显著性水平检验，因此，该时间序列的原数列是一个非平稳演化的时间序列；江苏省区域经济空间极化指数长期趋势的一阶差分序列的 t 统计值为－1.089 8，大于显著性水平为 5%时 T 的临界值－1.952 9，出现在 T 的临界值的右侧的概率为 24.33%，没有通过显著性水平检验，因此，该时间序列的一阶差分序列是一个非平稳演化的时间序列；江苏省区域经济空间极化指数长期趋势的二阶差分序列的 t 统计值为－4.554 8，远远小于显著性水平为

5%时 T 的临界值−1.952 9，出现在 T 的临界值的右侧的概率为 0.01%，通过显著性水平检验，因此，该时间序列的二阶差分序列在单位圆内没有根，是一个平稳变化的时间序列。

表 5-3 江苏省区域经济空间极化指数长期趋势序列的单位根检验

时间数列	t 统计值	概率	临界值
原数列(TrIP)	1.849 9	0.981 9	−1.952 9
一阶差分序列(DTrIP)	−1.089 8	0.243 3	−1.952 9
二阶差分序列(DDTrIP)	−4.554 8	0.000 1	−1.952 9

其次，对江苏省区域经济空间极化指数长期趋势的二阶差分序列进行模型识别。从图 5-4 中可以看出，江苏省区域经济空间极化指数长期趋势的二阶差分序列符合自回归移动平均模型中的 ARIMA(p,2,q)混合模型。江苏省区域经济空间极化指数长期趋势的二阶差分序列是一个平稳变化的时间序列，确定 d 为 2，相应滞后期数的 Q 统计量的概率均为 0.00%，则认为该序列为非白噪声序列。江苏省区域经济空间极化指数长期趋势的二阶差分序列的自相关函数数值(ACF)是拖尾，偏自相关函数数值(PACF)也是拖尾，则初步判断该序列符合 ARIMA(p,2,q)模型。若自相关函数数值的符号为正或者呈正负交替的情形且第一个值为负值，两种情形中自相关函数数值的大小均呈指数衰减，呈现拖尾，偏自相关函数数值的符号在滞后 p 期出现或正或负的峰值，随后截尾，则江苏省区域经济空间极化指数长期趋势的二阶差分序列符合 ARIMA(p,2,0)模型；若自相关函数数值的符号在滞后 q 期出现或正或负的峰值，随后截尾，偏自相关函数数值的符号为负或者呈正负交替的情形且第一个值为正值，两种情形中偏自相关函数数值的大小均呈指数衰减，呈现拖尾，则江苏省区域经济空间极化指数长期趋势的二阶差分序列符合

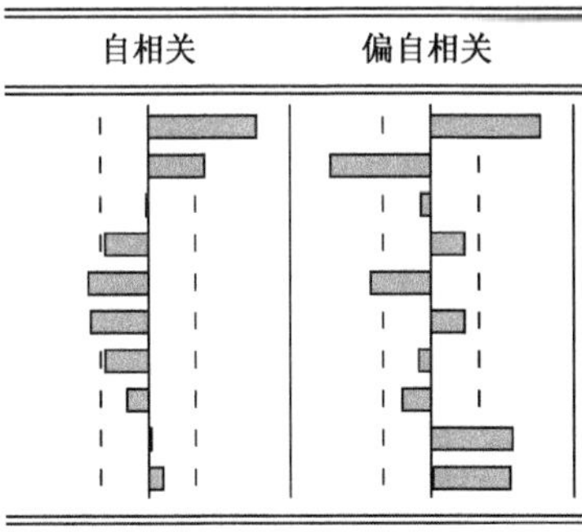

	自相关值	偏自相关值	Q统计值	概率
1	0.811	0.811	22.445	0.000
2	0.411	−0.722	28.411	0.000
3	−0.023	−0.069	28.431	0.000
4	−0.304	0.244	31.933	0.000
5	−0.437	−0.441	39.451	0.000
6	−0.412	0.242	46.411	0.000
7	−0.304	−0.098	50.339	0.000
8	−0.154	−0.197	51.398	0.000
9	0.013	0.583	51.406	0.000
10	0.106	−1.521	51.953	0.000

图 5-4 江苏省区域经济空间极化指数长期趋势的二阶差分序列的自相关和偏自相关系数

ARIMA(0,2,q)模型;若自相关函数数值是拖尾,偏自相关函数数值也是拖尾,则江苏省区域经济空间极化指数长期趋势的二阶差分序列符合 ARIMA(p,2,q)模型。

第三,用 ARIMA(1,2,1)、ARIMA(1,2,2)、ARIMA(2,2,1)和 ARIMA(2,2,2)序列模型对江苏省区域经济空间极化指数长期趋势的二阶差分序列进行模拟,模拟结果如表 5-4 所示。从表 5-4 中可以看出,江苏省区域经济空间极化指数长期趋势的二阶差分序列的最优拟合模型是 ARIMA(2,2,2)模型。ARIMA(1,2,1)、ARIMA(1,2,2)、ARIMA(2,2,1)和 ARIMA(2,2,2)模型的拟合优度 R^2 分别为 0.816 6、0.843 5、0.874 7 和 0.880 0,拟合优度最大的是 ARIMA(2,2,2)模型。ARIMA(2,2,2)模型的 F 统计值为 48.065 0,远远大于显著性水平为 5%时的临界值 4.21,且出现在临界值左侧的概率为 0.00%,因此,方程中被解释变量与解释变量之间的关系显著成立。方程中 AR(1)、AR(2)、MA(1)和 MA(2)回归系数的 t 统计值分别为 15.633 1、−7.497 1、−2.495 3 和 −3.030 1,其绝对值都大于显著性水平为 5%时的临界值 1.703,且出现在临界值内侧的概率为0.00%,因此方程的回归系数通过显著性检验。综上分析,ARIMA(2,2,2)序列模型是江苏省区域经济空间极化指数长期趋势的二阶差分序列的最佳模拟模型。

表 5-4 江苏省区域经济空间极化指数长期趋势的二阶差分序列的模拟结果

ARIMA(1,2,1)				ARIMA(1,2,2)			
变量	系数	标准差	t 统计值	变量	系数	标准差	t 统计值
AR(1)	0.729 2	0.135 4	5.385 3	AR(1)	0.638 1	0.186 9	3.414 7
MA(1)	0.738 3	0.119 0	6.204 2	MA(1)	0.933 8	0.200 3	4.662 7
				MA(2)	0.385 7	0.214 7	1.796 6
拟合优度 R^2=0.816 6				拟合优度 R^2=0.843 5			
概率(F 统计值)=0.000 0				概率(F 统计值)=0.000 0			
ARIMA(2,2,1)				ARIMA(2,2,2)			
变量	系数	标准差	t 统计值	变量	系数	标准差	t 统计值
AR(1)	1.423 3	0.169 7	8.385 2	AR(1)	1.696 5	0.108 5	15.633 1
AR (2)	−0.759 8	0.160 9	−4.722 8	AR (2)	−0.869 0	0.115 9	−7.497 1
MA(1)	0.157 6	0.245 8	0.641 3	MA(1)	−0.431 1	0.172 7	−2.495 3
				MA(2)	−0.565 1	0.186 5	−3.030 1
拟合优度 R^2=0.874 7				拟合优度 R^2=0.880 0			
概率(F 统计值)=0.000 0				概率(F 统计值)=0.000 0			

注:AR(1)是指一阶自相关项;AR(2)是指二阶自相关项;MA(1)是指一阶移动平均项;MA(2)是指二阶移动平均项。

从以上分析中可知，江苏省区域经济空间极化指数长期趋势的二阶差分序列的模拟函数如下：

$$DDTrIP_t = 1.6965DDTrIP_{t-1} - 0.8690DDTrIP_{t-2} + \varepsilon_t - 0.4311\varepsilon_{t-1} - 0.5651\varepsilon_{t-2} \quad (5-14)$$

由于

$$DDTrIP_t = DTrIP_t - DTrIP_{t-1} \quad (5-15)$$

$$DDTrIP_{t-1} = DTrIP_{t-1} - DTrIP_{t-2} \quad (5-16)$$

$$DDTrIP_{t-2} = DTrIP_{t-2} - DTrIP_{t-3} \quad (5-17)$$

将公式(5-15)、(5-16)和(5-17)带入公式(5-14)中，得到：

$$DTrIP_t = 2.6965DTrIP_{t-1} - 2.5655DTrIP_{t-2} + 0.8690DTrIP_{t-3} + \varepsilon_t - 0.4311\varepsilon_{t-1} - 0.5651\varepsilon_{t-2} \quad (5-18)$$

公式(5-14)到(5-18)中，$DDTrIP_t$ 是指江苏省区域经济空间极化指数在 t 年的潜在趋势变化量与 $t-1$ 年的潜在趋势变化量之差；$DTrIP_t$ 是指江苏省区域经济空间极化指数在 t 年的潜在趋势与 $(t-1)$ 年的潜在趋势之差，即江苏省区域经济空间极化指数在 t 年的潜在趋势变化量，ε_t 是残差数列（高斯白噪声数列），ε_{t-1} 是残差数列的一阶移动平均序列，ε_{t-2} 是残差数列的二阶移动平均数列。

第四，用拟合的 ARIMA(2,2,2)模型分析江苏省区域经济空间极化指数长期趋势演化。从拟合的模型中可以看出，江苏省区域经济空间极化指数长期趋势是按照一定的规律演化的，与前三年变化量的值及残差的一阶和二阶移动平均的值有关。每一年的变化量受到其前三年变化量的影响较大，临近的一年影响最大，前面第二年次之，前面第三年最小。江苏省区域经济空间极化指数长期趋势演化的规律如公式 $DTrIP_t = 2.6965DTrIP_{t-1} - 2.5655DTrIP_{t-2} + 0.8690DTrIP_{t-3} + \varepsilon_t - 0.4311\varepsilon_{t-1} - 0.5651\varepsilon_{t-2}$ 所示，当年的潜在趋势演化量是前面第一年潜在趋势演化量的 2.696 5 倍、前面第二年潜在趋势演化量的 −2.565 5 倍、前面第三年潜在趋势演化量的 0.869 0 倍及多项误差之和。

(3) 区域经济空间极化程度的短期变化呈周期波动的特点

江苏省区域经济空间极化指数的短期变化过程主要从波动周期统计检验和周期波动特征分析两个方面进行剖析。通过波动周期统计检验论证江苏省区域经济空间极化指数的短期变化具有周期性的特点，而通过周期波动特征分析详细地解析其变化的过程。

① 波动周期统计检验

一个时间序列是否存在周期性波动，如果存在又是按照怎样的周期进行波动，常常运用转折点和自相关系数对其进行检验。

首先,转折点检验。转折点检验的原理是指如果时间数列的转折点(也就是峰值点和谷值点)数量多就表明数列是随机的无规律变动,如果数量少则表明数列可能是有规律的周期性波动。转折点数的标准化值为 c,若 $|c|>1.96$(统计显著水平为 5%时转折点数正态分布的临界值),则可认为数列存在周期性的波动;若 $|c|\leqslant 1.96$,则数列是随机变动。转折点数标准化值的公式为:

$$c=\frac{p-\mu_p}{\sigma_p} \tag{5-19}$$

式中,p 是转折点数,时间数列转折点数的数学期望 $\mu_p=2(n-2)/3$,标准差 $\sigma_p=\sqrt{(16n-29)/90}$,$n$ 是数列的项数。

根据公式(5-19)可以计算出 c 的值为 -2.4066,其绝对值大于 1.96,通过显著性检验,表明江苏省区域经济极化程度的短期变化可能存在周期性波动。

其次,自相关系数检验。自相关检验的原理是指表示时间序列中相隔 k 期的观测值之间相关程度的自相关系数 r_k 越大则越可能存在自相关关系,反之则不存在自相关关系。s_k 是相关系数 r_k 的标准差,若 $|r_k|>1.96s_k$(显著性水平为 5% 时的临界值),则表明该时间序列通过统计显著性检验,可能存在自相关关系;若 $|r_k|<1.96s_k$,则表明该时间序列没有通过统计显著性检验,可能是随机的。自相关系数和其标准差公式分别是:

$$r_k=\frac{E(Y_t-\mu)(Y_{t+k}-\mu)}{\sqrt{E(Y_t-\mu)^2}\sqrt{E(Y_{t+k}-\mu)^2}} \tag{5-20}$$

$$s_k=\sqrt{(1-r_k^2)/n-k-2} \tag{5-21}$$

式中,k 表示滞后期 1,2,…,12,μ 表示时间序列的均值。

根据公式(5-20)和(5-21),用 Eviews 5.1 数据分析软件对江苏省区域经济空间极化指数短期变化序列进行自相关系数及其标准差计算并进行显著性水平检验,结果如表 5-5 所示。

表 5-5 江苏省区域经济空间极化指数短期变化序列的自相关系数

滞后期 k	r_k	r_k 的绝对值	s_k	$1.96s_k$	r_k 是否大于 $1.96s_k$
1	0.188	0.188	0.179	0.351	小于
2	−0.092	0.092	0.185	0.363	小于
3	−0.365	0.365	0.176	0.345	大于
4	−0.270	0.270	0.185	0.363	小于

续表 5-5

滞后期 k	r_k	r_k 的绝对值	s_k	$1.96s_k$	r_k 是否大于 $1.96s_k$
5	−0.067	0.067	0.196	0.384	小于
6	0.053	0.053	0.200	0.392	小于
7	0.023	0.023	0.204	0.400	小于
8	0.134	0.134	0.207	0.406	小于
9	−0.123	0.123	0.212	0.416	小于
10	0.008	0.008	0.218	0.427	小于
11	0.002	0.002	0.224	0.439	小于
12	0.035	0.035	0.229	0.449	小于

从表 5-5 中可以看出，江苏省区域经济空间极化指数短期变化序列中滞后三期的相关系数通过显著性检验，这表明可以认为数列存在有规律的变动，并且数列的峰值或谷值每隔 4 年左右重现，也就是说它的周期长度大约为 4 年左右。

② 周期波动特征分析

经过转折点和自相关系数检验，江苏省区域经济空间极化指数短期演化大致呈现出周期性波动的特点，其特征如下：

第一，平均波动周期为 4 年左右。从表 5-6 和图 5-5 中可以看出，按照"峰-峰"法划分，江苏省区域经济空间极化指数的短期波动共经历了 8 个周期：分别为 1979—1981 年、1981—1986 年、1986—1992 年、1992—1997 年、1997—2000 年、2000—2002 年、2002—2009 年和 2009—2010 年(其中最后一个周期是否完整实难

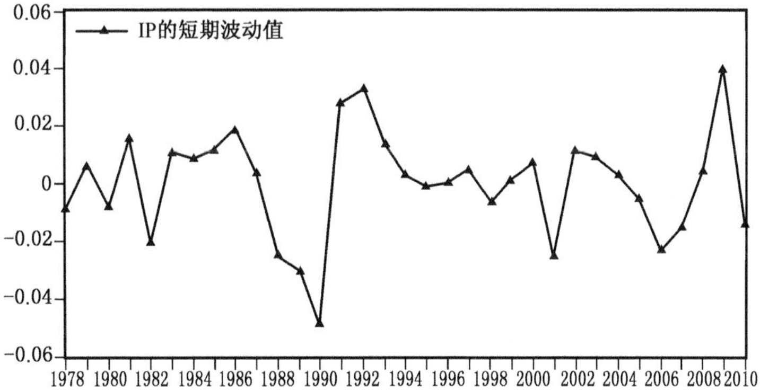

图 5-5　江苏省区域经济空间极化指数的短期波动

确定，由于其时间太短则被看作为不完全周期，计算时予以忽略）。每一个波动周期的长短不等，最短的是 2 年，最长的为 7 年，平均周期为 4.28 年，这与自相关系数检验所得到的波动周期长度大致相当。在整个研究时间段内，扩张期和收缩期分别是 15 年，即平均每个周期中扩张期和收缩期分别是 2.14 年，扩张期与收缩期的比率大致为 1。

表 5-6　江苏省区域经济空间极化指数短期波动的周期长度特征

周期序号	区间年	周期长度（年）		扩张期（年）		收缩期（年）		扩张期与收缩期比率
		T	$\overline{T}$	T	$\overline{T}$	T	$\overline{T}$	
1	1979—1981	2	4.28	1	2.14	1	2.14	1
2	1981—1986	5		4		1		
3	1986—1992	6		2		4		
4	1992—1997	5		2		3		
5	1997—2000	3		2		1		
6	2000—2002	2		1		1		
7	2002—2009	7		3		4		
8	2009—2010	1		0		1		

第二，周期间收缩与扩张相间进行。某一个周期是趋于收缩还是趋于扩张，可以通过平均位势这个指标来进行度量。平均位势是指一个周期内所有波动值的均值，是衡量一个周期的波动是位于平衡位置的上方还是下方的指标，若平均位势在平衡位置的上方，则该周期趋于扩张，若平均位势在平衡位置的下方，则该周期趋于收缩。从表 5-7 中可以看出，第一个周期、第三个周期、第五个周期、第六周期和第七个周期的平均位势位于平衡位置的下方，说明在这几个周期中江苏省区域经济空间极化指数短期波动向收缩方向变化；第二个周期和第四个周期的平均位势在平衡位置的上方，也就是说在这两个周期中江苏省区域经济空间极化指数短期波动向扩张方向变化。其中，第四个周期和第二个周期的平均位势分别为是 0.009 55 和 0.005 33，扩张幅度分别位居第一位和第二位；第三个周期和第六个周期的平均位势分别为－0.009 30 和－0.009 22，收缩幅度分别居于第一位和第二位；其余周期的平均位势的绝对值较小，收缩和扩张的幅度也较小。

表5-7　江苏省区域经济空间极化指数短期波动的状态特征

周期序号	波峰		波谷		波动幅度	平均位势	波动系数
	年份	峰值	年份	谷值			
1	1979	0.006 34	1980	−0.007 78	0.014 12	−0.000 72	−13.961 5
2	1981	0.015 85	1982	−0.020 57	0.036 42	0.005 33	5.521 21
3	1986	0.018 42	1990	−0.048 93	0.067 35	−0.009 30	−6.088 99
4	1992	0.033 13	1995	−0.001 47	0.034 60	0.009 55	3.038 08
5	1997	0.004 44	1998	−0.006 56	0.011 00	−0.000 42	−18.892 9
6	2000	0.007 47	2001	−0.025 90	0.033 37	−0.009 22	−2.559 69
7	2002	0.012 15	2006	−0.023 11	0.035 26	−0.002 03	−15.946 9
8	2009	0.040 83					

第三,波动幅度趋于倒"U"型态势。波动幅度是指一个周期中峰值与谷值之间的距离,是衡量波动演化大小的一个指标。从表5-7中可以看出,波动幅度整体上大致呈先增加后减小的趋势。第一个周期时波动幅度是0.014 12,到了第三个周期时波动幅度高达0.067 35,到第七个周期时波动幅度降为0.035 26。

第四,周期波动不稳定。周期波动是否稳定可以通过波动系数这个指标进行衡量。波动系数是衡量区域经济空间极化指数短期变化的周期波动幅度对历史增长趋势偏离程度的标准化指标,它是区域经济空间极化指数短期变化序列的单位均值上的标准差,它的正负符号和数值的大小分别衡量了一个周期内的波动值偏离区域经济空间极化指数短期变化的平衡位置的方向和程度。从表5-7中可以看出,第一个周期、第三个周期、第五个周期、第六个周期和第七个周期的波动系数位于平衡位置的下方,第二个周期和第四个周期的波动系数位于平衡位置的上方,说明江苏省区域经济空间极化指数短期变化的周期波动偏离平衡位置的方向不同;其中第五个周期和第七个周期波动系数的绝对值高达18.892 9和15.946 9,第四个周期和第六个周期波动系数的绝对值低至3.038 08和2.559 69,说明江苏省区域经济空间极化指数短期变化的周期波动偏离平衡位置的程度不同,且差距较大。从以上分析中可以看出,无论从偏离方向还是从偏离程度上看,江苏省区域经济空间极化指数短期变化的周期波动都呈现出不稳定的特点。

(4) 区域经济空间极化程度与差异程度同向演化

为了进一步了解江苏省区域经济空间极化程度的演化过程,将其与经济差异度的演化过程相对照,结果如表5-8和图5-6。从表5-8和图5-6中可以看出,江苏省区域经济空间极化指数的长期趋势整体上随着泰尔指数的长期趋势增大而增大，但是并不完全一致。江苏省区域经济空间极化指数的长期趋势由 1978 年的 0.525 8 增大到 2010 年的 0.801 5，江苏省区域经济泰尔指数的长期趋势由 1978 年的 0.142 7 增大到 2010 年的 0.270 5，二者都呈增大的态势。江苏省区域经济空间极化指数的长期趋势在 1984—1988 年和 1995—2002 年间呈明显下降趋势，而该时期泰尔指数的长期趋势仍然呈上升趋势；自 2002 年后，江苏省区域经济空间极化指数的长期趋势一直呈上升态势，而泰尔指数的长期趋势在 2006 年后呈下降态势。由此可见，虽然江苏省区域经济空间极化指数与泰尔指数的长期趋势都是由小变大，但是其间的演化并不完全相同。

表 5-8　江苏省区域经济的空间极化指数与泰尔指数

年份	空间极化指数		泰尔指数		年份	空间极化指数		泰尔指数	
	Level_IP	Trend_IP	Level_T	Trend_T		Level_IP	Trend_IP	Level_T	Trend_T
1978	0.517 4	0.525 8	0.143 8	0.142 7	1995	0.675 2	0.676 6	0.240 5	0.234 7
1979	0.547 6	0.541 3	0.140 9	0.141 5	1996	0.675 2	0.675 6	0.240 1	0.239 1
1980	0.547 6	0.555 4	0.140 4	0.140 5	1997	0.675 2	0.670 7	0.240 8	0.241 2
1981	0.583 7	0.567 9	0.139 1	0.139 8	1998	0.657 0	0.663 5	0.242 1	0.242 5
1982	0.556 5	0.577 1	0.139 2	0.139 3	1999	0.657 0	0.656 1	0.243 7	0.244 4
1983	0.595 2	0.584 1	0.139 9	0.139 1	2000	0.657 0	0.649 5	0.245 4	0.248 2
1984	0.595 2	0.586 5	0.140 8	0.139 0	2001	0.619 0	0.644 9	0.239 9	0.255 2
1985	0.595 2	0.583 8	0.141 9	0.139 0	2002	0.657 0	0.644 8	0.252 0	0.266 2
1986	0.595 2	0.576 8	0.141 1	0.139 5	2003	0.657 0	0.647 4	0.288 4	0.279 6
1987	0.571 4	0.568 3	0.142 1	0.141 4	2004	0.657 0	0.652 9	0.299 5	0.291 4
1988	0.538 8	0.563 8	0.144 0	0.145 6	2005	0.657 0	0.663 0	0.306 6	0.299 1
1989	0.538 8	0.569 6	0.146 0	0.153 4	2006	0.657 0	0.680 1	0.306 4	0.301 6
1990	0.538 8	0.587 7	0.148 1	0.165 6	2007	0.690 5	0.705 7	0.302 7	0.298 9
1991	0.642 9	0.615 4	0.183 6	0.181 8	2008	0.741 7	0.737 4	0.295 9	0.291 8
1992	0.675 2	0.642 0	0.206 4	0.199 1	2009	0.811 5	0.770 7	0.275 2	0.281 7
1993	0.675 2	0.661 4	0.221 6	0.214 6	2010	0.785 7	0.801 5	0.264 3	0.270 5
1994	0.675 2	0.672 5	0.232 4	0.226 7					

注：Level_IP 和 Level_T 分别指的是空间极化指数和泰尔指数的原数值，Trend_IP 和 Trend_T 分别指的是 HP 滤波（$\lambda=6.25$）后的空间极化指数的长期趋势和泰尔指数的长期趋势。

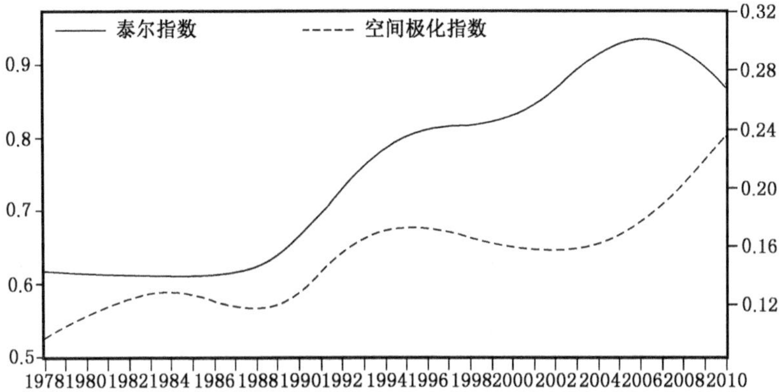

图 5-6　江苏省区域经济空间极化指数与泰尔指数的长期趋势

5.3.2.2　阶段性由低向高的曲折变动

(1) 五阶段划分

根据时间序列拐点的原理和方法，对江苏省区域经济空间极化指数的长期趋势进行阶段划分，结果如表 5-9 所示。从表 5-9 中可以看出，江苏省区域经济空间极化指数的长期趋势被四个拐点划分为五个阶段。江苏省区域经济空间极化指数的长期趋势的拐点有四个，分别是 0.586 5、0.563 8、0.676 6 和 0.644 8，对应的年份分别是 1984 年、1988 年、1995 年和 2002 年。拐点 1、拐点 2、拐点 3 和拐点 4 将江苏省区域经济空间极化指数的长期趋势分为五个阶段，分别为 0.525 8～0.586 5、0.586 5～0.563 8、0.563 8～0.676 6、0.676 6～0.644 8 和 0.644 8～0.801 5，对应的年份分别为 1978—1984 年、1984—1988 年、1988—1995 年、1995—2002 年和 2002—2010 年。

表 5-9　江苏省区域经济空间极化指数长期趋势的拐点

	拐点 1	拐点 2	拐点 3	拐点 4
数值	0.586 5	0.563 8	0.676 6	0.644 8
年份	1984	1988	1995	2002

(2) 由低向高的阶段性起伏演化

江苏省区域经济空间极化程度的长期趋势在每一个阶段都有不同的特征。以下是按照时间演化的顺序对每一个阶段特征进行具体的分析(表 5-10)：

第一阶段，低位上升阶段。这个阶段从 1978—1984 年，历经 6 年，区域经济空间极化指数的长期趋势逐年增加，由 0.525 8 增加到 0.586 5，平均值为 0.562 6，处于低位，增加的幅度为 0.060 7，平均每年增加 0.010 1，变化的幅度和速度都居于五个阶段中的第三位。

第二阶段，低位下降阶段。这个阶段从1984—1988年，历经4年，区域经济空间极化指数的长期趋势逐年下降，由0.586 5减小到0.563 8，平均值为0.573 2，处于低位，下降的幅度为0.022 7，平均每年下降0.005 7，变化的幅度和速度分别居于五个阶段中的第五位和第四位。

第三阶段，中位上升阶段。这个阶段从1988—1995年，历经7年，区域经济空间极化指数的长期趋势逐年增加，由0.563 8上升为0.676 6，平均值为0.632 2，处于中位，增加的幅度达到0.112 8，平均每年增加0.016 1，变化的幅度和速度都居于五个阶段中的第二位。

第四阶段，中位下降阶段。这个阶段从1995—2002年，历经7年，区域经济空间极化指数的长期趋势逐年下降，由0.676 6下降到0.644 8，平均值为0.657 9，处于中位，下降的幅度为0.031 8，平均每年下降0.004 5，变化的幅度和速度分别居于五个阶段中的第四位和第五位。

第五阶段，高位上升阶段。这个阶段从2002—2010年，历经8年，区域经济空间极化指数的长期趋势逐年增加，由0.644 8增加到0.801 5，平均值为0.707 3，处于高位，上升的幅度为0.156 7，平均每年上升0.019 6，变化的幅度和速度都居于五个阶段中的第一位。

表5-10　江苏省区域经济空间极化指数的长期趋势阶段特征

序号	时间段	平均值	平均值分段	演化模式	演化幅度	演化速度
1	1978—1984	0.562 6	低位	增大	0.060 7	0.010 1
2	1984—1988	0.573 2	低位	减小	0.022 7	−0.005 7
3	1988—1995	0.632 2	中位	增大	0.112 8	0.016 1
4	1995—2002	0.657 9	中位	减小	0.031 8	−0.004 5
5	2002—2010	0.707 3	高位	增大	0.156 7	0.019 6

5.4　本章小结

本章主要研究江苏省区域经济空间极化程度，分别从当前极化程度、极化程度演化过程两方面入手，借助空间基尼系数和空间极化指数等相关指标，运用时间序列加法模型、HP滤波法、时间序列拐点法、自回归移动平均模型等方法，对它们进行了详细的分析，主要结论如下：

江苏省区域经济当前空间极化程度较高，其中空间基尼系数是0.108 3，空间极化指数为 0.785 7，分别高于改革开放初的 0.077 8 和 0.517 4。

江苏省区域经济空间极化程度整体呈增大趋势，是长期趋势演化和短期周期变动共同作用的结果。

江苏省区域经济空间极化程度长期趋势随着时间演化呈阶梯状增大态势，具体可划分为低位上升、低位下降、中位上升、中位下降、高位上升等五个阶段。长期趋势是按照一定的规律演化的，每一年的变化量受到其前三年变化量的影响较大，临近的一年影响最大，前面第二年次之，前面第三年最小。

江苏省区域经济空间极化程度短期波动则随着时间的演化呈现出周期性的演化，周期长度大约为 4 年左右，周期间收缩与扩张相间进行，波动幅度趋于倒“U”型态势，周期波动不稳定。

江苏省区域经济空间极化程度与差异程度演化方向相同。江苏省区域经济空间极化程度的长期趋势整体上随着差异程度的长期趋势增大而增大，但并不完全一致。

第6章 区域经济空间极化态势

本章对江苏省区域经济空间极化态势进行研究，主要从极化态势分析方法、当前极化态势和极化态势演化三个方面加以展开。在介绍全局空间自相关指数、半变异函数分析、趋势面分析等指标和方法的基础上从全局和不同正交方向两个层次分析江苏省区域经济当前的空间极化态势，进而通过分析时间拐点年份的空间极化态势以揭示其演变规律。

6.1 区域经济空间极化态势分析方法

6.1.1 全局空间自相关指数

全局空间自相关指数(Moran I)，主要用来反映某一属性值在整个研究区域内的空间分布特征。指数值大于零，邻接单元间拥有相似的属性，属性值高或低的地区都有集聚现象，且数值越大表明空间集聚现象越明显；指数值小于零，则邻接单元间属性差异大，属性值高或低的地区呈现出高低间隔分布的状态，且绝对值越大表明空间分散现象越明显；指数值等于零，相邻单元间相关性低，属性值高或低的地区呈无规律的随机分布状态。本书运用全局空间自相关指数反映具有不同经济发展水平的子区域的空间分布特征，其公式为：

$$I=\frac{\sum_{i=1}^{n}\sum_{j=1}^{n}W_{ij}(x_i-\bar{x})(x_j-\bar{x})}{S^2\sum_{i=1}^{n}\sum_{j=1}^{n}W_{ij}}(i=1,2,\cdots,n,i\neq j) \qquad (6\text{-}1)$$

式中，n 为研究的区域单元个数；x_i 和 x_j 分别为 i 区域单元和 j 区域单元的人均 GDP；$\bar{x}$ 为平均人均 GDP；S^2 为人均 GDP 的方差值；W_{ij} 为空间权重矩阵，表示 n 个位置的空间临近关系，通常按照邻接规则和距离规则建立：邻接规则是指当研究区域单元 i 和 j 相邻接时 $W_{ij}=1$，否则 $W_{ij}=0$；距离规则是指当区域单元 i 和 j 的距离小于一定距离时 $W_{ij}=1$，否则 $W_{ij}=0$；本书采用的是邻接规则。

6.1.2　半变异函数分析

半变异函数（又称半变差函数或半变异矩），是地统计分析的特有函数，是描述区域化变量随机性和结构性特有的基本手段。表征半变异函数特点的五个重要参数分别是块金值（Nugget）、基台值（Sill）、偏基台值（Partial Sill）、变程（Range）和曲率（Curvature），它们之间的关系如图 6-1 和图 6-2 所示。将两个采样点之间距离非常接近时的半变异函数值定义为块金值，又被称为基底效应，它是由测量误差和空间分异的一方或两者共同作用产生的，它的值越大表明样本间的分异程度越大且样本间的分异更多是由随机性因素引起的，反之则表明样本间的分异程度越小且样本间的分异更多是由非随机性因素引起的。当采样点间的距离增大时，半变异函数值从初始的块金值逐渐增大到一个相对稳定的常数，这个常数被称为基台值，当半变异函数值超过基台值时，函数值不随采样点间隔距离而改变，从而区域变量的空间相关性不存在。基台值越大则空间分异现象越明显，基台值越小则空间越呈均衡分布状态。将基台值和块金值的差值定义为偏基台值，它的值越大则表明样本间的分异程度越大且样本间的分异更多是由结构性因素引起的，反之则表明样本间的分异程度越小且样本间的分异更多是由非结构性因素引起的。将半变异函数值取值为基台值时采样点间隔距离称为变程，它表示了在某种观测尺度下区域变量空间相关性的最大作用范围，其大小受到观测尺度的限制。它的值越大则表明区域变量空间相关性的作用范围越大，它的值越小则表明区域变量空间相关性的作用范围越小。如果各个方向上的变程相同或相近，则区域化变量为各向同性；如果各个方向上的变程相差较大，则区域化变量为各向异性，且数值大的方向上空间分异较大。

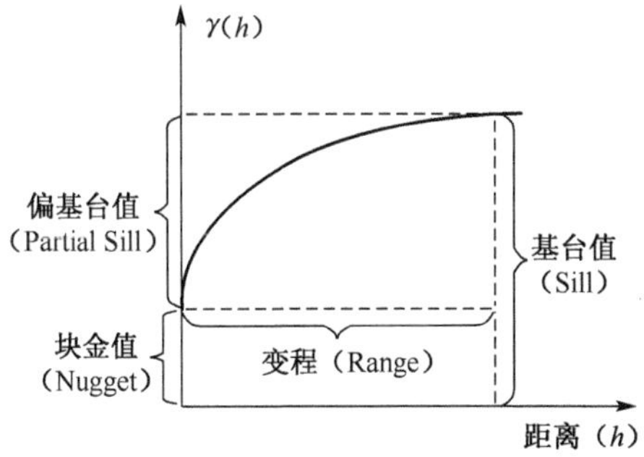

图 6-1　半变异函数

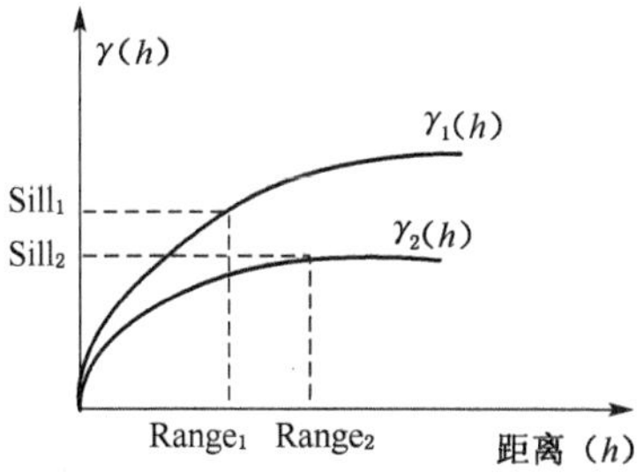

图6-2　半变异函数的各向异性曲线

半变异函数的曲率指的是半变异函数和间隔距离之间关系的双对数直线回归

方程中的斜率。它的值越接近于 2,区域化变量之间的空间自相关强度越弱,其空间分布越均衡;它的值越远离 2,区域化变量之间的空间自相关强度越强,其空间分异现象越明显。

半变异函数的公式可以表示为:

$$\gamma(h)=\frac{1}{2N(h)}\sum_{i=1}^{N(h)}[Z(x_i)-Z(x_i+h)]^2 \quad (i=1,2,3,\cdots,N(h)) \tag{6-2}$$

$$\gamma(h)=\frac{1}{2}h^{4-2D} \tag{6-3}$$

式中,$\gamma(h)$ 为半变异函数值;x_i 为第 i 个样本点的空间位置;h 为间隔距离;$Z(x_i)$ 为区域变量 $Z(x)$ 在空间位置 x_i 上的观测值;$N(h)$ 为间隔距离为 h 时的样本点总对数;D 为半变异函数的曲率。

理论上半变异函数 $\gamma(h)$ 是未知的,它的值可以通过从有效的空间取样数据中针对各种不同的 h 值计算出的一系列 $\gamma(h)$ 进行拟合,常用的拟合模型有球状模型、高斯模型、指数模型、幂函数模型、线性模型和抛物线模型等。

本书运用半变异函数分析区域经济空间极化态势、幅度、成因、方向性等演变特征,以便更清楚地认知区域经济空间极化的格局、过程,总结出其规律,为区域经济空间协调发展指引方向。

6.1.3 趋势面分析

趋势面分析是根据空间抽样数据,运用多项式拟合一个数学曲面,用该数学曲面来反映空间分布的总体演化趋势。多项式的次数越低,拟合的表面越注重于宏观趋势;多项式的次数越高,拟合的表面越注重于细节的表达使用。但多项式的次数并不是越高越好,一般选用到三次即可,因为次数过高使得计算量增加很多而精确度却提高不多。在趋势面分析过程中,透视角度不同,反映的趋势信息也不相同。本书运用趋势面分析的方法从全局及不同方向等各个角度对区域经济空间分布的演化趋势进行分析,并在此基础上总结其演化规律。

6.2 区域经济空间极化态势

6.2.1 全局形成经济发展水平较高地区与较低地区分别相对集聚态势

根据公式(6-1),计算出 2010 年江苏省区域经济的全局空间自相关指数(Moran I)，结果如表6-1所示。从表6-1中可以看出，2010年江苏省区域经济全局空间分布呈经济发展水平较高地区和经济发展水平较低地区相对集聚的极化状态，且极化态势较为显著。2010年江苏省区域经济全局空间自相关指数为0.64，标准值Z为8.13，大于1%显著性水平下的临界值2.58，通过1%显著性水平检验。2010年江苏省区域经济全局空间分布是正相关关系，呈集聚分布状态，且其全局空间自相关指数远远高于1978年的0.14，与1990年和2000年的相近，从中可以看出江苏省区域经济空间极化分布态势较为显著。

表6-1　江苏省区域经济全局空间自相关指数

年份	Moran I	标准值Z	空间态势
1978	0.14*	1.81	集聚
1990	0.59***	7.08	集聚
2000	0.68***	8.21	集聚
2010	0.64***	8.13	集聚

注：Z是Moran I的标准值，*、**和***分别表示在10%、5%和1%显著性水平下拒绝随机分布的原假设。

为了进一步认知江苏省区域经济全局空间极化分布态势，以2010年人均GDP中位值为分界线将所有行政单元划分为经济发展水平较高地区和经济发展水平较低地区两大类型，并将其绘制成图6-3。从图6-3中可以看出，经济发展水平较高地区和经济发展水平较低地区都呈集聚分布状态且分别向南北两方集聚：从三大区域层面上看，经济发展水平较高地区主要集聚在苏南地区和苏中地区的南部，经济发展水平较低地区主要集聚在苏北地区和苏中地区的北部；从市域层面上看，经济发展水平较高地区主要集聚在南京市、无锡市、常州市、苏州市、镇江市、扬州市和泰州市，经济发展水平较低地区主要集聚在徐州市、连云港市、宿迁市、淮安市和宿迁市。从三大区域层面上看，江苏省32个经济发展水平较高的行政单元中，19个位于苏南地区，占其所有行政单元数的100%；9个位于苏中地区，占其所有行政单元数的56.25%；4个位于苏北地区，占其所有行政单元数的14.29%。从市域层面上看，南京市有3个，占其所有行政单元数的100%；无锡市有3个，占其所有行政单元数的100%；徐州市有1个，占其所有行政单元数的16.67%；常州市有3个，占其所有行政单元数的100%；苏州市有6个，占其所有行政单元数的100%；南通市有3个，占其所有行政单元数的50%；连云港市有1个，占其所有行政单元数的20%；盐城市有2个，占其所有行政单元数的25%；扬州市有3个，占其所有行政单元数的60%；镇江市有4个，占其所有行政单元数的100%；泰州市有 3 个，占其所有行政单元数的 60%。经济发展水平较低地区的分布态势与经济发展水平较高地区的分布态势相似，只是集聚的方向相反。

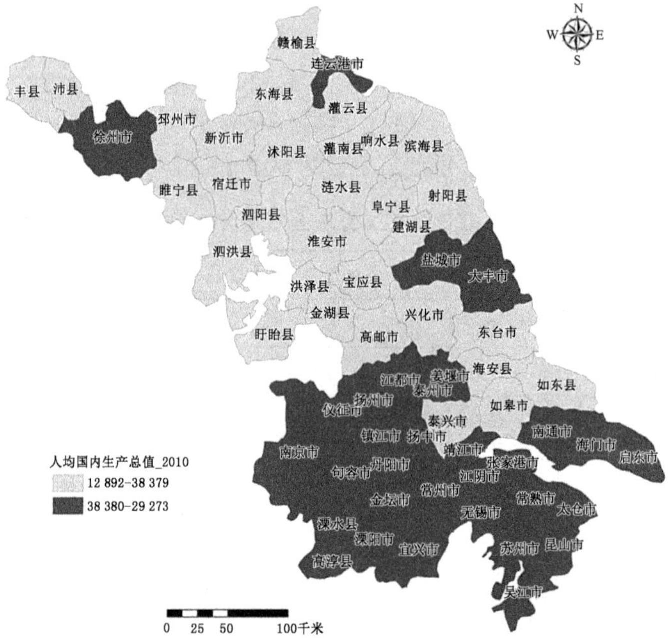

图 6-3　2010 年江苏省区域经济空间极化态势

6.2.2　不同正交方向上空间极化态势不同

6.2.2.1　各向异性

通过 J-Bessel 方程对 2010 年江苏省区域经济的半变异函数进行不同方向的模拟，得出不同方向的变程（函数中的一个参数），结果如表 6-2 所示。从表 6-2 中可以看出，2010 年江苏省区域经济空间极化具有各向异性的特点，即不同方向上极化态势不同。半变异方程的拟合优度为 0.826 4，拟合效果较好。不同方向上空间自相关半径不同，全方向上空间相关半径（变程）为 375 千米，南—北方向上为 300 千米，东—西方向上为 187 千米，东北—西南方向上为 200 千米，东南—西北方向上为 400 千米。其中，东南—西北方向上空间自相关半径较长，其空间极化性较强；而东—西方向上空间自相关半径较短，其空间极化性较弱；南—北方向和东北—西南方向上空间自相关半径居中，其空间极化性也居中。

表 6-2　2010 年江苏省区域经济半变异函数拟合的变程

	全方向	南—北	东—西	东北—西南	东南—西北
变程(千米)	375	300	187	200	400
拟合优度(R^2)	0.826 4				

6.2.2.2　东—西方向上形成东高西低的"U"型态势

为了更清楚地认识江苏省区域经济在各个方向上的极化态势，对 2010 年人均 GDP 的投影点进行趋势方程拟合，结果如图 6-4 所示。

从图 6-4(a)中可以看出，2010 年江苏省区域经济在东—西方向上呈东高西低的"U"型空间极化态势，经济发展水平较高地区主要向东方集聚，而经济发展水平较低地区主要向西方集聚。东部地区经济投影点的最高值大约 2.5 个单位，西部地区经济投影点的最低值大约 0.1 个单位，二者差距大约是 2.4 个单位。

6.2.2.3　南—北方向上形成南高北低的"U"型态势

从图 6-4(a)中还可以看出，2010 年江苏省区域经济在南—北方向上呈南高北低的"U"型空间极化态势，经济发展水平较高地区主要向南方集聚，而经济发展水平较低地区主要向北方集聚。南部地区经济投影点的最高值大约 2.8 个单位，北部地区经济投影点的最低值大约 0.2 个单位，二者差距大约是 2.6 个单位。

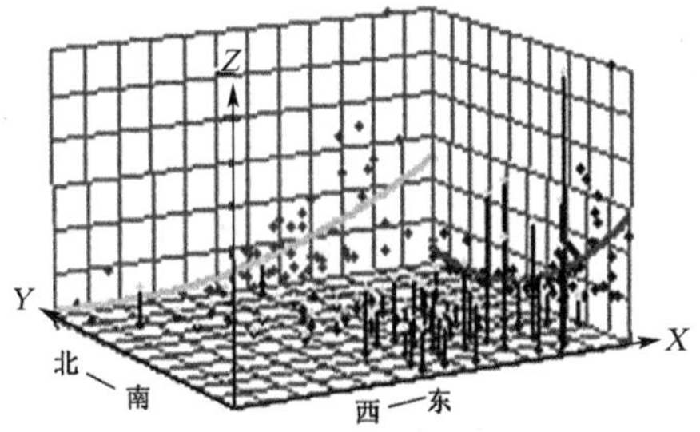

(a) 南—北和东—西方向

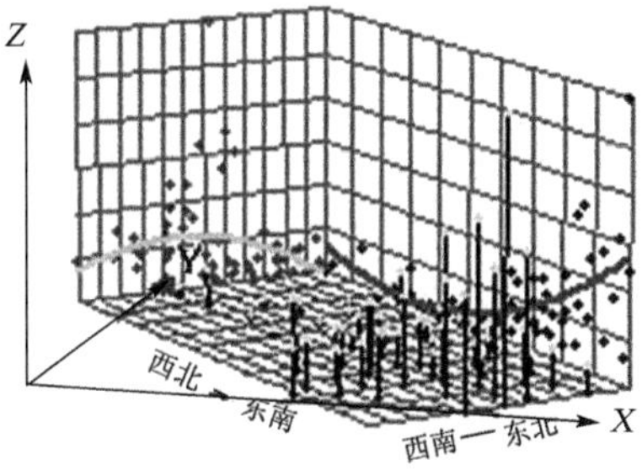

(b) 东南—西北和西南—东北方向

图 6-4　2010 年江苏省区域经济正交方向上的极化态势

6.2.2.4　东南—西北方向上形成东南高西北低的"U"型态势

从图 6-4(b)中可以看出，2010 年江苏省区域经济在东南—西北方向上呈东南高西北低的"U"型空间极化趋势，江苏省经济发展水平较高地区主要向东南方集聚，而经济发展水平较低地区主要向西北方集聚。东南部地区经济投影点的最高值大约 2.8 个单位，西北部地区经济投影点的最低值大约 0.1 个单位，二者差距大约是 2.7 个单位。

6.2.2.5 西南—东北方向上形成西南高东北低的倒“U”型态势

从图 6-4(b)中还可以看出,2010 年江苏省区域经济在西南—东北方向上呈西南高东北低的倒“U”型空间极化趋势,江苏省经济发展水平较高地区主要向西南方集聚,而经济发展水平较低地区主要向东北方集聚。西南部地区经济投影点的最高值大约 1.3 个单位,东北部地区经济投影点的最低值大约 0.1 个单位,二者差距大约是 1.2 个单位。

6.3 区域经济空间极化态势演化

江苏省区域经济空间极化态势的演化过程主要从全局和正交方向两个方面展开研究。在演化过程研究中的截面年份是研究时段的起点年份、终点年份及江苏省区域经济空间极化指数长期趋势的拐点年份,它们分别是 1978 年、1984 年、1988 年、1995 年、2002 年和 2010 年等年份。

6.3.1 全局空间集聚分布态势逐渐增强

根据公式(6-1),计算出 1978—2010 年江苏省区域经济的全局空间自相关指数(Moran I),结果如表 6-3 所示。从表 6-3 中可以看出,江苏省区域经济全局空间分布一直呈经济发展水平较高地区和经济发展水平较低地区相对集聚的极化状态,且极化趋势逐渐显著。1978 年江苏省区域经济全局空间自相关指数为 0.14,标准值为 1.81,大于 10%显著性水平下的临界值 1.65,通过 10%显著性水平检验。1979—2010 年江苏省区域经济全局空间自相关指数的标准值都大于 1%显著性水平下的临界值 2.58,它们都通过 1%显著性水平检验。自改革开放以来,江苏省区域经济全局空间分布一直呈正相关关系,都表现为极化分布状态,其中在 20 世纪 90 年代之前相关性较小,表现为经济发展水平较高的极化区和经济发展水平较低的非极化区分别集聚的规模较小,之后相关性较大,表现为经济发展水平较高的极化区和经济发展水平较低的非极化区分别集聚的规模较大。

为了进一步认知江苏省区域经济全局空间极化态势的演化过程,以 1978 年、1984 年、1988 年、1995 年、2002 年和 2010 年等年份为横截面年份,以当年的人均 GDP 中位值为分界线对所有行政单元进行极化区和非极化区两大类型划分,并将其将绘制成图 6-5。从图 6-5 中可以看出,经济发展水平较高的行政单元逐渐由零散的分布状态转向毗连的分布状态,出现的地点(毗连分布的经济发展水平较高县域或市区统计为 1 个地点)呈减少趋势,毗连分布区域的规模呈增大趋势。

表 6-3 江苏省区域经济全局空间自相关指数

年份	Moran I	标准值 Z	空间态势	年份	Moran I	标准值 Z	空间态势
1978	0.14*	1.81	集聚	1995	0.65***	7.77	集聚
1979	0.20***	2.62	集聚	1996	0.66***	7.92	集聚
1980	0.26***	3.28	集聚	1997	0.67***	8.02	集聚
1981	0.34***	4.21	集聚	1998	0.67***	8.07	集聚
1982	0.40***	4.87	集聚	1999	0.68***	8.11	集聚
1983	0.44***	5.38	集聚	2000	0.68***	8.13	集聚
1984	0.47***	5.77	集聚	2001	0.68***	8.21	集聚
1985	0.50***	6.08	集聚	2002	0.68***	8.20	集聚
1986	0.54***	6.53	集聚	2003	0.70***	8.47	集聚
1987	0.57***	6.78	集聚	2004	0.68***	8.35	集聚
1988	0.58***	6.92	集聚	2005	0.67***	8.29	集聚
1989	0.59***	7.02	集聚	2006	0.66***	8.22	集聚
1990	0.59***	7.08	集聚	2007	0.66***	8.27	集聚
1991	0.65***	7.80	集聚	2008	0.64***	8.15	集聚
1992	0.66***	7.84	集聚	2009	0.64***	8.14	集聚
1993	0.65***	7.82	集聚	2010	0.64***	8.13	集聚
1994	0.65***	7.79	集聚				

注:Z 是 Moran I 的标准值,*、** 和 *** 分别表示在 10%、5% 和 1% 显著性水平下拒绝随机分布的原假设。

1978 年,全省 32 个经济发展水平较高的行政单元分布在 11 个地点,遍布所有的地级市域,其中徐州市有 1 个,连云港市有 1 个,宿迁市有 2 个,淮安市有 1 个,盐城市有 1 个,南通市有 1 个,盐城市和南通市共同组成 1 个,南京市有 1 个,泰州市有 1 个,南京市、镇江市、苏州市、无锡市、常州市、扬州市、泰州市等市共同组成 1 个。在这 11 个地点中,有 4 处出现经济发展水平较高的行政单元毗连分布现象,2 处包含 2 个行政单元,1 处包含 4 个行政单元,1 处包含 17 个行政单元。

1984 年,32 个经济发展水平较高的行政单元分布在 6 个地点,也是遍布所有的地级市域,其中徐州市有 1 个,连云港市有 1 个,盐城市有 1 个,南通市有 1 个,泰州

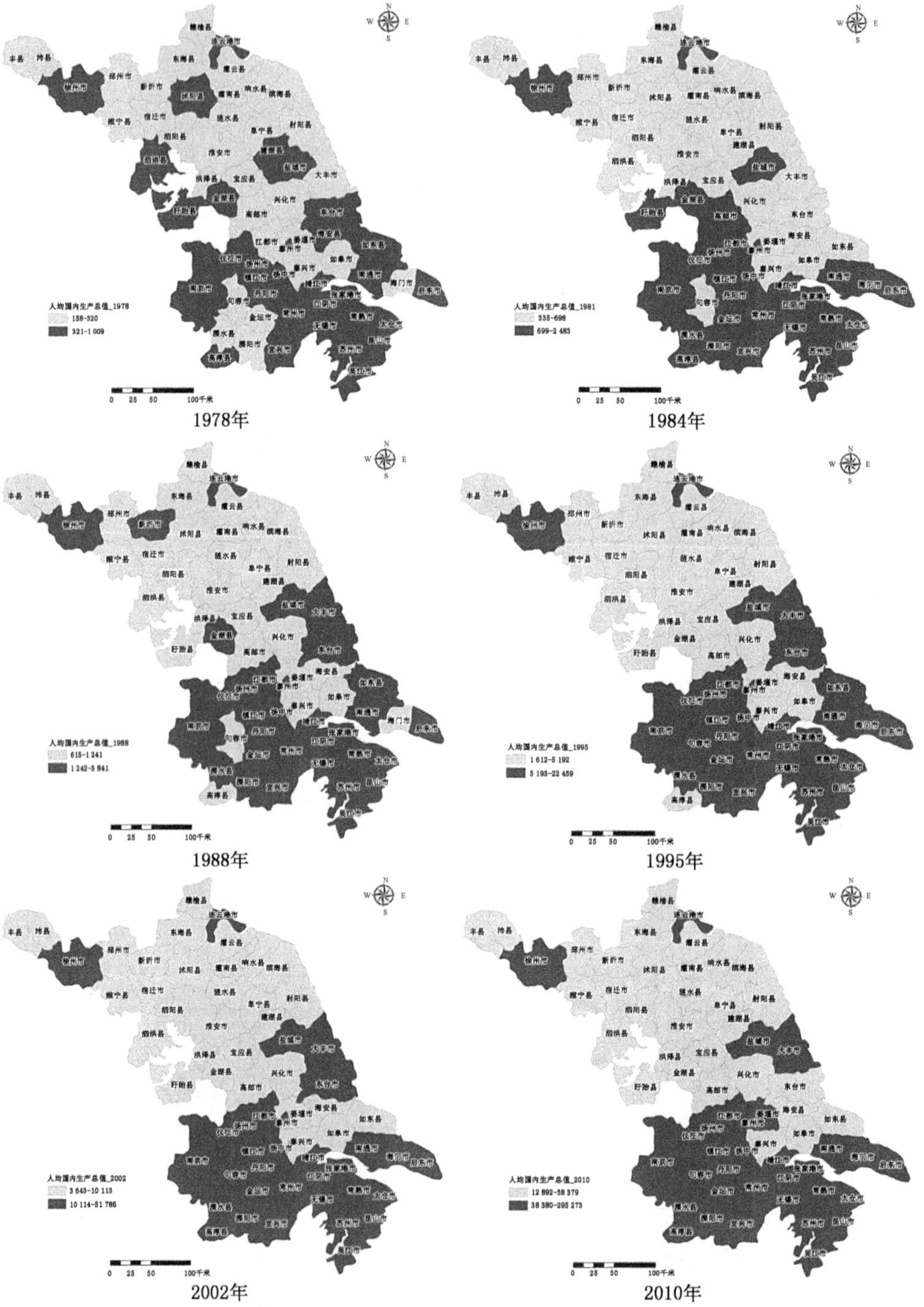

图 6-5　江苏省区域经济空间极化态势的演化

市有1个，南京市、镇江市、苏州市、无锡市、常州市、扬州市、泰州市、宿迁市和淮安市等市共同组成1个。在这6个地点中，有2处出现经济发展水平较高的行政单元毗连分布现象，一处包含3个行政单元，另一处包含25个行政单元。

1988年，32个经济发展水平较高的行政单元分布在9个地点，遍布除宿迁市以外的所有地级市域，其中徐州市有2个，连云港市有1个，淮安市1个，盐城市有1个，南通市有2个，泰州市有1个，南京市、镇江市、苏州市、无锡市、常州市、扬州市和泰州市等市共同组成1个。在这9个地点中，有3处出现经济发展水平较高的行政单元毗连分布现象，一处包含2个行政单元，一处包含3个行政单元，另一处包含21个行政单元。

1995年，32个经济发展水平较高的行政单元分布在6个地点，遍布除宿迁市和淮安市两市以外的所有地级市域，其中徐州市有1个，连云港市有1个，盐城市有1个，南通市有1个，泰州市有1个，南京市、镇江市、苏州市、无锡市、常州市、扬州市和泰州市等市共同组成1个。在这6个地点中，有3处出现经济发展水平较高的行政单元毗连分布现象，一处包含3个行政单元，一处包含4个行政单元，另一处包含22个行政单元。

2002年，32个经济发展水平较高的行政单元分布在6个地点，遍布除宿迁市和淮安市两市以外的所有地级市域，其中徐州市有1个，连云港市有1个，盐城市有1个，南通市有1个，泰州市有1个，南京市、镇江市、苏州市、无锡市、常州市、扬州市和泰州市等市共同组成1个。在这6个地点中，有3处出现经济发展水平较高的行政单元毗连分布现象，其中两处包含3个行政单元，一处包含23个行政单元。

2010年，32个经济发展水平较高的行政单元分布在5个地点，遍布除宿迁市和淮安市两市以外的所有地级市域，其中徐州市有1个，连云港市有1个，盐城市有1个，南通市有1个，南京市、镇江市、苏州市、无锡市、常州市、扬州市和泰州市等市共同组成1个。在这5个地点中，有3处出现经济发展水平较高的行政单元毗连分布现象，其中一处包含2个行政单元，一处包含3个行政单元，另一处包含25个行政单元。

6.3.2　正交方向上极化范围呈增大趋势但极化效应呈先增加后减小态势

6.3.2.1　正交方向上极化半径逐渐增加

通过J-Bessel方程对1978年、1984年、1988年、1995年、2002年和2010年等年份江苏省区域经济的半变异函数进行不同方向的模拟，得出不同方向的变程（函数中的一个参数），结果如表6-4所示。从表6-4中可以看出，江苏省区域经济空间极化一直都具有各向异性的特点，且在各个方向上空间自相关半径逐渐增加。1978 年、1984 年、1988 年、1995 年、2002 年、2010 年江苏省区域经济半变异方程的拟合优度分别为 0.613 4、0.629 7、0.762 8、0.718 3、0.713 1、0.826 4，拟合效果都较好。在这 6 个年份中，每一年在各个方向上的空间自相关半径都不同，总体上看，东南—西北方向上空间自相关半径最长，其空间极化性最强；而东—西方向上空间自相关半径最短，其空间极化性最弱，南—北方向和东北—西南方向上的空间自相关半径居于中间，其空间极化性也居于中间。在这 6 个年份中，每一个方向上的空间自相关半径都呈增大趋势，例如，全方向上的空间自相关半径由起初的 280 千米增大为后来的 375 千米，从中可以看出，随着经济的发展，区域经济的辐射能力逐渐增强，其空间联系范围也逐渐增加。

表 6-4　江苏省区域经济半变异函数拟合的变程

	变程(千米)					
	1978 年	1984 年	1988 年	1995 年	2002 年	2010 年
全方向	280	290	300	312	350	375
南—北方向	240	250	250	280	300	300
东—西方向	140	150	160	170	180	187
东北—西南方向	140	150	187	187	187	200
东南—西北方向	300	300	330	350	390	400
函数拟合优度(R^2)	0.613 4	0.629 7	0.762 8	0.718 3	0.713 1	0.826 4

6.3.2.2　正交方向上极化效应呈先增加后减小态势

为了更清楚地认识江苏省区域经济在各个方向上的极化态势，将 1978 年、1984 年、1988 年、1995 年、2002 年、2010 年等年份的人均 GDP 在各个方向上的投影点进行趋势方程拟合，结果如图 6-6 和图 6-7 所示。

从图 6-6 中可以看出，江苏省经济发展水平较高地区一直主要集中在南方和东方两个方向上，而经济发展水平较低地区一直主要集中在北方和西方两个方向上，并且区域经济空间极化效应呈先增加后减少趋势(经济差距增大则极化效应增强，经济差距减小则极化效应减弱)。

在东—西方向上，江苏省区域经济一直呈西低东高的空间极化趋势，且东部和西部地区之间的经济发展水平差距呈先增加后减少的趋势。1978 年，经济投影点的最高值大约 2.5 个单位，最低值接近 1 个单位，差距大约是 1.5 个单位；1984 年，经济投影点的最高值大约 3 个单位，最低值大约 0.5 个单位，差距大约是 2.5 个单位；1988 年，经济投影点的最高值大约 3.3 个单位，最低值大约 0.2 个单位，差距大约是 3.1 个单位；1995 年，经济投影点的最高值大约 3.8 个单位，最低值大约 0.2 个单位，差距大约是 3.6 个单位；2002 年，经济投影点的最高值大约 3.4 个单位，最低值大约 0.2 个单位，差距大约是 3.2 个单位；2010 年，经济投影点的最高值大约 2.5 个单位，最低值大约 0.1 个单位，差距大约是 2.4 个单位。

在南—北方向上，江苏省区域经济亦一直呈北低南高的空间极化趋势，且南部和北部地区之间的经济差距也是呈先增加后减少的趋势。1978 年，经济投影点的最高值大约 3 个单位，最低值接近 1 个单位，差距大约是 2 个单位；1984 年，经济投影点的最高值大约 3.2 个单位，最低值大约 0.6 个单位，差距大约是 2.6 个单位；1988 年，经济投影点的最高值大约 4 个单位，最低值大约 0.5 个单位，差距大约是

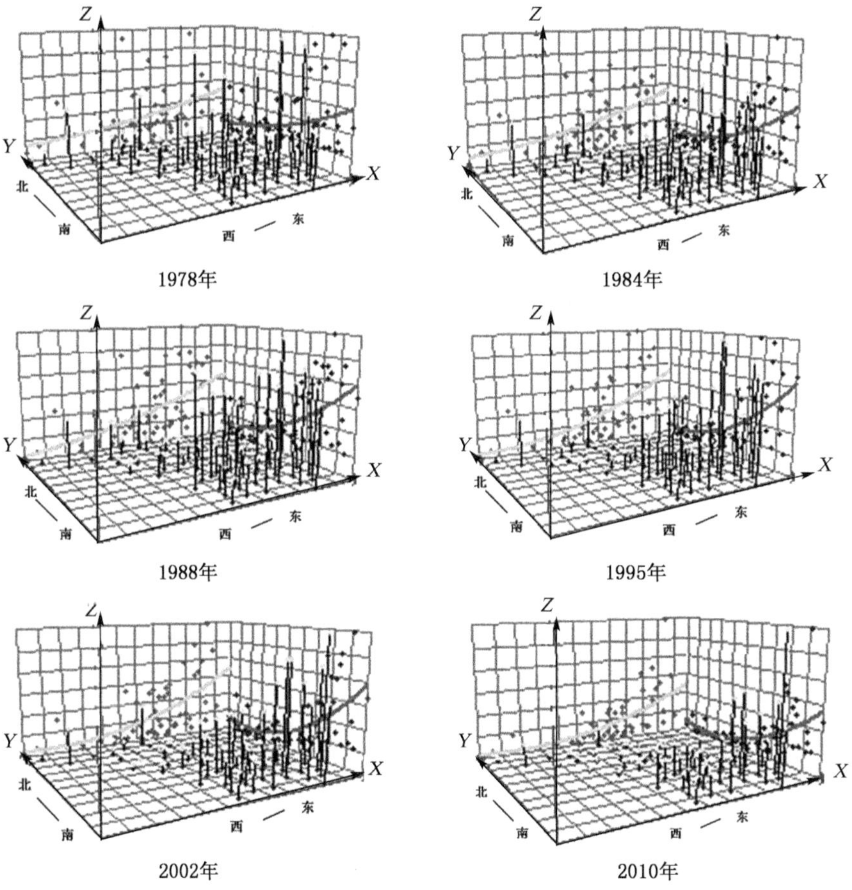

图 6-6　江苏省区域经济在南—北和东—西方向上极化态势的演化

3.5 个单位;1995 年,经济投影点的最高值大约 4.2 个单位,最低值大约 0.4 个单位,差距大约是 3.8 个单位;2002 年,经济投影点的最高值大约 4 个单位,最低值大约 0.5 个单位,差距大约是 3.5 个单位;2010 年,经济投影点的最高值大约 2.8 个单位,最低值大约 0.2 个单位,差距大约是 2.6 个单位。

从图 6-7 中可以看出,江苏省经济发展水平较高地区一直主要集中在东南方和西南方两个方向上,而经济发展水平较低地区一直主要集中在西北方和东北方两个方向上,并且区域经济空间极化效应呈先增加后减少趋势。

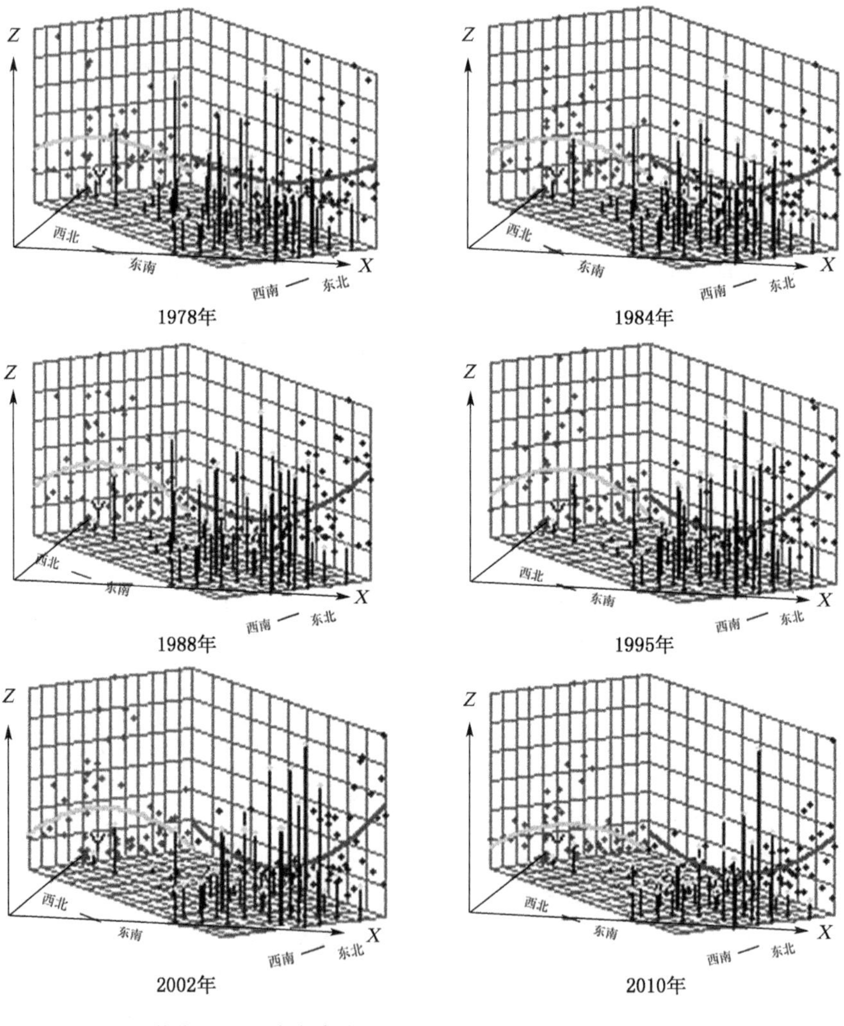

图 6-7　江苏省区域经济在东南—西北和西南—东北方向上极化态势的演化

在东南—西北方向上，江苏省区域经济一直呈西北低东南高的"U"型空间极化趋势，且东南部经济发展水平高的地区与"U"型底部的经济发展水平低的地区之间的差距呈先增加后减少的趋势。1978年，经济投影点的最高值大约3个单位，最低值接近0.8个单位，差距大约是2.2个单位；1984年，经济投影点的最高值大约3.2个单位，最低值大约0.6个单位，差距大约是2.6个单位；1988年，经济投影点的最高值大约3.8个单位，最低值大约0.5个单位，差距大约是3.3个单位；1995年，经济投影点的最高值大约4个单位，最低值大约0.4个单位，差距大约是3.6个单位；2002年，经济投影点的最高值大约3.8个单位，最低值大约0.2个单位，差距大约是3.6个单位；2010年，经济投影点的最高值大约2.8个单位，最低值大约0.1个单位，差距大约是2.7个单位。

在西南—东北方上，江苏省区域经济一直呈东北低西南高的倒"U"型空间极化趋势，且东北部经济发展水平低的地区与倒"U"型顶部的经济发展水平高的地区之间的差距呈先增加后减少的趋势。1978年，经济投影点的最高值大约2个单位，最低值接近0.5个单位，差距大约是1.5个单位；1984年，经济投影点的最高值大约2个单位，最低值大约0.3个单位，差距大约是1.7个单位；1988年，经济投影点的最高值大约2.4个单位，最低值大约0.1个单位，差距大约是2.3个单位；1995年，经济投影点的最高值大约2.1个单位，最低值大约0.1个单位，差距大约是2.0个单位；2002年，经济投影点的最高值大约1.8个单位，最低值大约0.1个单位，差距大约是1.7个单位；2010年，经济投影点的最高值大约1.4个单位，最低值大约0.1个单位，差距大约是1.3个单位。

6.4 本章小结

本章主要研究江苏省区域经济空间极化态势，首先借助全局空间自相关指数、半变异函数分析、趋势面分析等指标和方法分析当前全局和不同正交方向上的空间极化态势，然后用同样的指标方法分析时间拐点年份的空间极化态势以揭示空间极化态势的演化过程，主要结论如下：

江苏省区域经济当前全局空间分布呈现经济发展水平较高地区和经济发展水平较低地区相对集聚的分布状态，且极化态势较为显著。经济发展水平较高地区和经济发展水平较低地区都呈连片分布状态且二者分别南北两方集聚。从区域层面上看，经济发展水平较高地区主要集聚在苏南地区和苏中地区的南部，经济发展水平较低地区主要集聚在苏北地区和苏中地区的北部；从市域层面上看，经济发展水平较高地区主要集聚在南京市、无锡市、常州市、苏州市、镇江市、扬州市和泰州市，经济发展水平较低地区主要集聚在徐州市、连云港市、宿迁市、淮安市和宿迁市。

江苏省区域经济当前空间极化具有各向异性的特点。其中，东南—西北方向上空间自相关半径较长，其空间极化性较强；而东—西方向上空间自相关半径较短，其空间极化性较弱；东北—西南方向上和南—北方向上的空间自相关半径居中，它们的空间极化性也居中。从东—西和南—北正交方向上看，江苏省经济发展水平较高的极化区主要向南方和东方两个方向上集聚，而经济发展水平较低的非极化区主要向北方和西方两个方向上集聚；从东北—西南和东南—西北正交方向上看，江苏省经济发展水平较高的极化区主要向东南方和西南方两个方向上集聚，而经济发展水平较低的非极化区主要向西北方和东北方两个方向上集聚。

改革开放以来，江苏省区域经济全局空间分布一直呈经济发展水平较高地区和经济发展水平较低地区相对集聚的极化分布状态，且极化趋势逐渐显著。其中经济发展水平较高的行政单元逐渐由零散的分布状态转向毗连的分布状态，出现的地点(毗连分布的经济发展水平较高县域或市区统计为1个地点)呈减少趋势，毗连分布区域的规模呈增大趋势。

改革开放以来，江苏省区域经济空间极化一直都具有各向异性的特点，且在各个方向上空间自相关半径逐渐增加。在东—西方向上，江苏省区域经济一直呈西低东高的空间极化趋势，且东部经济发展水平高的行政单元与西部经济发展水平低的行政单元之间的差距呈先增加后减少的趋势。在南—北方向上，江苏省区域经济亦一直呈北低南高的空间极化趋势，且南部经济发展水平高的行政单元与北部经济发展水平低的行政单元之间的差距也是呈先增加后减少的趋势。在东南—西北方向上，江苏省区域经济一直呈西北低东南高的"U"型空间极化趋势，且东南部经济发展水平高的行政单元与"U"型底部的经济发展水平低的行政单元之间的差距呈先增加后减少的趋势。在西南—东北方上，江苏省区域经济一直呈东北低西南高的倒"U"型空间极化趋势，且东北部经济发展水平低的行政单元与倒"U"型顶部的经济发展水平高的行政单元之间的差距呈先增加后减少的趋势。

第7章 区域经济空间极化布局

本章对江苏省区域经济空间极化布局进行研究，主要从极化布局分析方法、当前极化布局和极化布局演化三个方面加以展开。在介绍全局多项式插值法和局部空间自相关指数等指标和方法的基础上从全局和局部两个层次分析江苏省区域经济当前的空间极化布局，进而通过分析时间拐点年份的空间极化布局以揭示其演变规律。

7.1 区域经济空间极化布局分析方法

7.1.1 全局多项式插值法

全局多项式插值法是指以整个研究区域的样点数据集为基础，用一个多项式来计算预测值，即用一个平面或曲面进行全区特征拟合。多项式的次数越低，拟合的表面越注重于宏观趋势，次数越高，拟合面越注重于细节的表达，但并不是次数越高越好，次数过高时计算量大大增加而精度提高不大，一般选用到三次即可。本书分别运用一次多项式、二次多项式和三次多项式拟合全局经济，以认知县域经济全局空间极化布局状况。

7.1.2 局部空间自相关指数

局部空间自相关指数(Local Moran I)，主要用来描述每个区域单元周围具有相似观察值的空间集聚程度和每个区域单元与周围具有不同观察值的空间分异程度，揭示出对全局联系影响大的区域单元以及不同的空间联系形式。指数值大于零，该区域单元与周围区域拥有相似的属性，呈现出相似属性的地区集聚分布的状态，且数值越大属性的相似度越明显，空间集聚越明显；指数值小于零，该区域单元与周围区域的属性差异大，呈现出属性值高或低的地区间隔分布的状态，且绝对值越大属性的差异度越大，空间分异越明显；指数值等于零，表明该区域单元与周围区域的属性相关性低，属性值高或低的地区呈现无规律的随机分布状态。本书运用局部空间自相关指数反映属性相似经济发展水平集聚区的空间分布的具体位置及从经济发展水平的角度反映某一子区域与周围的子区域之间的空间关系，其公式为：

$$I_i = \frac{(x_i - \bar{x})}{m_0}\sum_j W_{ij}(x_j - \bar{x}) \tag{7-1}$$

式中，n 为研究的区域单元个数；x_i 和 x_j 分别为 i 区域单元和 j 区域单元的人均 GDP；$\bar{x}$ 为平均人均 GDP；$m_0 = \sum (x_i - \bar{x})^2/n$；$W_{ij}$ 是空间权重矩阵；$\sum_j$ 仅限于区域单元 i 的所有邻居。

7.2 区域经济空间极化布局

7.2.1 经济发展水平较高地区和较低地区分别集聚在南部和北部地区

运用全局多项式插值法进行全局特征拟合，以认知县域经济全局空间极化布局状况。现将 2010 年江苏省区域经济分别进行一次多项式、二次多项式和三次多项式拟合，结果如图 7-1 所示。从图 7-1(a)和 7-1(b)中可以看出，江苏省经济发展水平较高地区主要分布在东南部地区，经济发展水平较低地区主要分布在中部和北部地区。从图 7-1(c)中可以进一步看出，江苏省经济发展水平较高地区在南部地区又细分为两处，一处位于西南地区，一处位于东南地区。黄颜色是经济发展水平较高地区，颜色越深经济发展水平越高，反之越低，蓝颜色是经济发展水平较低地区。

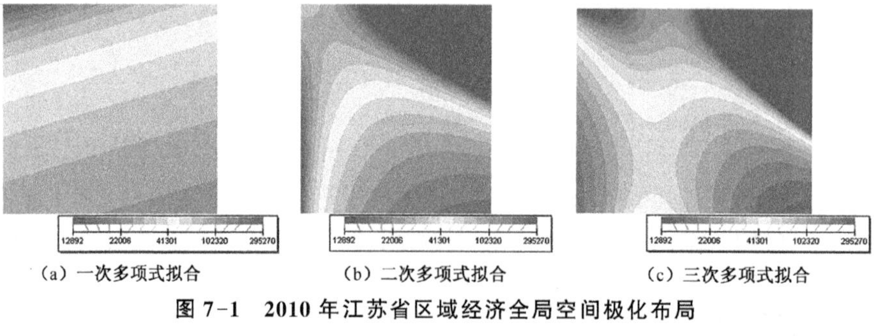

(a) 一次多项式拟合　　(b) 二次多项式拟合　　(c) 三次多项式拟合

图 7-1　2010 年江苏省区域经济全局空间极化布局

7.2.2 High-High 和 Low-Low 区域分别集聚在苏锡常和苏北地区

为了观察经济发展水平较高地区和经济发展水平较低地区集聚的具体位置，

可以通过局部空间自相关指数进行分析。根据公式(7-1)计算出 2010 年江苏省区域经济的局部空间自相关指数(Local Moran I)并进行 5%显著性水平检验,然后与经济发展水平高低属性相结合将其绘制成表和图,结果如表 7-1 和图 7-2 所示。从表 7-1 和图 7-2 中可以看出,2010 年江苏省区域经济中 High-High 区域主要分

表 7-1　2010 年江苏省区域经济局部地区空间极化布局

	特征	分布范围
High-High	邻近地区经济发展水平都较高且呈正相关关系,并通过 5%显著性水平检验	吴江市、苏州市区、昆山市、太仓市、常熟市、张家港市、江阴市、无锡市区、常州市区
Low-Low	邻近地区经济发展水平都较低且呈正相关关系,并通过 5%显著性水平检验	邳州市、睢宁县、新沂市、宿迁市区、泗阳县、泗洪县、东海县、沭阳县、淮安市区、洪泽县、宝应县、建湖县、阜宁县、涟水县、灌云县、灌南县、响水县、滨海县

图 7-2　2010 年江苏省区域经济局部地区空间极化布局

注:High-High 区域表示邻近行政单元经济发展水平都较高且呈正相关关系,并通过 5%显著性水平检验;Low-Low 区域表示邻近行政单元经济发展水平都较低且呈正相关关系,并通过 5%显著性水平检验;High-Low 区域表示某一行政单元经济发展水平较高而邻近行政单元经济发展水平都较低且呈负相关关系,并通过 5%显著性水平检验;Low-High 区域表示某一行政单元经济发展水平较低而邻近行政单元经济发展水平都较高且呈负相关关系,并通过 5%显著性水平检验。

布在东南部地区，Low-Low 区域主要分布在北部地区，High-Low 区域和 Low-High 区域不存在。2010 年，High-High 区域主要分布在吴江市、苏州市区、昆山市、太仓市、常熟市、张家港市、江阴市、无锡市区、常州市区等 9 个行政单元。Low-Low 区域主要分布在邳州市、睢宁县、新沂市、宿迁市区、泗阳县、泗洪县、东海县、沭阳县、淮安市区、洪泽县、宝应县、建湖县、阜宁县、涟水县、灌云县、灌南县、响水县、滨海县等 18 个行政单元。

7.3 区域经济空间极化布局演化

7.3.1 全局经济重心呈现出由西南向东南转移的趋势

运用全局多项式插值法对 1978 年、1984 年、1988 年、1995 年、2002 年、2010 年等年份的江苏省区域经济进行全局特征拟合，以认知其全局空间极化布局的演化过程，结果如图 7-3 所示。

从图 7-3 中可以看出，江苏省经济发展水平较高的行政单元一直集中分布在南部地区，经济发展水平较低的行政单元一直集中分布在中部和北部地区，且经济重心呈现出由西南向东南转移的趋势。灰度较深的区域是经济发展水平较高地区，灰度最浅的区域和深灰区域是经济发展水平较低地区，不同灰度区域界线倾斜

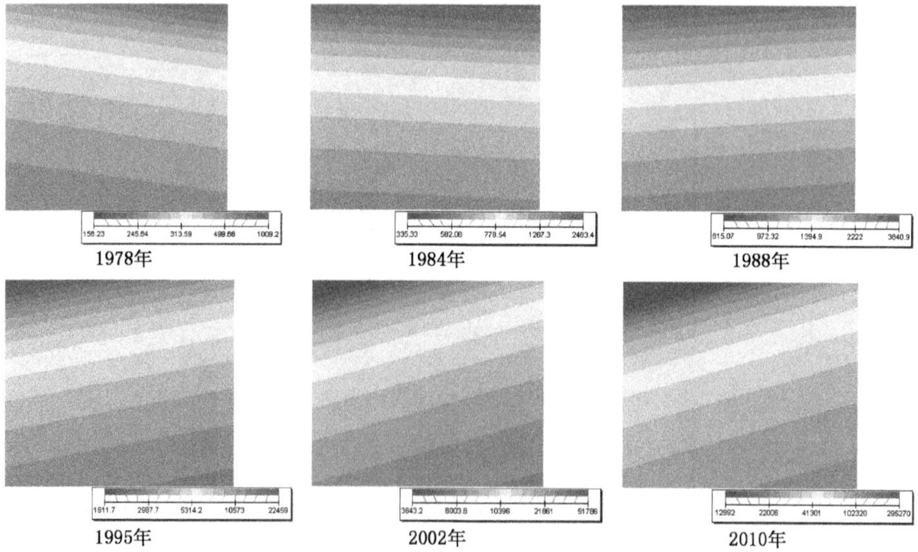

图 7-3 江苏省区域经济全局空间极化布局的演化

方向不同表示两个方向上的经济极化规模不同。在这6个年份中,灰度较深的区域一直主要集中在南部地区,灰度较浅的区域和深灰区域一直主要集中在中部和北部地区。前两个年份中,不同深度灰度区域界线呈西北—东南倾斜方向,且倾斜度减小,这表示西南部经济极化规模较大,但呈减少趋势。后面四个年份中,不同深度灰度区域界线呈西南—东北倾斜方向,且倾斜度增大,这表示东南部经济极化规模较大,且呈增加趋势。

7.3.2 High-High 和 Low-Low 区域范围不断变化

为了观察经济发展水平较高地区和经济发展水平较低地区集聚的具体位置演化,可以通过局部空间自相关指数的演化进行分析。根据公式(7-1)计算出1978年、1984年、1988年、1995年、2002年、2010年等年份江苏省区域经济的局部空间自相关指数(Local Moran I)并进行5%显著性水平检验,然后与经济发展水平高低属性相结合将其绘制成图,结果如图7-4所示。从图7-4中可以看出,江苏省区域经济中High-High区域一直主要集中分布在东南部地区,Low-Low区域也是一直主要集中分布在北部地区,High-Low区域和Low-High区域逐渐消失。

1978年,High-High区域主要分布在吴江市、昆山市、苏州市区、常熟市、无锡市区、江阴市等6个行政单元,Low-Low区域主要分布在宿迁市区、沭阳县、淮安市区、灌南县、涟水县、阜宁县、响水县、滨海县、射阳县、建湖县等10个行政单元,High-Low区域主要分布在徐州市区和连云港市区等2个市区,Low-High区域主要分布在仪征市。

1984年,High-High区域主要分布在吴江市、昆山市、苏州市区、常熟市、张家港市、无锡市区、江阴市等7个行政单元,Low-Low区域主要分布在新沂市、宿迁市区、泗洪县、沭阳县、泗阳县、淮安市区、涟水县、灌南县、阜宁县、响水县、滨海县、射阳县等12个行政单元,High-Low区域主要分布在徐州市区和连云港市区等2个市区,Low-High区域主要分布在句容市。

1988年,High-High区域主要分布在吴江市、昆山市、太仓市、苏州市区、常熟市、张家港市、无锡市区、江阴市等8个行政单元,Low-Low区域主要分布在新沂市、宿迁市区、泗洪县、沭阳县、泗阳县、淮安市区、涟水县、灌南县、灌云县、阜宁县、响水县、滨海县、射阳县等13个行政单元,High-Low区域主要分布在徐州市区和连云港市区等2个市区,Low-High区域主要分布在句容市。

1995年,High-High区域主要分布在吴江市、昆山市、太仓市、苏州市区、常熟市、张家港市、无锡市区、江阴市等8个行政单元,Low-Low区域主要分布在新沂市、宿迁市区、泗洪县、沭阳县、泗阳县、淮安市区、涟水县、金湖县、宝应县、东海县、

图 7-4　江苏省区域经济局部空间极化布局的演化

注：High-High 区域表示邻近行政单元经济发展水平都较高且呈正相关关系，并通过 5%显著性水平检验；Low-Low 区域表示邻近行政单元经济发展水平都较低且呈正相关关系，并通过 5%显著性水平检验；High-Low 区域表示某一行政单元经济发展水平较高而邻近行政单元经济发展水平都较低且呈负相关关系，并通过 5%显著性水平检验；Low-High 区域表示某一行政单元经济发展水平较低而邻近行政单元经济发展水平都较高且呈负相关关系，并通过 5%显著性水平检验。

灌南县、灌云县、阜宁县、响水县、滨海县、射阳县等 16 个行政单元，High-Low 区域主要分布在徐州市区和连云港市区等 2 个市区。

2002 年，High-High 区域主要分布在吴江市、昆山市、太仓市、苏州市区、常熟市、张家港市、无锡市区、江阴市、常州市区等 9 个行政单元，Low-Low 区域主要分布在新沂市、宿迁市区、泗洪县、沭阳县、泗阳县、淮安市区、涟水县、金湖县、宝应县、东海县、灌南县、灌云县、阜宁县、响水县、滨海县、射阳县等 16 个行政单元，High-Low 区域主要分布在徐州市区和连云港市区等 2 个市区。

2010 年，High-High 区域主要分布在吴江市、苏州市区、昆山市、太仓市、常熟市、张家港市、江阴市、无锡市区、常州市区等 9 个行政单元。Low-Low 区域主要分布在邳州市、睢宁县、新沂市、宿迁市区、泗阳县、泗洪县、东海县、沭阳县、淮安市区、洪泽县、宝应县、建湖县、阜宁县、涟水县、灌云县、灌南县、响水县、滨海县等 18 个行政单元。

7.4 本章小结

本章主要研究江苏省区域经济空间极化布局，首先借助全局多项式插值法、局部空间自相关指数等指标和方法分析当前全局和局部的空间极化布局，然后用同样的指标方法分析时间拐点年份的空间极化布局以揭示空间极化布局的演化过程，主要结论如下：

江苏省当前经济发展水平较高地区主要分布在东南部地区，经济发展水平较低地区主要分布在中部和北部地区。

江苏省区域经济中当前 High-High 区域主要分布在吴江市、苏州市区、昆山市、太仓市、常熟市、张家港市、江阴市、无锡市区、常州市区等 9 个行政单元，Low-Low 区域主要分布在邳州市、睢宁县、新沂市、宿迁市区、泗阳县、泗洪县、东海县、沭阳县、淮安市区、洪泽县、宝应县、建湖县、阜宁县、涟水县、灌云县、灌南县、响水县、滨海县等 18 个行政单元。

改革开放以来，江苏省经济发展水平较高地区一直集中分布在南部地区，经济发展水平较低地区一直集中分布在中部和北部地区，且经济重心呈现出由西南向东南转移的趋势。

改革开放以来，江苏省区域经济中 High-High 区域一直主要集中分布在东南部地区，Low-Low 区域也是一直主要集中分布在北部地区，High-Low 区域和 Low-High 区域逐渐消失。

第8章 区域经济空间极化结构

本章对江苏省区域经济空间极化结构进行研究，主要从极化结构分析方法、当前极化结构和极化结构演化三个方面加以展开。在介绍空间间隔自相关图、全局空间极化结构构建体系和构建方法、局部空间极化结构构建体系和构建方法等方法的基础上从结构性、结构形态、全局结构构建和局部结构构建等四个层次分析江苏省区域经济当前的空间极化结构，进而通过分析时间拐点年份的空间极化结构以揭示其演变规律。

8.1 区域经济空间极化结构分析方法

8.1.1 空间间隔自相关图

空间间隔自相关图是全域空间自相关的延伸，它能够用简洁的数值表达空间集聚区的分布形态。空间间隔自相关图的横坐标是依序增加的空间间隔数，纵坐标为相应空间间隔数的 Moran I 值。空间自相关图的曲线如果随着空间间隔数的增加而依序递减，则表示该区域中属性相似区呈现单核心的分布状态；空间自相关图的曲线如果随着空间间隔数的增加并非依序递减而是呈波浪形曲线，则表示该区域中属性相似区呈现多核心的分布状态。本书运用空间间隔自相关图反映具有相似经济发展水平的子区域集聚区的空间分布形态。空间间隔自相关值的公式为：

$$I(d)=\frac{n}{\sum_{i=1}^{n}\sum_{j=1}^{n}W_{ij}(d)}\cdot\frac{\sum_{i=1}^{n}\sum_{j=1}^{n}W_{ij}(d)(X_i-\bar{X})(X_j-\bar{X})}{\sum_{i=1}^{n}(X_i-\bar{X})^2} \tag{8-1}$$

$$(i=1,2,\cdots,n,i\neq j)$$

式中，d 为空间间隔，$d=1$ 时定义为空间单元是相邻的，$d=2$ 时定义为与间隔一个单元的空间单元相邻而与原来的空间单元不相邻，$d=3$ 时定义为与间隔 2

个单元的空间单元相邻而与原来的空间单元不相邻，以此类推。n 为研究的区域单元个数；x_i 和 x_j 分别为 i 区域单元和 j 区域单元的人均 GDP；$\bar{x}$ 为平均人均 GDP，S^2 为人均 GDP 的方差值；W_{ij} 为空间权重矩阵，表示 n 个位置的空间临近关系，通常按照邻接规则和距离规则建立：邻接规则是指当研究区域单元 i 和 j 相邻接时 $W_{ij}=1$，否则 $W_{ij}=0$；距离规则是指当区域单元 i 和 j 的距离小于一定距离时 $W_{ij}=1$，否则 $W_{ij}=0$；本书采用的是邻接规则。

8.1.2　全局空间极化结构构建体系和构建方法

8.1.2.1　构建体系

构建空间极化结构体系如图 8-1 所示。从图 8-1 中可以看出，江苏省区域经济空间结构体系由三个层次构成，其中第一层次为全省经济空间，第二层次由极化区和非极化区两类区域构成，第三层次由集极区、孤极区和外围区三类区域构成。极化区是指经济发展水平较高的地区；非极化区是指经济发展水平较低的地区；集极区是经济发展水平较高地区的集聚区，呈连片分布状态，即三个以上经济发展水平较高行政单元毗连分布的地区；孤极区是指经济发展水平较高但呈孤立分布状态的地区，即一个经济发展水平较高的行政单元独立分布或两到三个经济发展水平较高的行政单元毗连分布的地区；外围区是指非极化区。

- 全省经济空间
  - 极化区
    - 集极区
    - 孤极区
  - 非极化区→外围区

图 8-1　江苏省区域经济全局空间极化结构体系

8.1.2.2　构建方法

本书运用人均 GDP、局部空间自相关指数和毗连分布行政单元个数等三个指标对全局空间极化结构进行构建。以人均 GDP 的中位值为分界线将某一年份江苏省区域经济空间划分为高值和低值两类区域，以局部空间自相关指数中的零值为分界线将同一年份的江苏省区域经济空间划分为正相关关系和负相关关系两类区域，然后将二者叠加得到正相关高值、正相关低值、负相关高值和负相关低值四类区域。在此基础上，按照建立的全局空间极化结构体系构建江苏省区域经济空间极化结构，其中第二层次极化区的特征是经济发展水平较高，应具备的条件是人均 GDP 位于全省所有行政单元的人均 GDP 中位值及其以上，非极化区的特征是经济发展水平较低，应具备的条件是人均 GDP 位于全省所有行政单元的人均 GDP 中位值以下。第三层次的集极区是指经济发展水平都较高地区的集聚区域，应具备的条件是人均 GDP 位于全省所有县域的人均 GDP 中位值及其以上、局部空间自相关指数大于零且三个以上具备以上两个条件的行政单元连片分布；孤极区特征是经济发展水平虽然较高但呈孤立分布状态的区域，应具备的条件是人均GDP位于全省所有行政单元的人均GDP中位值及其以上、局部空间自相关指数大于零且一个具备以上两个条件的行政单元孤立分布，或两到三个具备以上两个条件的行政单元相邻分布，或者人均GDP位于全省所有行政单元的人均GDP中位值及其以上且局部空间自相关指数小于等于零；外围区是指经济发展水平较低的区域，应具备的条件是人均GDP位于全省所有行政单元的人均GDP中位值以下。

8.1.3 局部空间极化结构构建体系和构建方法

8.1.3.1 构建体系

为了进一步区分局部地区空间极化结构的细微差异，局部空间极化结构构建体系更加细致。局部空间极化结构构建体系如图8-2所示。从图8-2中可以看出，与全局空间极化结构构建体系相比，局部经济空间也分为极化区和非极化区两类区域，但其中极化区又细分为集极区、孤极区、次集极区和次孤极区等四类区域，非极化区也是称为外围区。因此，局部经济空间体系由三个层次构成，其中第一层次为局部经济空间，第二层次由极化区和非极化区两类区域构成，第三层次由集极区、孤极区、次集极区、次孤极区和外围区五类区域构成。

- 局部经济空间
  - 极化区
    - 集极区
    - 孤极区
    - 次集极区
    - 次孤极区
  - 非极化区→外围区

图8-2 江苏省局部地区经济空间极化结构体系

8.1.3.2 构建方法

运用人均GDP、局部空间自相关指数和毗连分布行政单元个数等三个指标对局部地区经济空间极化结构进行构建，只是各种区域类型的划分更为详尽。首先，以人均GDP的四分之一分位值和中位值为分界线将某一年份江苏省区域经济空间划分为高值、较高值、低值三类区域；其次，以局部空间自相关指数中的零值为分界线将同一年份的江苏省区域经济空间划分为正相关关系和负相关关系两类区域；然后，将二者叠加得到正相关高值、正相关较高值、正相关低值、负相关高值、负相关较高值、负相关低值等六类区域；最后，按照建立的局部空间极化结构体系构建各个地区经济空间极化结构，其中第二层次的极化区应具备的条件是人均GDP

位于全省所有行政单元的人均 GDP 中位值及其以上，非极化区应具备的条件是人均 GDP 位于全省所有行政单元的人均 GDP 中位值以下。第三层次的集极区是指经济发展水平高的行政单元集聚区，其特征是经济发展水平都高且相邻行政单元间呈正相关关系，应具备的条件是人均 GDP 位于全省所有行政单元的四分之一分位值及其以上、局部空间自相关指数大于零且三个以上具备以上两个条件的行政单元连片分布；孤极区是指经济发展水平高但呈孤立分布状态的地区，其特征是经济发展水平虽然高但并没有形成集聚分布状态，应具备的条件是人均 GDP 位于全省所有行政单元的四分之一分位值及其以上、局部空间自相关指数大于零且一个具备以上两个条件的行政单元孤立分布或两到三个具备以上两个条件的行政单元毗连分布，或者人均 GDP 位于全省所有行政单元的四分之一分位值及其以上且局部空间自相关指数小于等于零；次集极区是指经济发展水平较高的行政单元集聚区，其特征是经济发展水平都较高且相邻行政单元间呈正相关关系，应具备的条件是人均 GDP 位于全省所有行政单元的四分之一分位值和中位值之间、局部空间自相关指数大于零且三个以上具备以上两个条件的行政单元连片分布；次孤极区是指经济发展水平较高但呈孤立分布状态的行政单元，其特征是经济发展水平虽然较高但并没有形成集聚分布状态，应具备的条件是人均 GDP 位于全省所有行政单元的四分之一分位值和中位值之间、局部空间自相关指数大于零且一个具备以上两个条件的行政单元孤立分布或两到三个具备以上两个条件的行政单元毗连分布，或者人均 GDP 位于全省所有行政单元的人均 GDP 的四分之一分位值和中位值之间且局部空间自相关指数小于等于零；外围区是指经济发展水平较低的行政单元，应具备的条件是人均 GDP 位于全省所有行政单元的人均 GDP 中位值以下。

集极区、孤极区、次集极区、次孤极区、外围区等区域划分是相对的，与研究的空间尺度密切相关。一个地区在某一空间尺度上是次集极区或次孤极区，但在低一级的空间尺度上可能是集极区或孤极区，在高一级的空间尺度上可能是外围区。本书使用全省空间尺度上的划分标准构建局部空间极化结构模型，是为了突出显示各个地区空间极化结构的差别及其在全省空间极化结构中的位置。

8.2　区域经济空间极化结构

区域经济空间极化结构主要从空间极化结构性、空间极化结构形态、全局空间极化结构和局部空间极化结构四个方面展开研究。

8.2.1　空间极化具有结构性(规律性)特征

对 2010 年江苏省区域经济的半变异函数(6-2)和(6-3)通过 J-Bessel 方程进

行模拟，得出块金值、基台值和偏基台值等参数值，结果如表8-1所示。从表8-1中可以看出，2010年江苏省区域经济空间极化态势较为显著，且主要表现为结构性特征而非随机性特征。结构性是指区域经济空间极化呈现出一定规律性的分布状态，即区域经济空间极化是按照一定规律分布的而不是随机形成的。2010年江苏省区域经济半变异函数的拟合优度为0.824 6，拟合效果较好。块金值为0.12，是基台值的16%，偏基台值为0.62，是基台值的84%，可见2010年江苏省区域经济空间极化更多地表现为结构性特征，其中结构性特征大约是随机性特征的4倍。

表8-1　2010年江苏省区域经济半变异函数拟合的参数

	块金值	偏基台值	基台值	拟合模型	拟合优度(R^2)
参数值	0.12	0.62	0.74	J-Bessel	0.824 6

为了进一步认知2010年江苏省区域经济空间极化的结构性，可以通过不同的模型对该年该省区域经济的半变异函数进行模拟，结果如表8-2所示。从表8-2中可以看出，2010年江苏省区域经济空间极化状态规律符合Hole Effect模型。在各种拟合的模型中，Hole Effect模型的拟合优度为0.877 1，是最高值，拟合效果最好，该模型是2010年江苏省区域经济半变异函数最优拟合模型。

表8-2　2010年江苏省区域经济半变异函数拟合的最优模型

拟合模型	拟合优度(R^2)	拟合模型	拟合优度(R^2)	拟合模型	拟合优度(R^2)
Circular	0.553 7	Spherical	0.624 3	Tetrastherical	0.676 7
Pentastherical	0.718 5	Exponential	0.657 6	Gaussian	0.524 2
Rational Quadratic	0.736 6	Hole Effect	0.877 1	K-Bessel	0.594 1
J-Bessel	0.826 4	Stable	0.557 3		

8.2.2　空间极化呈现多核心结构形态

为了认知江苏省区域经济全局空间极化结构形态，运用全局空间自相关的延伸——空间间隔自相关图予以分析。根据公式(8-1)计算出2010年江苏省区域经济的空间间隔自相关指数Moran I(d)并绘制成图，结果如表8-3和图8-3所示。从表8-3和图8-3中可知，2010年江苏省经济发展水平较高地区呈现多核心分布状态(孤立分布的经济发展水平较高地区统计为1个核心，毗连分布的经济发展水平较高地区也统计为1个核心)，且经济发展水平较高地区在空间间隔数为1时集聚分布最明显。当空间间隔数d达到14以后，空间间隔自相关指数一直为零，即不存在空间自相关关系，而在这之前，随着空间间隔数 d 依序增加，空间间隔自相关指数不是依序递减，而是呈波浪型变动，从而可知空间中应存在两个及以上的核心区。图中只有一处隆起，代表只有在微观尺度上（空间间隔数为 1～5）存在显著的空间极化分布现象，而在中观尺度（空间间隔数为 6～13）和宏观尺度（空间间隔数为 14 及其以上）上则不存在这种显著的空间极化现象。图中波峰处于空间间隔数为 1 时的空间间隔自相关指数，显示出在空间间隔数为 1 时其空间分布具有最大的自相关性，即经济发展水平较高地区在空间间隔数为 1 时集聚分布最明显。

表 8-3　2010 年江苏省区域经济空间间隔自相关指数

d	Moran I(d)	d	Moran I(d)	d	Moran I(d)
1	0.640 7	7	−0.274 7	13	−0.141 9
2	0.598 7	8	−0.398 8	14	0.000 0
3	0.430 1	9	−0.475 1	15	0.000 0
4	0.142 1	10	−0.356 2	16	0.000 0
5	−0.029 6	11	−0.216 7	17	0.000 0
6	−0.167 9	12	−0.190 0	18	0.000 0

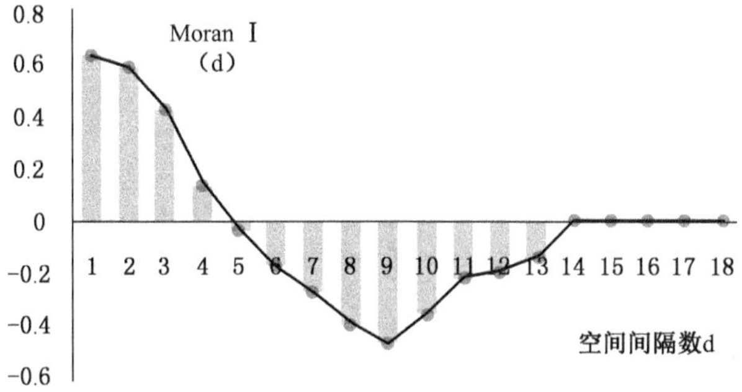

图 8-3　2010 年江苏省区域经济空间间隔自相关图

8.2.3　全局形成“集极–孤极–外围”空间极化结构

为了进一步认知 2010 年江苏省区域经济全局空间极化结构，本书将按照一定的结构体系和方法构建其空间极化结构，并归纳其空间极化结构模式。

8.2.3.1　空间极化结构构建过程

首先，以人均 GDP 的中位值为分界线将 2010 年江苏省区域经济空间划分为高值和低值两类区域，结果如图 8-4 所示。从图 8-4 中可以看出，高值区域的特征是经济发展水平较高，分布的范围包含徐州市区、连云港市区、盐城市区、大丰市、南通市区、海门市、启东市、扬州市区、仪征市、江都市、泰州市区、姜堰市、靖江市、镇江市区、丹阳市、扬中市、句容市、南京市区、溧水县、高淳县、常州市区、溧阳市、金坛市、无锡市区、江阴市、宜兴市、苏州市区、张家港市、常熟市、太仓市、昆山市、吴江市等32个行政单元；低值区域的特征是经济发展水平较低，分布的范围包含丰县、沛县、睢宁县、新沂市、邳州市、海安县、如东县、如皋市、赣榆县、东海县、灌云县、灌南县、淮安市区、涟水县、洪泽县、盱眙县、金湖县、响水县、滨海县、阜宁县、射阳县、建湖县、东台市、宝应县、高邮市、兴化市、泰兴市、宿迁市区、沭阳县、泗阳县、泗洪县等31个行政单元。

图8-4 2010年以人均GDP为指标的江苏省区域划分

其次，以局部空间自相关指数中的零值为界将同一年份的江苏省区域经济空间划分为正相关和负相关关系两类区域，结果如图8-5所示。从图8-5中可以看出，正相关区域的特征是经济发展水平相似，分布的范围包含盐城市区、大丰市、扬州市区、仪征市、姜堰市、靖江市、镇江市区、丹阳市、扬中市、句容市、常州市区、金坛市、溧阳市、无锡市区、江阴市、宜兴市、苏州市区、张家港市、常熟市、太仓市、昆山市、吴江市、溧水县、高淳县、丰县、沛县、睢宁县、新沂市、邳州市、海安县、如东县、赣榆县、东海县、灌云县、灌南县、淮安市区、涟水县、洪泽县、盱眙县、金湖县、响水县、滨海县、阜宁县、射阳县、建湖县、东台市、宝应县、高邮市、兴化市、宿迁市区、沭阳县、泗阳县、泗洪县等 53 个行政单元；负相关区域的特征是经济发展水平相异，分布的范围包含徐州市区、连云港市区、南通市区、海门市、启东市、泰兴市、如皋市、泰州市区、江都市、南京市区等 10 个行政单元。

图 8-5　2010 年以局部空间自相关指数为指标的江苏省区域划分

再次，把前面二者叠加，从而将 2010 年江苏省区域分为正相关高值、负相关高值、负相关低值和正相关低值四类区域，结果如图 8-6 所示。从图 8-6 中可以看出，正相关高值区域的特征是相邻行政单元的经济发展水平都较高，分布范围包含盐城市区、大丰市、姜堰市、靖江市、镇江市区、丹阳市、扬中市、句容市、常州市区、金坛市、溧阳市、无锡市区、江阴市、宜兴市、苏州市区、张家港市、常熟市、太仓市、昆山市、吴江市、扬州市区、仪征市、溧水县、高淳县等 24 个行政单元；负相关高值区域的特征是该行政单元的经济发展水平较高而相邻行政单元的经济发展水平较低，分布范围包含徐州市区、连云港市区、南通市区、海门市、启东市、江都市、泰州市区、南京市区等 8 个行政单元；负相关低值区域的特征是该行政单元的经济发展水平较低而相邻行政单元的经济发展水平较高，分布范围包含泰兴市和如皋市 2 个行政单元；正相关低值区域的特征是相邻行政单元的经济发展水平都较低，分布范围包含丰县、沛县、睢宁县、新沂市、邳州市、海安县、如东县、赣榆县、东海县、灌云县、灌南县、淮安市区、涟水县、洪泽县、盱眙县、金湖县、响水县、滨海县、阜宁县、射阳县、建湖县、东台市、宝应县、高邮市、兴化市、宿迁市区、沭阳县、泗阳县、泗洪县等 29 个行政单元。

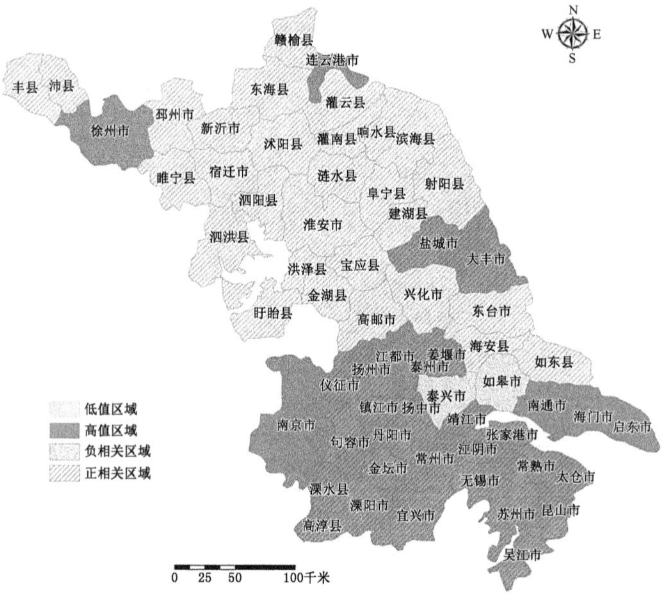

图 8-6　2010 年以人均 GDP 和局部空间自相关指数为指标的江苏省区域划分

最后，全局空间极化结构构建，构建结果如表 8-4 所示。从表 8-4 中可以看出，极化区的特征是正相关高值或负相关高值，分布范围包含盐城市区、大丰市、姜堰市、靖江市、镇江市区、丹阳市、扬中市、常州市区、金坛市、无锡市区、江阴市、宜兴市、苏州市区、张家港市、常熟市、太仓市、昆山市、吴江市、南通市区、扬州市区、徐州市区、连云港市区、海门市、启东市、江都市、仪征市、句容市、溧阳市、泰州市区、南京市区、溧水县、高淳县等 32 个行政单元；非极化区的特征是正相关低值或负相关低值，分布范围包含泰兴市、如皋市、丰县、沛县、睢宁县、新沂市、邳州市、海安县、如东县、赣榆县、东海县、灌云县、灌南县、淮安市区、涟水县、洪泽县、盱眙县、金湖县、响水县、滨海县、阜宁县、射阳县、建湖县、东台市、宝应县、高邮市、兴化市、宿迁市区、沭阳县、泗阳县、泗洪县等 31 个行政单元。集极区的特征是正相关高值且连片分布，分布范围包含靖江市、镇江市区、丹阳市、扬中市、句容市、常州市区、金坛市、溧阳市、无锡市区、江阴市、宜兴市、苏州市区、张家港市、常熟市、太仓市、昆山市、吴江市、扬州市区、仪征市、溧水县、高淳县等 21 个行政单元；孤极区的特征是正相关高值且孤立分布或负相关高值，分布范围包含徐州市区、连云港市区、南通市区、海门市、启东市、江都市、泰州市区、南京市区、姜堰市、盐城市区、大丰市等 11 个行政单元；外围区的特征和分布范围与非极化区相同。

表 8-4　2010 年江苏省区域经济全局空间极化结构构建结果

结构划分	特征	分布范围	
极化区	集极区	正相关高值且连片分布	靖江市、镇江市区、丹阳市、扬中市、句容市、常州市区、金坛市、溧阳市、无锡市区、江阴市、宜兴市、苏州市区、张家港市、常熟市、太仓市、昆山市、吴江市、扬州市区、仪征市、溧水县、高淳县
	孤极区	正相关高值且孤立分布或负相关高值	徐州市区、连云港市区、南通市区、海门市、启东市、江都市、泰州市区、南京市区、姜堰市、盐城市区、大丰市
非极化区	外围区	负相关低值或正相关低值	泰兴市、如皋市、丰县、沛县、睢宁县、新沂市、邳州市、海安县、如东县、赣榆县、东海县、灌云县、灌南县、淮安市区、涟水县、洪泽县、盱眙县、金湖县、响水县、滨海县、阜宁县、射阳县、建湖县、东台市、宝应县、高邮市、兴化市、宿迁市区、沭阳县、泗阳县、泗洪县

8.2.3.2　全局空间为“集极-孤极-外围”式极化结构

根据图 8-6 和表 8-4，抽象出该年该省区域经济全局空间极化结构示意图，结果如图 8-7 所示。

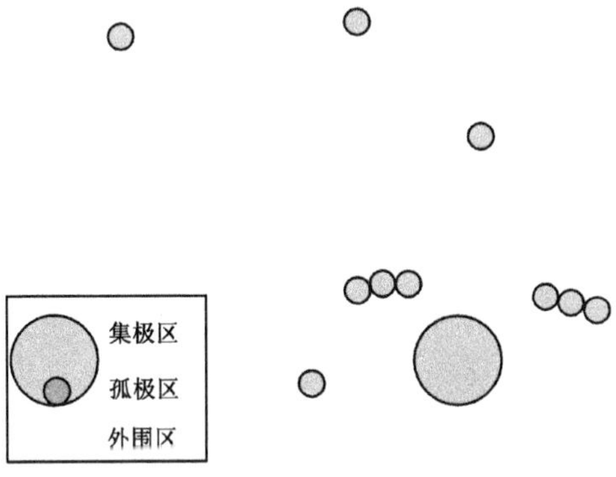

图 8-7　2010 年江苏省区域经济全局空间极化结构

从图 8-7 中可以看出，2010 年江苏省区域经济全局空间极化结构可以归纳为“集极-孤极-外围”模式。2010 年江苏省区域经济空间由集极区、孤极区和外围区三大部分组成，其中集极区 1 个，孤极区 10 个。集极区是经济发展水平较高地区的集聚区，是江苏省经济发展的重心；孤极区是经济发展水平较高但呈零散分布的地区，它既是集极区的发展腹地又是外围区的增长极，起着承接集聚区和外围区经济联系的作用；外围区是集极区和孤极区的发展腹地，源源不断地为它们输送劳动力、资本和资源、提供市场并且接受它们的辐射。

表 8-5　2010 年江苏省区域经济全局空间极化结构参数

区域			数量(个)	范围	GDP(亿元)	区域			范围	GDP(亿元)
第一层次	第二层次	第三层次				第一层次	第二层次	第三层次		
江苏省全域	极化区	集极	1	苏州区市	2 337.80	江苏省全域	非极化区	外围	丰县	150.18
				常熟市	1 453.61				沛县	301.60
				张家港市	1 603.51				睢宁县	200.10
				昆山市	2 100.28				新沂市	241.20
				吴江市	1 003.39				邳州市	365.39
				太仓市	730.32				赣榆县	223.07
				无锡市区	2 986.56				东海县	200.14
				江阴市	2 000.92				灌云县	150.13
				宜兴市	805.82				灌南县	140.08
				常州市区	2 311.95				宿迁市区	382.40
				溧阳市	424.66				沭阳县	308.49
				金坛市	308.28				泗阳县	192.20
				溧水县	250.16				泗洪县	181.00
				高淳县	247.26				淮安市区	872.67
				镇江市区	889.89				涟水县	157.45
				丹阳市	607.67				洪泽县	105.15
				扬中市	246.99				盱眙县	154.25
				句容市	243.09				金湖县	98.55
				扬州市区	961.24				响水县	135.20
				仪征市	280.70				滨海县	198.16
				靖江市	441.00				阜宁县	206.16
				总计	22 235.10				射阳县	244.67
		孤极	10	南京市区	4 633.23				建湖县	245.97
				南通市区	1 396.60				东台市	381.54
				启东市	430.04				海安县	355.57
				海门市	500.10				如东县	352.36
				泰州市区	506.27				如皋市	431.00
				姜堰市	306.76				兴化市	387.11
				江都市	488.88				泰兴市	407.58
				盐城市区	627.48				宝应县	242.86
				大丰市	293.58				高邮市	255.81
				徐州市区	1 683.67				总计	8 268.03
				连云港市区	479.89		总计			41 849.64
				总计	11 346.51					

从表8-5中可以看出，集极区涵盖靖江市、镇江市区、丹阳市、扬中市、句容市、常州市区、金坛市、溧阳市、无锡市区、江阴市、宜兴市、苏州市区、张家港市、常熟市、太仓市、昆山市、吴江市、扬州市区、仪征市、溧水县、高淳县等21个行政单元，经济总量为22 235.10亿元，分别占全省行政单元总数和经济总量的33%和53%。孤极区涵盖徐州市区、连云港市区、南通市区、海门市、启东市、江都市、泰州市区、南京市区、姜堰市、盐城市区、大丰市等11个行政单元，经济总量为11 346.51亿元，分别占全省行政单元总数和经济总量的17%和27%，其中最大的孤极区是南京市区，经济总量为4 633.23亿元，占全省经济总量的11%。外围区涵盖泰兴市、如皋市、丰县、沛县、睢宁县、新沂市、邳州市、海安县、如东县、赣榆县、东海县、灌云县、灌南县、淮安市区、涟水县、洪泽县、盱眙县、金湖县、响水县、滨海县、阜宁县、射阳县、建湖县、东台市、宝应县、高邮市、兴化市、宿迁市区、沭阳县、泗阳县、泗洪县等31个行政单元，经济总量为8 268.03亿元，分别占全省行政单元总数和经济总量的50%和20%。

8.2.4 局部地区经济空间极化结构不同

为了进一步认知2010年江苏省区域经济空间极化结构，接下来将从局部尺度对其空间极化结构进行构建并提炼结构模式。结合江苏省区域经济发展战略和局部尺度覆盖全省域需要，本书的局部尺度从沿江地区、沿海地区、沿东陇海线地区和沿京杭运河(江北段)地区等地区尺度展开。为了满足行政区划完整性需要，沿江地区、沿海地区、沿京杭运河(江北段)地区和沿东陇海线地区的空间范围包括长江、海岸线、运河和铁路线经过的地级市下辖的所有行政单元。其中沿江地区包括南京市区、镇江市区、常州市区、扬州市区、泰州市区、南通市区、苏州市区、无锡市区、溧水县、高淳县、丹阳市、扬中市、句容市、金坛市、溧阳市、江阴市、宜兴市、张家港市、常熟市、太仓市、昆山市、吴江市、靖江市、兴化市、泰兴市、姜堰市、宝应县、仪征市、高邮市、江都市、海安县、如皋市、如东市、启东市、海门市等35个行政单元，沿海地区包括连云港市区、赣榆县、东海县、灌云县、灌南县、盐城市区、响水县、滨海县、射阳县、大丰市、东台市、阜宁县、建湖县、南通市区、海安县、如东县、海门市、如皋市和启东市等19个行政单元，沿京杭运河(江北段)地区包括徐州市区、丰县、沛县、睢宁县、邳州市、新沂市、淮安市区、涟水县、洪泽县、金湖县、盱眙县、宿迁市区、沭阳县、泗阳县、泗洪县、扬州市区、宝应县、仪征市、高邮市和江都市等20个行政单元，沿东陇海线地区包括徐州市区、丰县、沛县、睢宁县、邳州市、新沂市、连云港市区、东海县、赣榆县、灌南县、灌云县等11个行政单元。

8.2.4.1 沿江地区形成“集极-孤极-次集极-次孤极-外围”式空间极化结构

2010 年沿江地区经济空间极化结构构建如图 8-8 所示，在此基础上抽象出其空间极化结构模式如图 8-9 所示，空间极化结构参数如表 8-6 所示。

从图 8-8 和图 8-9 中可以看出，2010 年江苏省沿江地区经济空间极化结构可以归纳为“集极-孤极-次集极-次孤极-外围”模式。2010 年江苏省沿江地区经济空间极化结构主要由集极区、孤极区、次集极区、次孤极区和外围区五部分组成，其中集极区 1 个，孤极区 2 个，次集极区 1 个，次孤极区 7 个，主要沿长江南北两岸呈网络状分布。

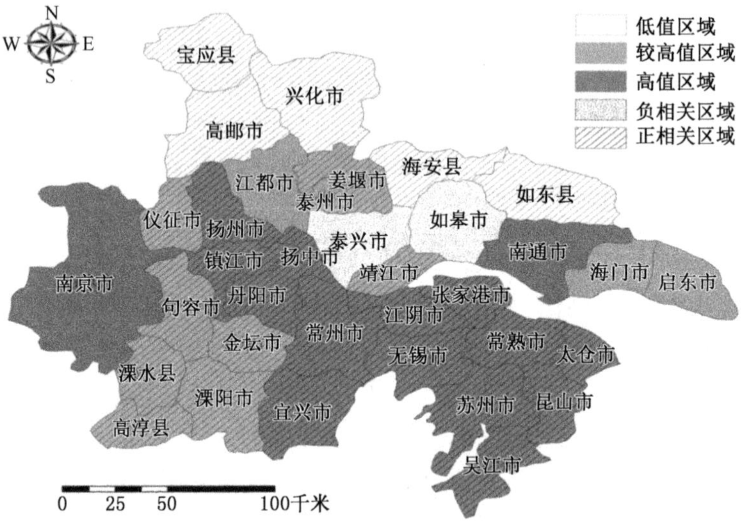

图 8-8　2010 年沿江地区经济空间极化结构构建

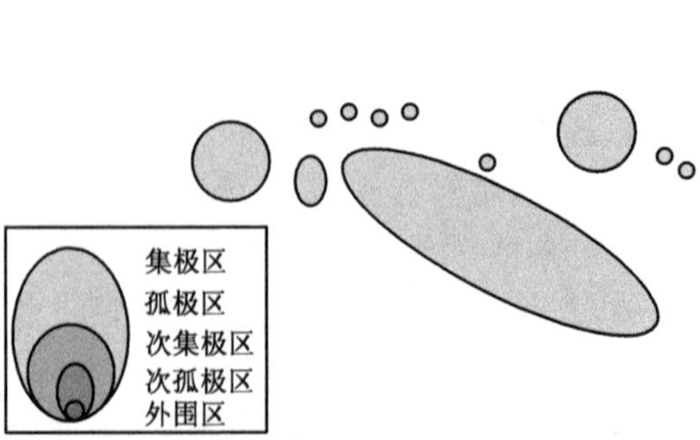

图 8-9　2010 年沿江地区经济空间极化结构

表 8-6　2010 年沿江地区经济空间极化结构参数

区域：第一层次	区域：第二层次	区域：第三层次	数量（个）	范围	GDP（亿元）
沿江地区	极化区	主集极	1	苏州市区	2 337.80
				常熟市	1 453.61
				张家港市	1 603.51
				昆山市	2 100.28
				吴江市	1 003.39
				太仓市	730.32
				无锡市区	2 986.56
				江阴市	2 000.92
				宜兴市	805.82
				常州市区	2 311.95
				镇江市区	889.89
				丹阳市	607.67
				扬中市	246.99
				扬州市区	961.24
				总计	20 039.95
		主孤极	2	南京市区	4 633.23
				南通市区	1 396.60
				总计	6 029.83
		次集极	1	溧水县	250.16
				高淳县	247.26
				溧阳市	424.66
				金坛市	308.28
				句容市	243.09
				总计	1 473.45
		次孤极	7	启东市	430.04
				海门市	500.10
				仪征市	280.70
				江都市	488.88
				泰州市区	506.27
				靖江市	441.00
				姜堰市	306.76
				总计	2 953.75
沿江地区	非极化区	外围		海安县	355.57
				如东县	352.36
				如皋市	431.00
				宝应县	242.86
				高邮市	255.81
				兴化市	387.11
				泰兴市	407.58
				总计	2 432.29
	总计				32 929.27

从表 8-6 中可以看出，集极区涵盖扬州市区、镇江市区、扬中市、丹阳市、常州市区、无锡市区、江阴市、宜兴市、苏州市区、张家港市、常熟市、太仓市、昆山市、吴江市等 14 个行政单元，经济总量为 20 039.95 亿元，分别占沿江地区行政单元总数和经济总量的 40%和 61%，主要分布在长江的南岸。

孤极区涵盖南京市区、南通市区等 2 个市区，经济总量为 6 029.83 亿元，分别占沿江地区行政单元总数和经济总量的 6%和 18%，其中最大的孤极区是南京市区，主要分布在长江的南岸，经济总量为 4 633.23 亿元，占沿江地区经济总量的 14%。

次集极区涵盖句容市、金坛市、溧阳市、溧水县、高淳县等 5 个行政单元，经济总量为 1 473.45 亿元，分别占沿江地区行政单元总数和经济总量的 14%和 4%，主要分布在长江的南岸。

次孤极区涵盖仪征市、江都市、泰州市区、姜堰市、靖江市、海门市、启东市等 7 个行政单元，经济总量为 2 953.75 亿元，分别占沿江地区行政单元总数和经济总量的 20%和 9%，主要分布在长江的北岸，其中最大的次孤极区是泰州市区，经济总量为 506.27 亿元，占沿江地区经济总量的 2%。

外围区涵盖泰兴市、如皋市、海安县、如东县、宝应县、高邮市、兴化市等 7 个行政单元，经济总量为 2 432.29 亿元，分别占沿江地区行政单元总数和经济总量的 20%和 7%，主要分布在长江的北岸。总体来看，2010 年江苏省沿江地区经济空间极化结构呈较为成熟的网络状模式，江南的极化趋势强于江北。

8.2.4.2 沿海地区形成"孤极-次孤极-外围"式空间极化结构

2010 年沿海地区经济空间极化结构构建如图 8-10 所示，抽象出其空间极化结构模式如图 8-11 所示，空间极化结构参数如表 8-7 所示。

从图 8-10 和图 8-11 中可以看出，2010 年江苏省沿海地区经济空间极化结构可以归纳为"孤极-次孤极-外围"模式。2010 年江苏省沿海地区经济空间极化结构主要由孤极区、次孤极区和外围区三部分组成，其中孤极区 1 个，次孤极区 4 个。

从表 8-7 中可以看出，孤极区是南通市区，经济总量为 1 396.60 亿元，分别占沿海地区行政单元总数和经济总量的 5%和 20%。

次孤极区涵盖连云港市区、盐城市区、大丰市、海门市、启东市等 5 个行政单元，经济总量为 2 331.10 亿元，分别占沿海地区行政单元总数和经济总量的 26%和 33%，其中最大的次孤极区是盐城市区和大丰市，经济总量为 921.06 亿元，占沿海地区经济总量的 13%。

外围区涵盖如皋市、海安县、如东县、赣榆县、东海县、灌云县、灌南县、响水县、滨海县、阜宁县、射阳县、建湖县、东台市等 13 个行政单元，经济总量为 3 264.04 亿

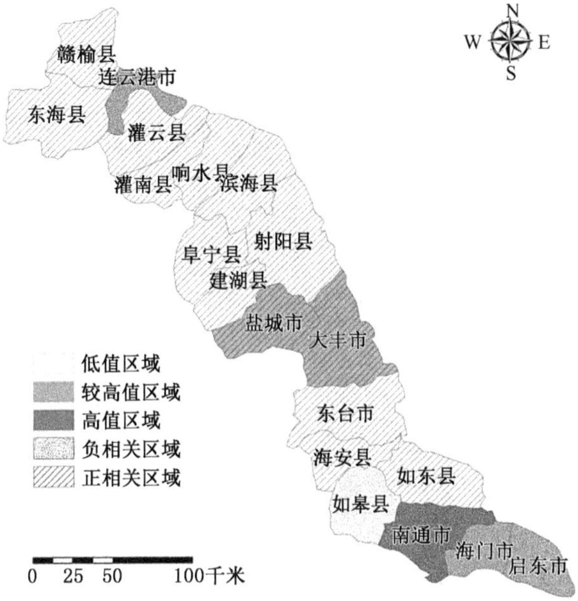

图8-10 2010年沿海地区经济空间极化结构构建

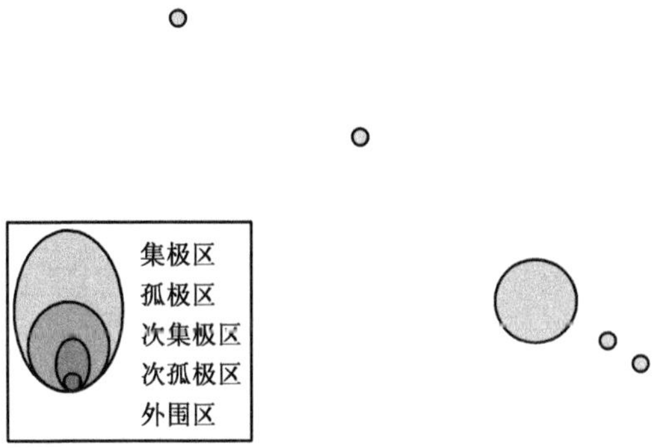

图8-11 2010年沿海地区经济空间极化结构

元,分别占沿海地区行政单元总数和经济总量的69%和47%。总体来看,2010年江苏省沿海地区经济空间极化结构呈不成熟的点轴模式。

表 8-7　2010 年沿海地区经济空间极化结构参数

区域				数量(个)	范围	GDP(亿元)
全局	一级	二级	三级			
沿海地区	极化区	主极化区	主集极	0	—	—
			主孤极	1	南通市区	1 396.60
					总计	1 396.60
		次极化区	次集极	0	—	—
			次孤极	4	连云港市区	479.89
					盐城市区	627.48
					大丰市	293.58
					启东市	430.04
					海门市	500.10
					总计	2 331.10
	外围	—	—	—	赣榆县	223.07
					东海县	200.14
					灌云县	150.13
					灌南县	140.08
					响水县	135.20
					滨海县	198.16
					阜宁县	206.16
					射阳县	244.67
					建湖县	245.97
					东台市	381.54
					海安县	355.57
					如东县	352.36
					如皋市	431.00
					总计	3 264.04
	总计					6 991.74

8.2.4.3　沿东陇海铁路线地区形成"次孤极-外围"式空间极化结构

2010 年沿东陇海铁路线地区经济空间极化结构构建如图 8-12 所示，抽象出其空间极化结构模式如图 8-13 所示，空间极化结构参数如表 8-8 所示。

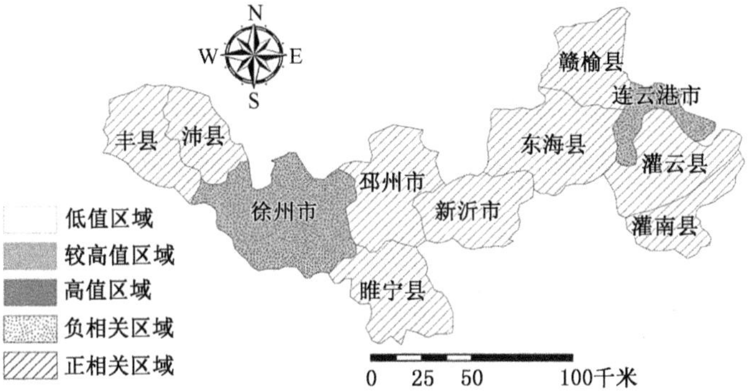

图 8-12　2010 年沿东陇海铁路线地区经济空间极化结构构建

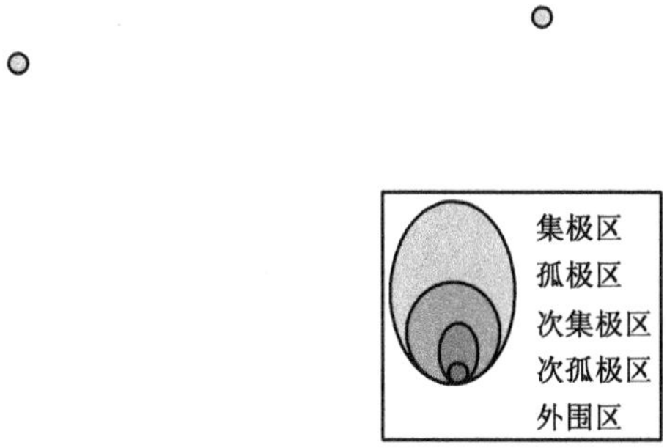

图 8-13　2010 年沿东陇海铁路线地区经济空间极化结构

表 8-8　2010 年沿东陇海铁路线地区经济空间极化结构参数

区域				数量(个)	范围	GDP(亿元)
全局	一级	二级	三级			
沿东陇海铁路线地区	极化区	主极化区	主集极	0	—	—
			主孤极	0	—	—
		次极化区	次集极	0	—	—
			次孤极	2	徐州市区	1 683.67
					连云港市区	479.89
					总计	2 163.56

续表 8-8

区域				数量(个)	范围	GDP(亿元)
全局	一级	二级	三级			
沿东陇海铁路线地区	外围	—	—	—	丰县	150.18
					沛县	301.60
					睢宁县	200.10
					新沂市	241.20
					邳州市	365.39
					赣榆县	223.07
					东海县	200.14
					灌云县	150.13
					灌南县	140.08
					总计	1 971.89
	总计					4 135.45

从图 8-12 和图 8-13 中可以看出,2010 年江苏省沿东陇海铁路线地区经济空间极化结构可以归纳为“次孤极-外围” 模式。2010 年江苏省沿东陇海铁路线地区经济空间极化结构主要由次孤极区和外围区两部分组成,其中次孤极区 2 个。

从表 8-8 中可以看出,次孤极区涵盖徐州市区、连云港市区等 2 个市区,经济总量为 2 163.56 亿元,分别占沿东陇海铁路线地区行政单元总数和经济总量的 18%和 52%,其中最大的次孤极区是徐州市区,经济总量为 1 683.67 亿元,占沿东陇海铁路线地区经济总量的 41%。

外围区涵盖丰县、沛县、睢宁县、新沂市、邳州市、赣榆县、东海县、灌云县、灌南县等 9 个行政单元,经济总量为 1 971.89 亿元,分别占沿东陇海铁路线地区行政单元总数和经济总量的 82%和 48%。总体来看,2010 年江苏省沿东陇海铁路线地区经济空间极化结构呈发育程度低的点状模式。

8.2.4.4 沿京杭运河(江北段)地区形成“孤极-次孤极-外围”式空间极化结构

2010 年江苏省沿京杭运河(江北段)地区经济空间极化结构构建如图8-14 所示,抽象出其空间极化结构模式如图 8-15 所示,空间极化结构参数如表 8-9 所示。从图 8-14 和图 8-15 中可以看出,2010 年江苏省沿京杭运河(江北段)地区经济空间极化结构可以归纳为“孤极-次孤极-外围”模式。2010 年江苏省沿京杭运河(江北段)地区经济空间极化结构主要由孤极区、次孤极区和外围区三部分组成,其中孤极区1个,次孤极区3个。

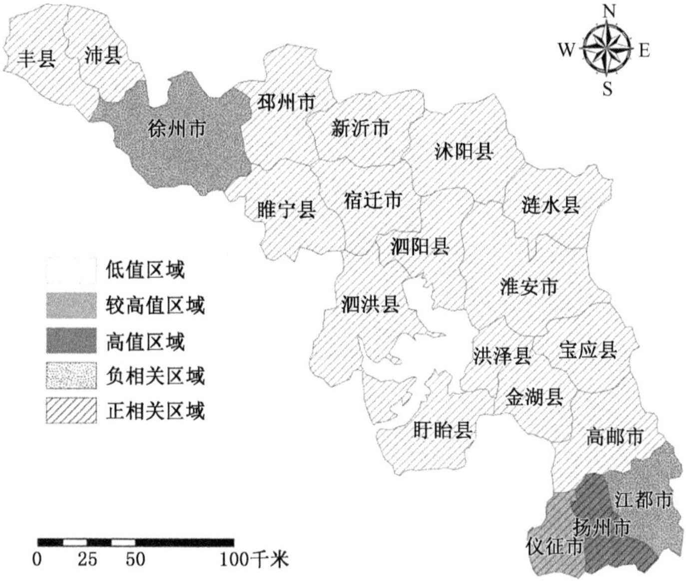

图8-14 2010年沿京杭运河(江北段)地区经济空间极化结构构建

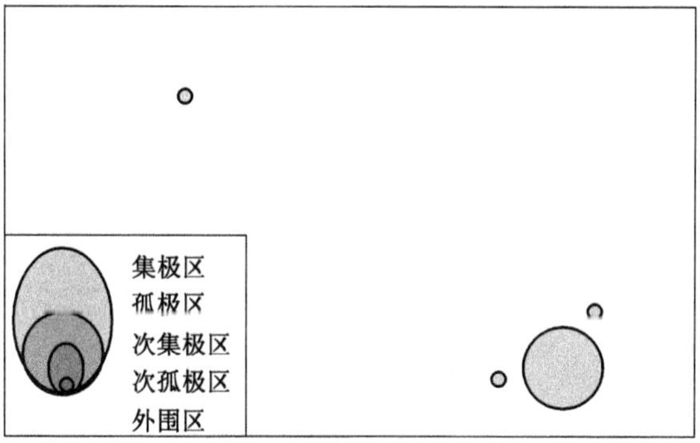

图8-15 2010年沿京杭运河(江北段)地区经济空间极化结构

表 8-9　2010 年沿京杭运河(江北段)地区经济空间极化结构参数

<table>
<tr><th colspan="4">区域</th><th rowspan="2">数量(个)</th><th rowspan="2">范围</th><th rowspan="2">GDP(亿元)</th></tr>
<tr><th>全局</th><th>一级</th><th>二级</th><th>三级</th></tr>
<tr><td rowspan="27">沿京杭运河(江北段)地区</td><td rowspan="9">极化区</td><td rowspan="3">主极化区</td><td>主集极</td><td>0</td><td>—</td><td>—</td></tr>
<tr><td rowspan="2">主孤极</td><td rowspan="2">1</td><td>扬州市区</td><td>961.24</td></tr>
<tr><td>总计</td><td>961.24</td></tr>
<tr><td rowspan="6">次极化区</td><td>次集极</td><td>0</td><td>—</td><td>—</td></tr>
<tr><td rowspan="5">次孤极</td><td rowspan="5">3</td><td>徐州市区</td><td>1 683.67</td></tr>
<tr><td>仪征市</td><td>280.70</td></tr>
<tr><td>江都市</td><td>488.88</td></tr>
<tr><td>总计</td><td>2 453.25</td></tr>
<tr><td rowspan="17">外围</td><td rowspan="17">—</td><td rowspan="17">—</td><td rowspan="17">—</td><td>丰县</td><td>150.18</td></tr>
<tr><td>沛县</td><td>301.60</td></tr>
<tr><td>睢宁县</td><td>200.10</td></tr>
<tr><td>新沂市</td><td>241.20</td></tr>
<tr><td>邳州市</td><td>365.39</td></tr>
<tr><td>宿迁市区</td><td>382.40</td></tr>
<tr><td>沭阳县</td><td>308.49</td></tr>
<tr><td>泗阳县</td><td>192.20</td></tr>
<tr><td>泗洪县</td><td>181.00</td></tr>
<tr><td>淮安市区</td><td>872.67</td></tr>
<tr><td>涟水县</td><td>157.45</td></tr>
<tr><td>洪泽县</td><td>105.15</td></tr>
<tr><td>盱眙县</td><td>154.25</td></tr>
<tr><td>金湖县</td><td>98.55</td></tr>
<tr><td>宝应县</td><td>242.86</td></tr>
<tr><td>高邮市</td><td>255.81</td></tr>
<tr><td>总计</td><td>4 209.30</td></tr>
<tr><td colspan="5">总计</td><td>7 623.79</td></tr>
</table>

从表 8-9 中可以看出，孤极区是扬州市区，经济总量为 961.24 亿元，占沿京杭运河(江北段)地区经济总量的 13%。

次孤极区涵盖徐州市区、仪征市、江都市等 3 个行政单元，经济总量为 2 453.25 亿元，分别占沿京杭运河(江北段)地区行政单元总数和经济总量的 15%和 32%，其中最大的次孤极区是徐州市区，经济总量为 1 683.67 亿元，占沿京杭运河(江北段)地区经济总量的 22%。

外围区涵盖丰县、沛县、睢宁县、新沂市、邳州市、淮安市区、涟水县、洪泽县、盱眙县、金湖县、宝应县、高邮市、宿迁市区、沭阳县、泗阳县、泗洪县等 16 个行政单元，经济总量为 4 209.30 亿元，分别占沿京杭运河(江北段)地区行政单元总数和经济总量的 80%和 55%。总体来看，2010 年江苏省沿京杭运河(江北段)地区经济空间极化结构呈发育程度低的点状模式。

8.3　区域经济空间极化结构演化

8.3.1　全局空间极化结构性增强

对 1978 年、1984 年、1988 年、1995 年、2002 年、2010 年等年份江苏省区域经济的半变异函数通过 J-Bessel 方程进行模拟，得出块金值、基台值、偏基台值和块金系数等参数值，结果如表 8-10 所示。

表 8-10　江苏省区域经济半变异函数拟合的参数

年份	块金值	偏基台值	基台值	拟合模型	拟合优度(R^2)
1978	0.120 7	0.097 4	0.218 1	J-Bessel	0.689 5
1984	0.094 9	0.188 2	0.283 1	J-Bessel	0.695 4
1988	0.094 2	0.245 9	0.340 1	J-Bessel	0.908 7
1995	0.145 7	0.541 2	0.686 9	J-Bessel	0.718 3
2002	0.122 5	0.582 7	0.705 2	J-Bessel	0.713 1
2010	0.122 4	0.616 5	0.738 9	J-Bessel	0.826 4

从表 8-10 中可以看出，江苏省区域经济空间极化态势逐渐增强，且结构性(有规律)因素逐渐增加。1978 年、1984 年、1988 年、1995 年、2002 年、2010 年等年份江苏省区域经济半变异函数的拟合优度分别为 0.689 5、0.695 4、0.908 7、0.718 3、0.713 1 和 0.826 4，拟合效果都较好。基台值由 1978 年的 0.218 1 经 1984 年的 0.283 1、1988 年的 0.340 1、1995 年的 0.686 9、2002 年的 0.705 2 增加到 2010 年的 0.738 9，期间增加了接近 3 倍，从中可以看出江苏省区域经济空间极化态势逐渐增强。1978 年，块金值为 0.120 7，是基台值的 55.34%，偏基台值为 0.097 4，是基台值的 44.66%，块金值

所占的比重大于偏基台值所占的比重，从中可见该年江苏省区域经济空间极化更多是由随机性因素引起的。1984 年、1988 年、1995 年、2002 年和 2010 年的块金值占基台值的比重分别为 33.52%、27.70%、21.21%、17.37%和 16.57%，偏基台值占基台值的比重分别为 66.48%、72.30%、78.79%、82.63%和 83.43%，块金值所占的比重小于偏基台值所占的比重，从中可见这些年江苏省区域经济空间极化更多是由结构性因素引起的。自 1978 年至 2010 年期间，块金值占基台值的比重逐渐减小，偏基台值占基台值的比重逐渐增加，这意味着该年江苏省区域经济空间极化过程中随机性因素减小而结构性因素增加。

为了进一步认知江苏省区域经济空间极化结构性的演化过程，可以通过不同的模型对 1978 年、1984 年、1988 年、1995 年、2002 年、2010 年等年份江苏省区域经济的半变异函数进行模拟，结果如表 8-11 所示。

从表 8-11 中可以看出，不同年份江苏省区域经济空间极化状态规律符合不同的模型。1978 年，Stable 模型的拟合优度为 0.834 5，拟合效果最好；1984 年，Gaussian 模型的拟合优度为 0.910 5，拟合效果最好；1988 年、1995 年、2002 年和 2010 年，Hole Effect 模型的拟合优度分别为 0.935 3、0.758 3、0.743 8 和 0.877 1，是当年拟合效果最好的模型。

表 8-11　江苏省区域经济半变异函数各种拟合模型的拟合优度

拟合模型	1978 年	1984 年	1988 年	1995 年	2002 年	2010 年
Circular	0.638 7	0.890 2	0.732 7	0.500 0	0.520 4	0.553 7
Spherical	0.625 8	0.873 1	0.762 8	0.555 5	0.572 7	0.624 3
Tetrastherical	0.615 8	0.894 9	0.780 8	0.595 7	0.609 5	0.676 7
Pentastherical	0.593 5	0.908 0	0.792 1	0.627 2	0.637 5	0.718 5
Exponential	0.600 2	0.893 1	0.793 6	0.678 3	0.693 4	0.657 6
Gaussian	0.769 4	0.910 5	0.780 2	0.480 0	0.486 3	0.524 2
Rational Quadratic	0.587 1	0.904 7	0.799 1	0.659 2	0.670 1	0.736 6
Hole Effect	0.576 2	0.895 6	0.935 3	0.758 3	0.743 8	0.877 1
K-Bessel	0.781 2	0.893 5	0.805 7	0.530 7	0.536 4	0.594 1
J-Bessel	0.567 2	0.695 4	0.908 7	0.718 3	0.713 1	0.826 4
Stable	0.834 5	0.881 5	0.794 4	0.505 3	0.510 2	0.557 3

8.3.2　全局空间极化一直呈多核心结构状态

为了认知江苏省区域经济全局空间极化结构形态的演化，对 1978 年、1984

年、1988 年、1995 年、2002 年、2010 年等年份江苏省区域经济运用全局空间自相关的延伸——空间间隔自相关图予以分析，结果如图 8-16 所示。

从图 8-16 中可知，江苏省经济发展水平较高地区一直呈现多核心分布状态（孤立分布的经济发展水平较高地区统计为 1 个核心，毗连分布的经济发展水平较高地区也统计为 1 个核心），经济发展水平较高地区一直在空间间隔数为 1 时集聚分布最明显。在这 6 年中，当空间间隔数 d 达到 14 以后，它们的空间间隔自相关指数一直为零，即不存在空间自相关关系，而在这之前，随着空间间隔数 d 依序增加，它们的空间间隔自相关指数非依序递减，而是呈波浪型变动，从而可知空间中应一直存在两个及以上的核心区。各年的空间间隔自相关图中都只有一处隆起，代表它们只有在微观尺度上（空间间隔数为 1～5）存在显著的空间极化分布现象，而在中观尺度（空间间隔数为 6～13）和宏观尺度（空间间隔数为 14 及其以上）上则不存在这种显著的空间极化现象。各年的空间间隔自相关图中的波峰都是处于空间间隔数为 1 时的空间间隔自相关指数，显示出在空间间隔数为 1 时其空间分布

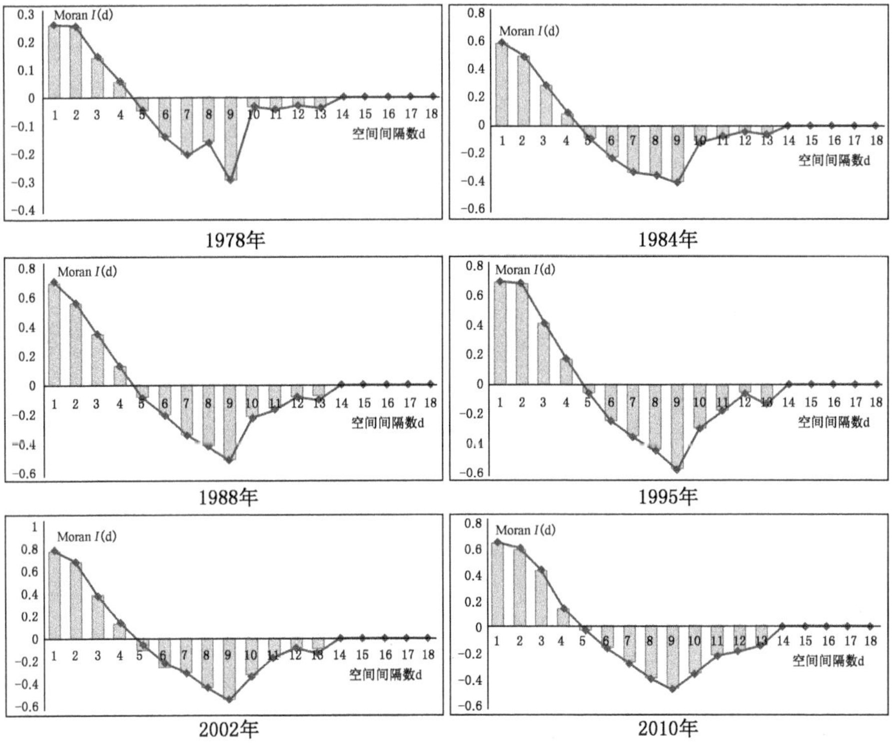

图 8-16　江苏省区域经济空间间隔自相关图

具有最大的自相关性，即各年中经济发展水平较高地区一直在空间间隔数为 1 时集聚分布最明显。

8.3.3 全局空间极化结构逐渐强化

8.3.3.1 全局空间极化结构模型构建

对 1978 年、1984 年、1988 年、1995 年、2002 年、2010 年等年份江苏省区域经济全局空间极化结构进行构建，如图 8-17 所示，构建结果如表 8-12 所示。

1978 年，极化区的分布范围包含镇江市区、丹阳市、扬中市、常州市区、无锡市区、江阴市、苏州市区、张家港市、常熟市、太仓市、昆山市、吴江市、扬州市区、徐州市区、连云港市区、沭阳县、泗洪县、南通市区、海安县、如东县、启东市、仪征市、泰州市区、靖江市、南京市区、高淳县、宜兴市、盱眙县、金湖县、盐城市区、建湖县、东台市等 32 个行政单元；非极化区的分布范围包含金坛市、溧阳市、溧水县、句容市、泰兴市、姜堰市、如皋市、海门市、丰县、沛县、睢宁县、邳州市、新沂市、赣榆县、东海县、灌云县、灌南县、淮安市区、涟水县、洪泽县、响水县、滨海县、阜宁县、射阳县、大丰市、宝应县、江都市、高邮市、兴化市、宿迁市区、泗阳县等 31 个行政单元。集极区的分布范围包含镇江市区、丹阳市、扬中市、常州市区、无锡市区、江阴市、苏州市区、张家港市、常熟市、太仓市、昆山市、吴江市、扬州市区等 13 个行政单元；孤极区的分布范围包含徐州市区、连云港市区、沭阳县、泗洪县、南通市区、海安县、如东县、启东市、仪征市、泰州市区、靖江市、南京市区、高淳县、宜兴市、盱眙县、金湖县、盐城市区、建湖县、东台市等 19 个行政单元；外围区的分布范围与非极化区相同。

1984 年，极化区的分布范围包含镇江市区、丹阳市、扬中市、常州市区、无锡市区、江阴市、宜兴市、苏州市区、张家港市、常熟市、太仓市、昆山市、吴江市、扬州市区、徐州市区、连云港市区、南通市区、海门市、启东市、高邮市、江都市、仪征市、泰州市区、靖江市、南京市区、溧水县、高淳县、金坛市、溧阳市、盱眙县、金湖县、盐城市区等 32 个行政单元；非极化区的分布范围包含句容市、泰兴市、姜堰市、如皋市、如东县、丰县、沛县、睢宁县、邳州市、新沂市、海安县、赣榆县、东海县、灌云县、灌南县、淮安市区、涟水县、洪泽县、响水县、滨海县、阜宁县、射阳县、建湖县、大丰市、东台市、宝应县、兴化市、宿迁市区、沭阳县、泗阳县、泗洪县等 31 个行政单元。集极区的分布范围包含镇江市区、丹阳市、扬中市、常州市区、无锡市区、江阴市、宜兴市、苏州市区、张家港市、常熟市、太仓市、昆山市、吴江市、扬州市区等 14 个行政单元；孤极区的分布范围包含徐州市区、连云港市区、南通市区、海门市、启东市、高邮市、江都市、仪征市、泰州市区、靖江市、南京市区、溧水县、高淳县、金坛市、溧阳市、盱眙县、金湖县、盐城市区等 18 个行政单元；外围区的分布范围与非极化区相同。

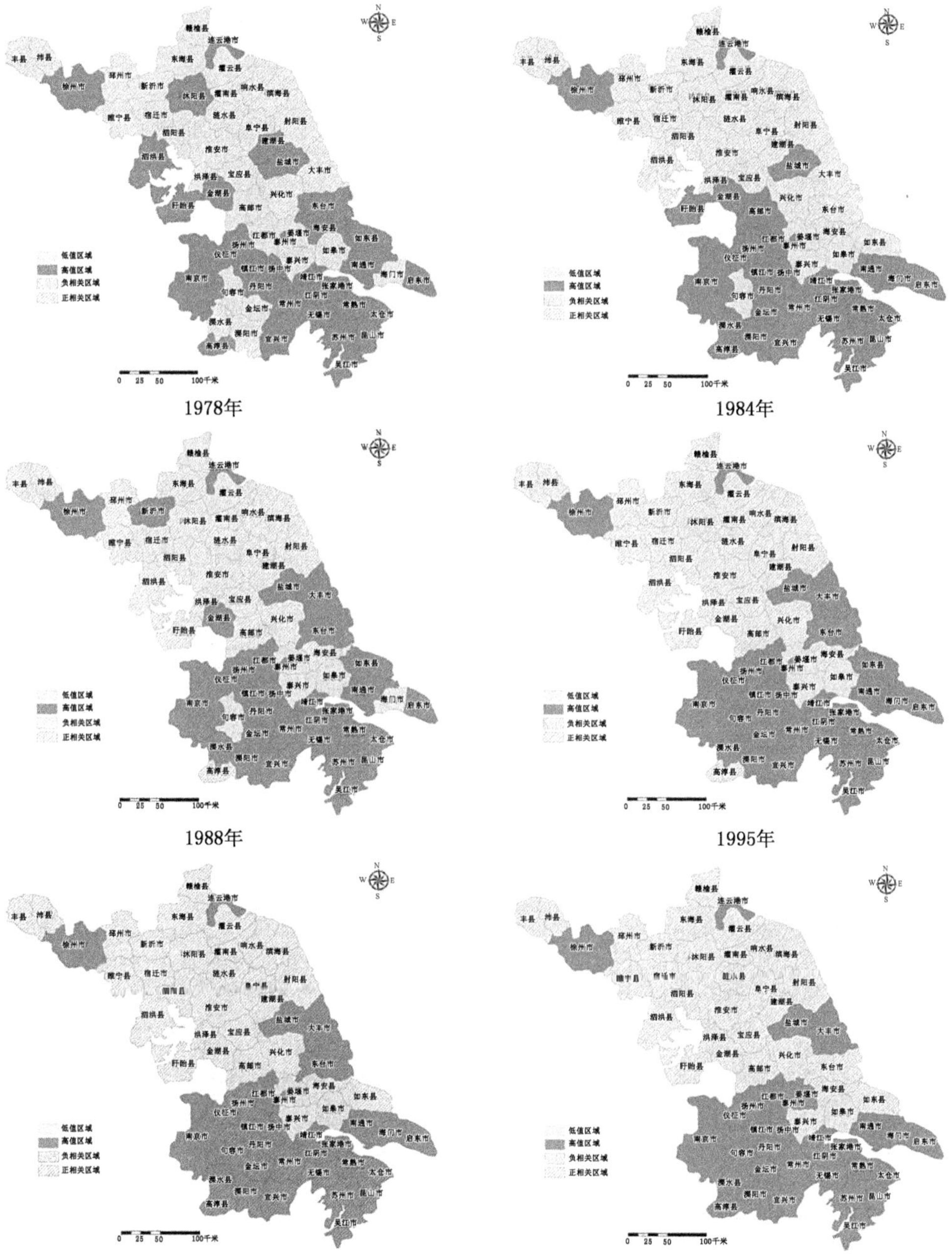

图 8-17　江苏省区域经济全局空间极化结构构建

表 8-12 江苏省区域经济全局空间极化结构构建结果

年份	极化区		非极化区
	集极区	孤极区	外围区
1978	镇江市区、丹阳市、扬中市、常州市区、无锡市区、江阴市、苏州市区、张家港市、常熟市、太仓市、昆山市、吴江市、扬州市区	徐州市区、连云港市区、沭阳县、泗洪县、南通市区、海安县、如东县、启东市、仪征市、泰州市区、靖江市、南京市区、高淳县、宜兴市、盱眙县、金湖县、盐城市区、建湖县、东台市	金坛市、溧阳市、溧水县、句容市、泰兴市、姜堰市、如皋市、海门市、丰县、沛县、睢宁县、邳州市、新沂市、赣榆县、东海县、灌云县、灌南县、淮安市区、涟水县、洪泽县、响水县、滨海县、阜宁县、射阳县、大丰市、宝应县、江都市、高邮市、兴化市、宿迁市区、泗阳县
1984	镇江市区、丹阳市、扬中市、常州市区、无锡市区、江阴市、宜兴市、苏州市区、张家港市、常熟市、太仓市、昆山市、吴江市、扬州市区	徐州市区、连云港市区、南通市区、海门市、启东市、高邮市、江都市、仪征市、泰州市区、靖江市、南京市区、溧水县、高淳县、金坛市、溧阳市、盱眙县、金湖县、盐城市区	句容市、泰兴市、姜堰市、如皋市、如东县、丰县、沛县、睢宁县、邳州市、新沂市、海安县、赣榆县、东海县、灌云县、灌南县、淮安市区、涟水县、洪泽县、响水县、滨海县、阜宁县、射阳县、建湖县、大丰市、东台市、宝应县、兴化市、宿迁市区、沭阳县、泗阳县、泗洪县
1988	镇江市区、丹阳市、扬中市、常州市区、无锡市区、江阴市、宜兴市、苏州市区、张家港市、常熟市、太仓市、昆山市、吴江市、扬州市区	徐州市区、新沂市、连云港市区、南通市区、启东市、如东县、江都市、仪征市、泰州市区、靖江市、南京市区、溧水县、金坛市、溧阳市、金湖县、盐城市区、大丰市、东台市	句容市、泰兴市、姜堰市、如皋市、海门市、丰县、沛县、睢宁县、邳州市、海安县、赣榆县、东海县、灌云县、灌南县、淮安市区、涟水县、洪泽县、盱眙县、响水县、滨海县、阜宁县、射阳县、建湖县、宝应县、高邮市、兴化市、宿迁市区、沭阳县、泗阳县、泗洪县、高淳县
1995	镇江市区、丹阳市、扬中市、常州市区、金坛市、无锡市区、江阴市、宜兴市、苏州市区、张家港市、常熟市、太仓市、昆山市、吴江市、扬州市区	句容市、徐州市区、连云港市区、南通市区、海门市、启东市、如东县、江都市、仪征市、泰州市区、靖江市、南京市区、溧水县、溧阳市、盐城市区、大丰市、东台市	泰兴市、姜堰市、如皋市、丰县、沛县、睢宁县、新沂市、邳州市、海安县、赣榆县、东海县、灌云县、灌南县、淮安市区、涟水县、洪泽县、盱眙县、金湖县、响水县、滨海县、阜宁县、射阳县、建湖县、宝应县、高邮市、兴化市、宿迁市区、沭阳县、泗阳县、泗洪县、高淳县
2002	镇江市区、丹阳市、扬中市、句容市、常州市区、金坛市、溧阳市、无锡市区、江阴市、宜兴市、苏州市区、张家港市、常熟市、太仓市、昆山市、吴江市、扬州市区、仪征市、溧水县、高淳县	靖江市、徐州市区、连云港市区、南通市区、海门市、启东市、江都市、泰州市区、南京市区、盐城市区、大丰市、东台市	姜堰市、泰兴市、如皋市、丰县、沛县、睢宁县、新沂市、邳州市、海安县、如东县、赣榆县、东海县、灌云县、灌南县、淮安市区、涟水县、洪泽县、盱眙县、金湖县、响水县、滨海县、阜宁县、射阳县、建湖县、宝应县、高邮市、兴化市、宿迁市区、沭阳县、泗阳县、泗洪县

续表 8-12

年份	极化区		非极化区
	集极区	孤极区	外围区
2010	靖江市、镇江市区、丹阳市、扬中市、句容市、常州市区、金坛市、溧阳市、无锡市区、江阴市、宜兴市、苏州市区、张家港市、常熟市、太仓市、昆山市、吴江市、扬州市区、仪征市、溧水县、高淳县	徐州市区、连云港市区、南通市区、海门市、启东市、江都市、泰州市区、南京市区、姜堰市、盐城市区、大丰市	泰兴市、如皋市、丰县、沛县、睢宁县、新沂市、邳州市、海安县、如东县、赣榆县、东海县、灌云县、灌南县、淮安市区、涟水县、洪泽县、盱眙县、金湖县、响水县、滨海县、阜宁县、射阳县、建湖县、东台市、宝应县、高邮市、兴化市、宿迁市区、沭阳县、泗阳县、泗洪县

1988 年，极化区的分布范围包含镇江市区、丹阳市、扬中市、常州市区、无锡市区、江阴市、宜兴市、苏州市区、张家港市、常熟市、太仓市、昆山市、吴江市、扬州市区、徐州市区、新沂市、连云港市区、南通市区、启东市、如东县、江都市、仪征市、泰州市区、靖江市、南京市区、溧水县、金坛市、溧阳市、金湖县、盐城市区、大丰市、东台市等 32 个行政单元；非极化区的分布范围包含句容市、泰兴市、姜堰市、如皋市、海门市、丰县、沛县、睢宁县、邳州市、海安县、赣榆县、东海县、灌云县、灌南县、淮安市区、涟水县、洪泽县、盱眙县、响水县、滨海县、阜宁县、射阳县、建湖县、宝应县、高邮市、兴化市、宿迁市区、沭阳县、泗阳县、泗洪县、高淳县等 31 个行政单元。集极区的分布范围包含镇江市区、丹阳市、扬中市、常州市区、无锡市区、江阴市、宜兴市、苏州市区、张家港市、常熟市、太仓市、昆山市、吴江市、扬州市区等 14 个行政单元；孤极区的分布范围包含徐州市区、新沂市、连云港市区、南通市区、启东市、如东县、江都市、仪征市、泰州市区、靖江市、南京市区、溧水县、金坛市、溧阳市、金湖县、盐城市区、大丰市、东台市等 18 个行政单元；外围区的分布范围与非极化区相同。

1995 年，极化区的分布范围包含镇江市区、丹阳市、扬中市、常州市区、金坛市、无锡市区、江阴市、宜兴市、苏州市区、张家港市、常熟市、太仓市、昆山市、吴江市、扬州市区、句容市、徐州市区、连云港市区、南通市区、海门市、启东市、如东县、江都市、仪征市、泰州市区、靖江市、南京市区、溧水县、溧阳市、盐城市区、大丰市、东台市等 32 个行政单元；非极化区的分布范围包含泰兴市、姜堰市、如皋市、丰县、沛县、睢宁县、新沂市、邳州市、海安县、赣榆县、东海县、灌云县、灌南县、淮安市区、涟水县、洪泽县、盱眙县、金湖县、响水县、滨海县、阜宁县、射阳县、建湖县、宝应县、高邮市、兴化市、宿迁市区、沭阳县、泗阳县、泗洪县、高淳县等 31 个行政单元。集极区的分布范围包含镇江市区、丹阳市、扬中市、常州市区、金坛市、无锡市区、江阴市、宜兴市、苏州市区、张家港市、常熟市、太仓市、昆山市、吴江市、扬州市区等 15 个行政单元；孤极区的分布范围包含句容市、徐州市区、连云港市区、南通市区、海门市、启东市、如东县、江都市、仪征市、泰州市区、靖江市、南京市区、溧水县、溧阳市、盐城市区、大丰市、东台市等17个行政单元；外围区的分布范围与非极化区相同。

2002年，极化区的分布范围包含镇江市区、丹阳市、扬中市、句容市、常州市区、金坛市、溧阳市、无锡市区、江阴市、宜兴市、苏州市区、张家港市、常熟市、太仓市、昆山市、吴江市、扬州市区、仪征市、溧水县、高淳县、靖江市、徐州市区、连云港市区、南通市区、海门市、启东市、江都市、泰州市区、南京市区、盐城市区、大丰市、东台市等32个行政单元；非极化区的分布范围包含姜堰市、泰兴市、如皋市、丰县、沛县、睢宁县、新沂市、邳州市、海安县、如东县、赣榆县、东海县、灌云县、灌南县、淮安市区、涟水县、洪泽县、盱眙县、金湖县、响水县、滨海县、阜宁县、射阳县、建湖县、宝应县、高邮市、兴化市、宿迁市区、沭阳县、泗阳县、泗洪县等31个行政单元。集极区的分布范围包含镇江市区、丹阳市、扬中市、句容市、常州市区、金坛市、溧阳市、无锡市区、江阴市、宜兴市、苏州市区、张家港市、常熟市、太仓市、昆山市、吴江市、扬州市区、仪征市、溧水县、高淳县等20个行政单元；孤极区的分布范围包含靖江市、徐州市区、连云港市区、南通市区、海门市、启东市、江都市、泰州市区、南京市区、盐城市区、大丰市、东台市等12个行政单元；外围区的分布范围与非极化区相同。

2010年，极化区的分布范围包含靖江市、镇江市区、丹阳市、扬中市、句容市、常州市区、金坛市、溧阳市、无锡市区、江阴市、宜兴市、苏州市区、张家港市、常熟市、太仓市、昆山市、吴江市、扬州市区、仪征市、溧水县、高淳县、徐州市区、连云港市区、南通市区、海门市、启东市、江都市、泰州市区、南京市区、姜堰市、盐城市区、大丰市等32个行政单元；非极化区的分布范围包含泰兴市、如皋市、丰县、沛县、睢宁县、新沂市、邳州市、海安县、如东县、赣榆县、东海县、灌云县、灌南县、淮安市区、涟水县、洪泽县、盱眙县、金湖县、响水县、滨海县、阜宁县、射阳县、建湖县、东台市、宝应县、高邮市、兴化市、宿迁市区、沭阳县、泗阳县、泗洪县等31个行政单元。集极区的分布范围包含靖江市、镇江市区、丹阳市、扬中市、句容市、常州市区、金坛市、溧阳市、无锡市区、江阴市、宜兴市、苏州市区、张家港市、常熟市、太仓市、昆山市、吴江市、扬州市区、仪征市、溧水县、高淳县等21个行政单元；孤极区的分布范围包含徐州市区、连云港市区、南通市区、海门市、启东市、江都市、泰州市区、南京市区、姜堰市、盐城市区、大丰市等11个行政单元；外围区的分布范围与非极化区相同。

8.3.3.2 全局空间极化结构逐渐强化

根据表8-12和图8-17，抽象出1978年、1984年、1988年、1995年、2002年、2010年等年份江苏省区域经济全局空间极化结构示意图8-18，并将各年空间极化结构的参数整理成表8-13。

从图 8-18 和表 8-13 中可以看出，在江苏省区域经济空间极化过程中，集极区的范围逐渐扩大、经济实力逐渐增强，孤极区的个数逐渐减少、平均经济实力呈增大趋势，外围区的经济实力呈减小趋势。江苏省区域经济空间一直都是由集极区、孤极区和外围区等三大部分组成的，但是每个部分的数量、涵盖范围和经济实力一直在不停地演化。其中，集极区的个数一直都是 1 个，主要分布在江苏省的南部，其涵盖的范围从最初的 13 个行政单元经 14、14、15、20 个行政单元增加到后来的 21 个行政单元，经济实力由最初的 1.88 经 2.13、2.20、2.54、2.61增加到后来的2.69，增加的幅度分别为 62%和 43%。孤极区的个数由最初的 17 个经 16、15、14、10 减小到后来的 10 个，涵盖的范围由最初的 19 个行政单元经 18、18、17、12 个行政单元减少到后来的 11 个行政单元，经济实力由最初的 1.33 经 1.34、1.34、1.39、1.52 增加到后来的 1.55，减少和增加的幅度分别为 41%、42%和 17%。外围区的经济实力由最初的 0.78 经 0.77、0.74、0.62、0.62减小到 0.61，减小的幅度为 22%。

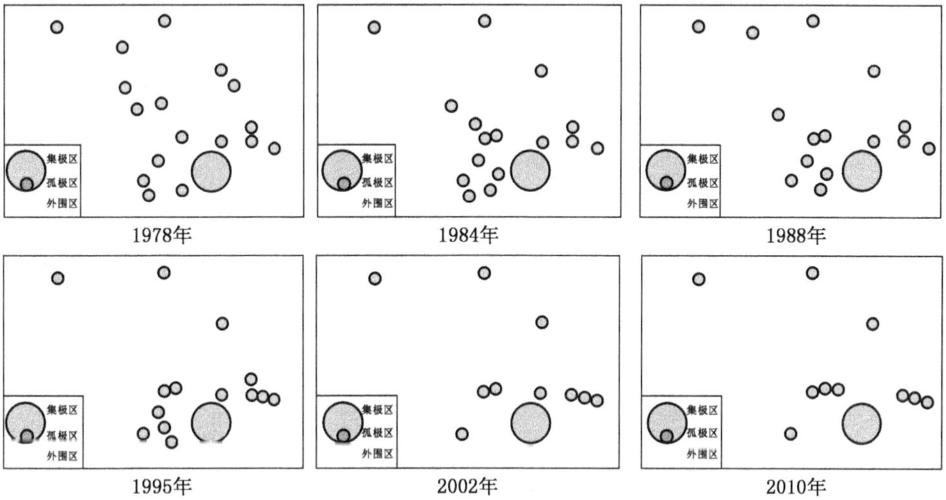

图 8-18　江苏省区域经济全局空间极化结构演化

表 8-13　江苏省区域经济空间极化结构演化参数

年份	极化区						非极化区	
	集极区			孤极区			外围区	
	数量	范围	实力	数量	范围	实力	范围	实力
1978	1	13	1.88	17	19	1.33	31	0.78
1984	1	14	2.13	16	18	1.34	31	0.77

续表 8-13

年份	极化区						非极化区	
	集极区			孤极区			外围区	
	数量	范围	实力	数量	范围	实力	范围	实力
1988	1	14	2.20	15	18	1.34	31	0.74
1995	1	15	2.54	14	17	1.39	31	0.62
2002	1	20	2.61	10	12	1.52	31	0.62
2010	1	21	2.69	10	11	1.55	31	0.61

注：数量是指每种类型区的个数，单位：个；范围是指每种类型区涵盖的行政单元数量，单位：个；实力是指经济实力，通过类型区中的平均人均地区生产总值与全省人均地区生产总值中位值的比值进行衡量。

8.3.4 局部地区空间极化结构的演化方向不同

8.3.4.1 沿江地区空间极化结构逐渐强化

对 1978 年、1984 年、1988 年、1995 年、2002 年、2010 年等年份沿江地区经济空间极化结构模型进行构建，如图 8-19 所示，构建结果如表 8-14 所示。

1978 年，极化区的分布范围包含扬州市区、镇江市区、丹阳市、常州市区、无锡市区、苏州市区、常熟市、太仓市、昆山市、吴江市、南京市区、泰州市区、南通市区、张家港市、江阴市、宜兴市、扬中市、仪征市、靖江市、海安县、如东县、启东市、高淳县等 23 个行政单元；非极化区的分布范围包含金坛市、溧阳市、溧水县、句容市、姜堰市、泰兴市、如皋市、海门市、高邮市、江都市、宝应县、兴化市等 12 个行政单元。集极区的分布范围包含扬州市区、镇江市区、丹阳市、常州市区、无锡市区、苏州市区、常熟市、太仓市、昆山市、吴江市等 10 个行政单元；孤极区的分布范围包含南京市区、泰州市区、南通市区等 3 个行政单元；次孤极区的分布范围包含张家港市、江阴市、宜兴市、扬中市、仪征市、靖江市、海安县、如东县、启东市、高淳县等 10 个行政单元；外围区的分布范围与非极化区相同。

1984 年，极化区的分布范围包含扬州市区、镇江市区、扬中市、常州市区、无锡市区、江阴市、苏州市区、张家港市、常熟市、太仓市、昆山市、吴江市、南京市区、泰州市区、南通市区、宜兴市、丹阳市、金坛市、溧阳市、溧水县、高邮市、仪征市、江都市、靖江市、海门市、启东市、高淳县等 27 个行政单元；非极化区的分布范围包含句容市、姜堰市、泰兴市、如皋市、海安县、如东县、宝应县、兴化市等 8 个行政单元。集极区的分布范围包含扬州市区、镇江市区、扬中市、常州市区、无锡市区、江阴市、苏州市区、张家港市、常熟市、太仓市、昆山市、吴江市等 12 个行政单元；孤极区的分布范围包含南京市区、泰州市区、南通市区等 3 个行政单元；次孤极区的分布范围包含宜兴市、丹阳市、金坛市、溧阳市、溧水县、高邮市、仪征市、江都市、靖江市、海门市、启东市、高淳县等12个行政单元；外围区的分布范围与非极化区相同。

1988年，极化区的分布范围包含扬州市区、镇江市区、扬中市、常州市区、无锡市区、江阴市、苏州市区、张家港市、常熟市、太仓市、昆山市、吴江市、南京市区、泰州市区、仪征市、南通市区、宜兴市、丹阳市、金坛市、溧阳市、溧水县、江都市、靖江市、如东县、启东市等25个行政单元；非极化区的分布范围包含句容市、姜堰市、泰兴市、如皋市、海安县、海门市、宝应县、高邮市、兴化市、高淳县等10个行政单元。集极区的分布范围包含扬州市区、镇江市区、扬中市、常州市区、无锡市区、江阴市、苏州市区、张家港市、常熟市、太仓市、昆山市、吴江市等12个行政单元；孤极区的分布范围包含南京市区、泰州市区、南通市区等3个行政单元；次孤极区的分布范围包含宜兴市、丹阳市、金坛市、溧阳市、溧水县、仪征市、江都市、靖江市、如东县、启东市等10个行政单元；外围区的分布范围与非极化区相同。

1995年，极化区的分布范围包含扬州市区、镇江市区、扬中市、丹阳市、常州市区、无锡市区、江阴市、宜兴市、苏州市区、张家港市、常熟市、太仓市、昆山市、吴江市、南京市区、泰州市区、句容市、金坛市、溧阳市、溧水县、仪征市、江都市、南通市区、靖江市、如东县、海门市、启东市等27个行政单元；非极化区的分布范围包含姜堰市、泰兴市、如皋市、海安县、宝应县、高邮市、兴化市、高淳县等8个行政单元。集极区的分布范围包含扬州市区、镇江市区、扬中市、丹阳市、常州市区、无锡市区、江阴市、宜兴市、苏州市区、张家港市、常熟市、太仓市、昆山市、吴江市等14个行政单元；孤极区的分布范围包含南京市区、泰州市区等2个市区；次孤极区的分布范围包含句容市、金坛市、溧阳市、溧水县、仪征市、江都市、南通市区、靖江市、如东县、海门市、启东市等11个行政单元；外围区的分布范围与非极化区相同。

2002年，极化区的分布范围包含扬州市区、镇江市区、扬中市、丹阳市、常州市区、无锡市区、江阴市、宜兴市、苏州市区、张家港市、常熟市、太仓市、昆山市、吴江市、南京市区、泰州市区、句容市、金坛市、溧阳市、溧水县、高淳县、仪征市、江都市、南通市区、靖江市、海门市、启东市等27个行政单元；非极化区的分布范围包含姜堰市、泰兴市、如皋市、海安县、如东县、宝应县、高邮市、兴化市等8个行政单元。集极区的分布范围包含扬州市区、镇江市区、扬中市、丹阳市、常州市区、无锡市区、江阴市、宜兴市、苏州市区、张家港市、常熟市、太仓市、昆山市、吴江市等14个行政单元；孤极区的分布范围包含南京市区、泰州市区等2个市区；次集极区的分布范围包含句容市、金坛市、溧阳市、溧水县、高淳县等5个行政单元；次孤极区的分布范围包含仪征市、江都市、南通市区、靖江市、海门市、启东市等6个行政单元；外围区的分布范围与非极化区相同。

2010年，极化区的分布范围包含扬州市区、镇江市区、扬中市、丹阳市、常州市区、无锡市区、江阴市、宜兴市、苏州市区、张家港市、常熟市、太仓市、昆山市、吴江市、南京市区、南通市区、句容市、金坛市、溧阳市、溧水县、高淳县、仪征市、江都市、泰州市区、姜堰市、靖江市、海门市、启东市等28个行政单元；非极化区的分布范围包含泰兴市、如皋市、海安县、如东县、宝应县、高邮市、兴化市等7个行政单元。集极区的分布范围包含扬州市区、镇江市区、扬中市、丹阳市、常州市区、无锡市区、江阴市、宜兴市、苏州市区、张家港市、常熟市、太仓市、昆山市、吴江市等14个行政单元；孤极区的分布范围包含南京市区、南通市区等2个市区；次集极区的分布范围包含句容市、金坛市、溧阳市、溧水县、高淳县等5个行政单元；次孤极区的分布范围包含仪征市、江都市、泰州市区、姜堰市、靖江市、海门市、启东市等7个行政单元；外围区的分布范围与非极化区相同。

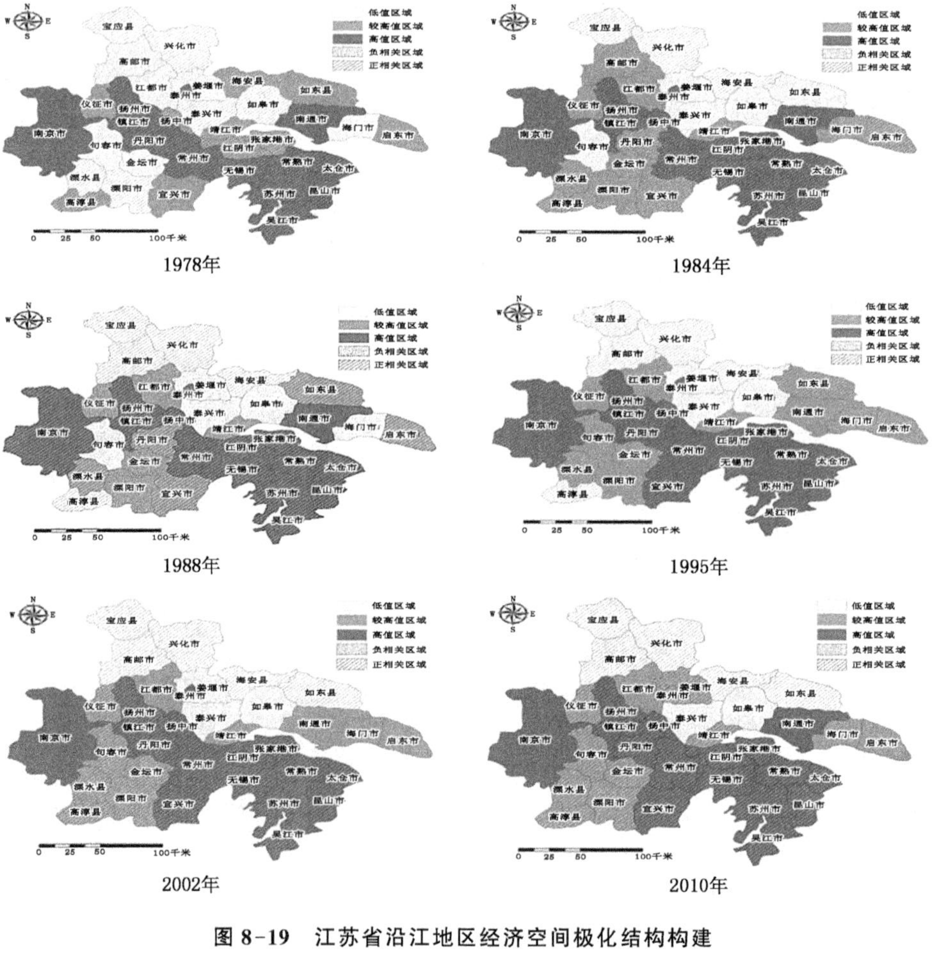

图 8-19　江苏省沿江地区经济空间极化结构构建

表 8-14 江苏省沿江地区经济空间极化结构构建结果

	极化区				非极化区
	集极区	孤极区	次集极区	次孤极区	外围区
1978	扬州市区、镇江市区、丹阳市、常州市区、无锡市区、苏州市区、常熟市、太仓市、昆山市、吴江市	南京市区、泰州市区、南通市区	—	张家港市、江阴市、宜兴市、扬中市、仪征市、靖江市、海安县、如东县、启东市、高淳县	金坛市、溧阳市、溧水县、句容市、姜堰市、泰兴市、如皋市、海门市、高邮市、江都市、宝应县、兴化市
1984	扬州市区、镇江市区、扬中市、常州市区、无锡市区、江阴市、苏州市区、张家港市、常熟市、太仓市、昆山市、吴江市	南京市区、泰州市区、南通市区	—	宜兴市、丹阳市、金坛市、溧阳市、溧水县、高邮市、仪征市、江都市、靖江市、海门市、启东市、高淳县	句容市、姜堰市、泰兴市、如皋市、海安县、如东县、宝应县、兴化市
1988	扬州市区、镇江市区、扬中市、常州市区、无锡市区、江阴市、苏州市区、张家港市、常熟市、太仓市、昆山市、吴江市	南京市区、泰州市区、南通市区	—	宜兴市、丹阳市、金坛市、溧阳市、溧水县、仪征市、江都市、靖江市、如东县、启东市	句容市、姜堰市、泰兴市、如皋市、海安县、海门市、宝应县、高邮市、兴化市、高淳县
1995	扬州市区、镇江市区、扬中市、丹阳市、常州市区、无锡市区、江阴市、宜兴市、苏州市区、张家港市、常熟市、太仓市、昆山市、吴江市	南京市区、泰州市区	—	句容市、金坛市、溧阳市、溧水县、仪征市、江都市、南通市区、靖江市、如东县、海门市、启东市	姜堰市、泰兴市、如皋市、海安县、宝应县、高邮市、兴化市、高淳县
2002	扬州市区、镇江市区、扬中市、丹阳市、常州市区、无锡市区、江阴市、宜兴市、苏州市区、张家港市、常熟市、太仓市、昆山市、吴江市	南京市区、泰州市区	句容市、金坛市、溧阳市、溧水县、高淳县	仪征市、江都市、南通市区、靖江市、海门市、启东市	姜堰市、泰兴市、如皋市、海安县、如东县、宝应县、高邮市、兴化市

续表 8-14

	极化区				非极化区
	集极区	孤极区	次集极区	次孤极区	外围区
2010	扬州市区、镇江市区、扬中市、丹阳市、常州市区、无锡市区、江阴市、宜兴市、苏州市区、张家港市、常熟市、太仓市、昆山市、吴江市	南京市区、南通市区	句容市、金坛市、溧阳市、溧水县、高淳县	仪征市、江都市、泰州市区、姜堰市、靖江市、海门市、启东市	泰兴市、如皋市、海安县、如东县、宝应县、高邮市、兴化市

根据表 8-14 和图 8-19，抽象出沿江地区经济空间极化结构模式演化示意图 8-20，并将各年空间极化结构的参数整理成表 8-15。

从图 8-20 和表 8-15 中可以看出，沿江地区带状空间极化结构呈强化趋势，先是由集极区、孤极区、次孤极区和外围区等四大部分组成，后是由集极区、孤极区、次集极区、次孤极区和外围区等五大部分组成，其中集极区的范围逐渐扩大、孤极区的个数总体上呈减少趋势、次集极区从无到有、次孤极区的个数整体上呈减少的趋势，整个极化区经济实力呈增大趋势，外围区的经济实力呈减小趋势，二者之间的经济实力呈扩大趋势。集极区的个数一直都是 1 个，主要分布在长江的南岸，其涵盖的范围从最初的 10 个行政单元经 12 个行政单元增加到后来的 14 个行政单元，经济实力由最初的 2.04 经 2.24、2.31、2.93、3.19 增加到后来的 3.32，增加幅度分别为 17%和 63%。孤极区的个数由最初的 3 个减小到后来的 2 个，涵盖的范围由最初的 3 个行政单元减少到后来的 2 个行政单元，经济实力由最初的 2.24 经 2.01 减少到 1.93，然后增大到 2.47 再经 2.36 减少到后来的 1.96，变化幅度为 28%。次集极区在早期没有形成，一直到 21 世纪后才形成，次集极区的个数一直也是一个，涵盖的范围一直都是 5 个行政单元，经济实力由初形成时的 1.29 到后来的 1.30，增加幅度为 1%。次孤极区的数量由最初的 9 个减少为后来的 7 个，涵盖的范围由最初的 10 个行政单元减少为后来的 7 个行政单元，经济实力由最初的 1.17 增加为后来的 1.30，减少和增加的幅度分别为 22%、30%和 11%。整个极化区与外围区的经济实力差距由最初的 0.79 经 0.87、0.98、1.46、1.62 增加到 1.67，增加的幅度为 111%。

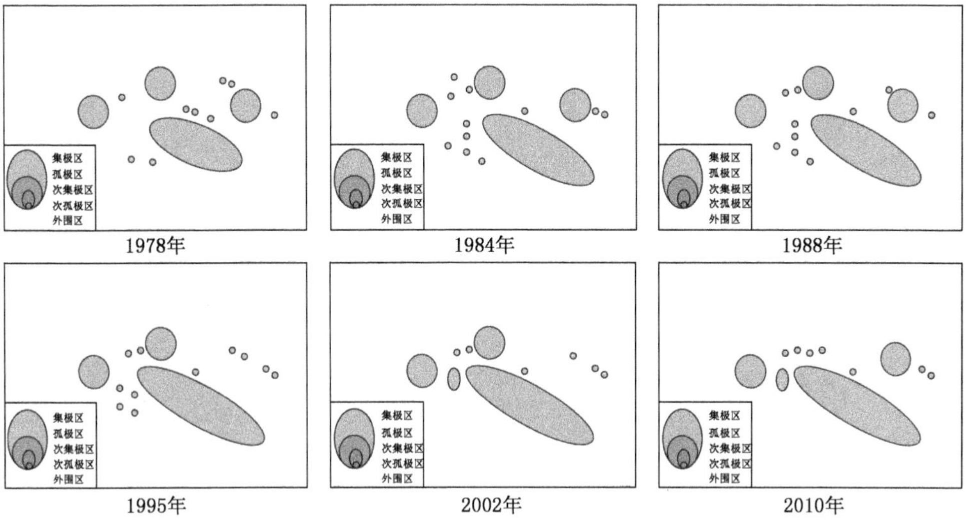

图 8-20　江苏省沿江地区经济空间极化结构演化

表 8-15　江苏省沿江地区经济空间极化结构演化参数

年份	极化区													非极化区
	集极区			孤极区			次集极区			次孤极区			实力	外围区
	数量	范围	实力	数量	范围	实力	数量	范围	实力	数量	范围	实力		实力
1978	1	10	2.04	3	3	2.24	—	—	—	9	10	1.17	1.69	0.90
1984	1	12	2.24	3	3	2.01	—	—	—	11	12	1.20	1.75	0.88
1988	1	12	2.31	3	3	1.93	—	—	—	10	10	1.20	1.85	0.87
1995	1	14	2.93	2	2	2.47	—	—	—	11	11	1.30	2.24	0.78
2002	1	14	3.19	2	2	2.36	1	5	1.29	6	6	1.30	2.35	0.73
2010	1	14	3.32	2	2	1.96	1	5	1.30	7	7	1.30	2.38	0.71

注：数量是指类型区的个数，单位：个；范围是指类型区涵盖的行政单元数量，单位：个；实力是指经济实力，通过类型区中的平均人均 GDP 与全省人均 GDP 中位值的比值进行衡量。

8.3.4.2　沿海地区空间极化结构先弱化后强化

对 1978 年、1984 年、1988 年、1995 年、2002 年、2010 年等年份沿海地区经济空间极化结构进行构建，如图 8-21 所示，构建结果如表 8-16 所示。

1978 年，极化区的分布范围包含连云港市区、南通市区、盐城市区、建湖县、东台市、海安县、如东县、启东市等 8 个行政单元；非极化区的分布范围包含赣榆县、东

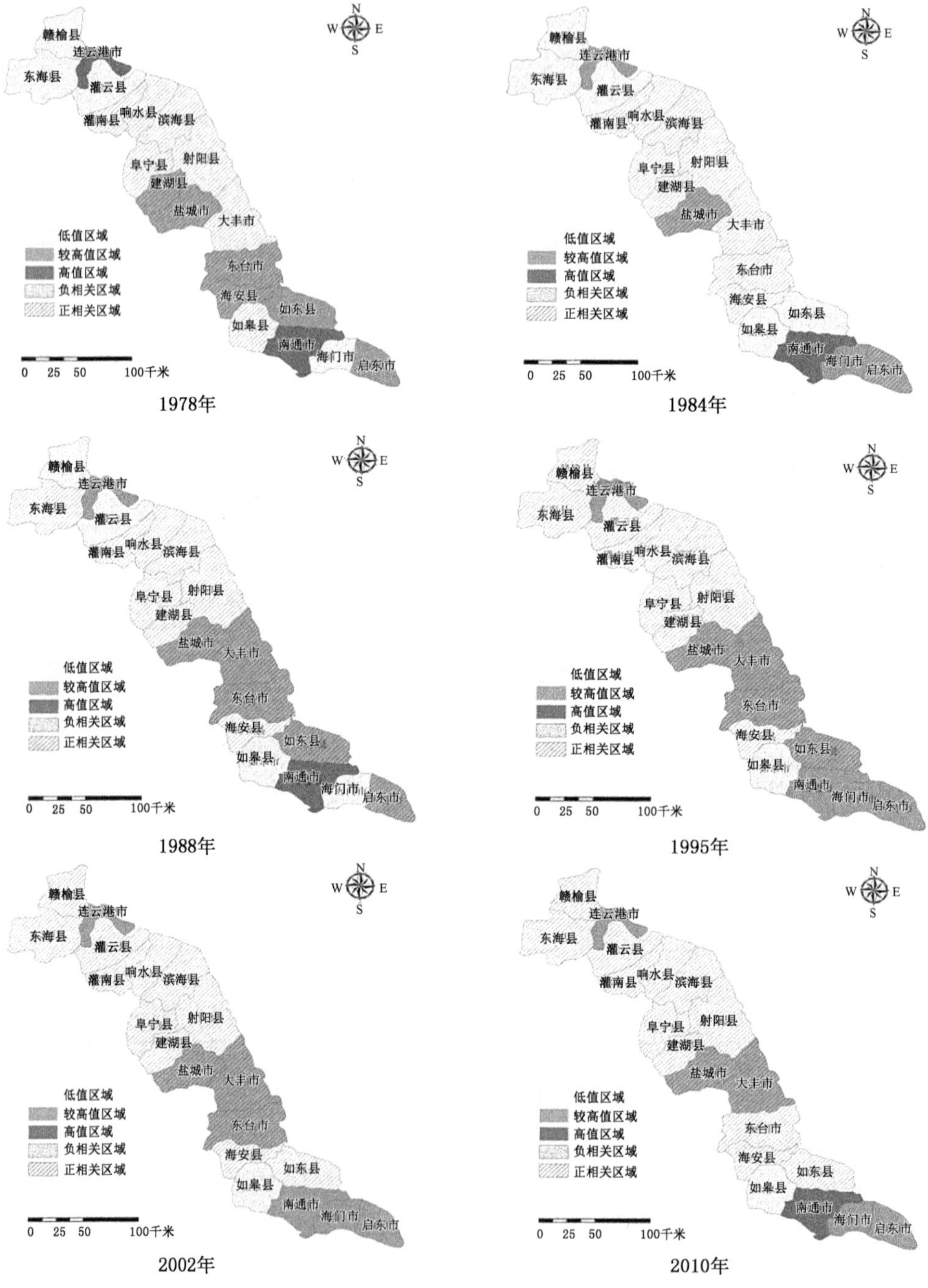

图 8-21　江苏省沿海地区经济空间极化结构构建

海县、灌云县、灌南县、响水县、滨海县、阜宁县、射阳县、大丰市、海门市、如皋市等 11 个行政单元。孤极区的分布范围包含连云港市区、南通市区等 2 个市区；次孤极区的分布范围包含盐城市区、建湖县、东台市、海安县、如东县、启东市等 6 个行政单元；外围区的分布范围与非极化区相同。

1984 年，极化区的分布范围包含南通市区、连云港市区、盐城市区、海门市、启东市等 5 个行政单元；非极化区的分布范围包含赣榆县、东海县、灌云县、灌南县、响水县、滨海县、阜宁县、建湖县、射阳县、大丰市、东台市、海安县、如东县、如皋市等 14 个行政单元。孤极区的分布范围包含南通市区 1 个市区；次孤极区的分布范围包含连云港市区、盐城市区、海门市、启东市等 4 个行政单元；外围区的分布范围与非极化区相同。

1988 年，极化区的分布范围包含南通市区、连云港市区、盐城市区、大丰市、东台市、如东县、启东市等 7 个行政单元；非极化区的分布范围包含赣榆县、东海县、灌云县、灌南县、响水县、滨海县、阜宁县、建湖县、射阳县、海安县、海门市、如皋市等 12 个行政单元。孤极区的分布范围包含南通市区 1 个市区；次孤极区的分布范围包含连云港市区、盐城市区、大丰市、东台市、如东县、启东市等 6 个行政单元；外围区的分布范围与非极化区相同。

1995 年，极化区的分布范围包含连云港市区、盐城市区、大丰市、东台市、南通市区、如东县、海门市、启东市等 8 个行政单元；非极化区的分布范围包含赣榆县、东海县、灌云县、灌南县、响水县、滨海县、阜宁县、建湖县、射阳县、海安县、如皋市等 11 个行政单元。次孤极区的分布范围与极化区相同，外围区的分布范围与非极化区相同。

2002 年，极化区的分布范围包含连云港市区、盐城市区、大丰市、东台市、南通市区、海门市、启东市等 7 个行政单元；非极化区的分布范围包含赣榆县、东海县、灌云县、灌南县、响水县、滨海县、阜宁县、建湖县、射阳县、海安县、如皋市、如东县等 12 个行政单元。次孤极区的分布范围与极化区相同，外围区的分布范围与非极化区相同。

2010 年，极化区的分布范围包含南通市区、连云港市区、盐城市区、大丰市、海门市、启东市等 6 个行政单元；非极化区的分布范围包含赣榆县、东海县、灌云县、灌南县、响水县、滨海县、阜宁县、建湖县、射阳县、东台市、海安县、如皋市、如东县等 13 个行政单元。孤极区的分布范围包含南通市区 1 个市区；次孤极区的分布范围包含连云港市区、盐城市区、大丰市、海门市、启东市等 5 个行政单元；外围区的分布范围与非极化区相同。

表 8-16　江苏省沿海地区经济空间极化结构构建结果

	极化区				非极化区
	集极区	孤极区	次集极区	次孤极区	外围区
1978	—	连云港市区、南通市区	—	盐城市区、建湖县、东台市、海安县、如东县、启东市	赣榆县、东海县、灌云县、灌南县、响水县、滨海县、阜宁县、射阳县、大丰市、海门市、如皋市
1984	—	南通市区	—	连云港市区、盐城市区、海门市、启东市	赣榆县、东海县、灌云县、灌南县、响水县、滨海县、阜宁县、建湖县、射阳县、大丰市、东台市、海安县、如东县、如皋市
1988	—	南通市区	—	连云港市区、盐城市区、大丰市、东台市、如东县、启东市	赣榆县、东海县、灌云县、灌南县、响水县、滨海县、阜宁县、建湖县、射阳县、海安县、海门市、如皋市
1995	—	—	—	连云港市区、盐城市区、大丰市、东台市、南通市区、如东县、海门市、启东市	赣榆县、东海县、灌云县、灌南县、响水县、滨海县、阜宁县、建湖县、射阳县、海安县、如皋市
2002	—	—	—	连云港市区、盐城市区、大丰市、东台市、南通市区、海门市、启东市	赣榆县、东海县、灌云县、灌南县、响水县、滨海县、阜宁县、建湖县、射阳县、海安县、如皋市、如东县
2010	—	南通市区	—	连云港市区、盐城市区、大丰市、海门市、启东市	赣榆县、东海县、灌云县、灌南县、响水县、滨海县、阜宁县、建湖县、射阳县、东台市、海安县、如皋市、如东县

根据图 8-21 和表 8-16，抽象出沿海地区经济空间极化结构模式演化示意图 8-22，并将各年空间极化结构的参数整理成表 8-17。

从图 8-22 和表 8-17 中可以看出，沿海地区空间极化结构先弱化后强化，由孤极区、次孤极区和外围区等三大部分组成，其中孤极区的个数总体上呈先减少后增加的趋势、次孤极区的个数总体上呈先增加后减少的趋势，整个极化区与外围区的经济实力差距呈先小后大的态势。孤极区的个数先是由 2 个经 1 个减为 0 个后又增为 1 个，其涵盖的范围也是按照同样的规律演化，经济实力由早期的 1.80 以上降为后期的 1.72，降幅为 6%。次孤极区的个数先由早期的 4 个增为 6 个后经 5 个降为后来的 4 个，涵盖的范围发生同样规律的变化，经济实力呈 M 型变化规律，由早期的 1.10 增为 1.21，后降为 1.14，之后又增到 1.36，然后下降为 1.14。整个极化区与外围区的经济实力差距由最初的 0.57 经 0.51、0.49、0.63、0.61 演化到 0.60。

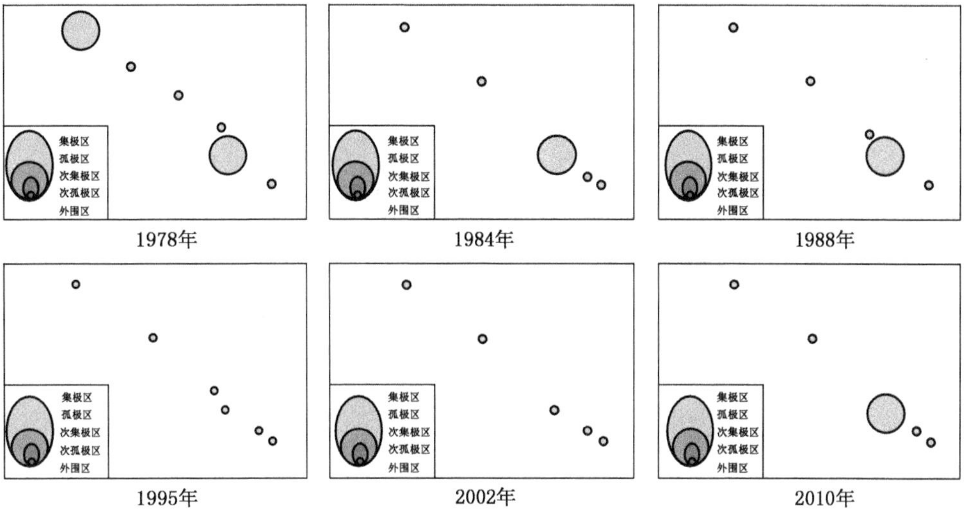

图 8-22　江苏省沿海地区经济空间极化结构演化

表 8-17　江苏省沿海地区经济空间极化结构演化参数

年份	极化区							非极化区
	孤极区			次孤极区			实力	外围区
	数量	范围	实力	数量	范围	实力		实力
1978	2	2	1.87	4	4	1.10	1.29	0.72
1984	1	1	1.88	4	4	1.21	1.24	0.73
1988	1	1	1.74	4	4	1.14	1.22	0.73
1995	0	0	—	6	6	1.21	1.21	0.58
2002	0	0	—	5	5	1.36	1.24	0.63
2010	1	1	1.72	4	4	1.14	1.24	0.64

注：数量是指类型区的个数，单位：个；范围是指类型区涵盖的行政单元数量，单位：个；实力是指经济实力，通过类型区中的平均人均 GDP 与全省人均 GDP 中位值的比值进行衡量。

8.3.4.3　沿东陇海铁路线地区空间极化结构逐渐弱化

对 1978 年、1984 年、1988 年、1995 年、2002 年、2010 年等年份沿东陇海铁路线地区经济空间极化结构模型进行构建，如图 8-23 所示，构建结果如表 8-18 所示。

1978 年，极化区的分布范围包含徐州市区、连云港市区等 2 个市区；非极化区的分布范围包含赣榆县、东海县、灌云县、灌南县、新沂市、睢宁县、邳州市、丰县、沛县等9个行政单元。孤极区的分布范围包含徐州市区、连云港市区等2个市区；外围区的分布范围与非极化区相同。

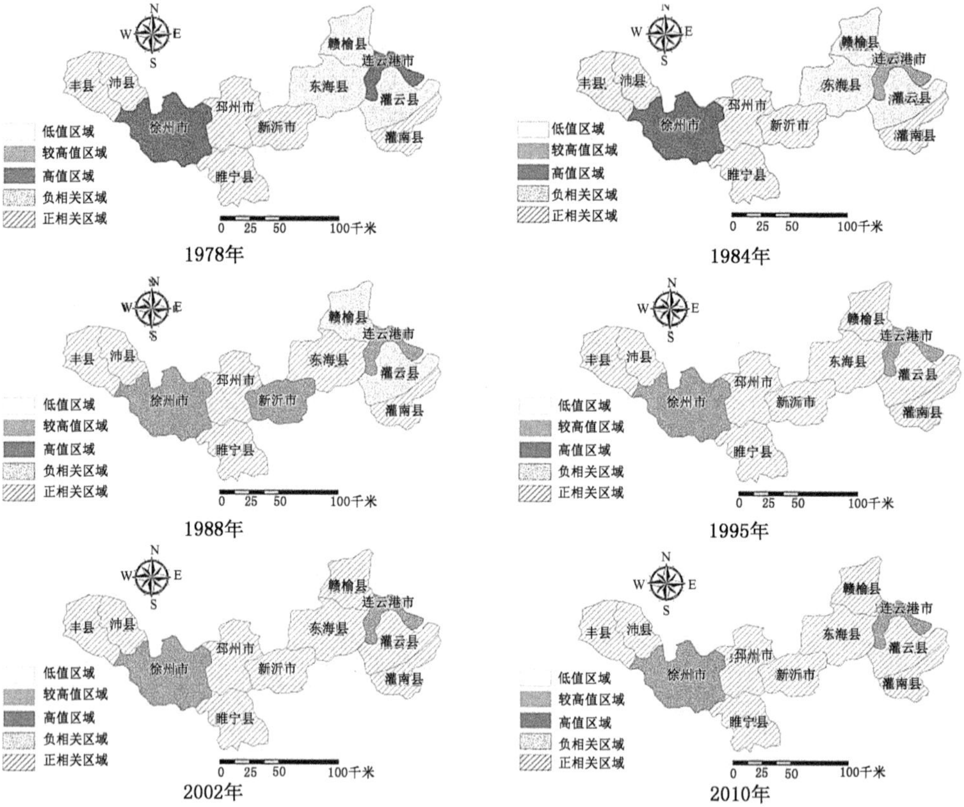

图 8-23 江苏省沿东陇海铁路线地区经济空间极化结构构建

表 8-18 江苏省沿东陇海铁路线地区经济空间极化结构构建结果

	极化区				非极化区
	集极区	孤极区	次集极区	次孤极区	外围区
1978	—	徐州市区、连云港市区	—	—	赣榆县、东海县、灌云县、灌南县、新沂市、睢宁县、邳州市、丰县、沛县
1984	—	徐州市区	—	连云港市区	赣榆县、东海县、灌云县、灌南县、新沂市、睢宁县、邳州市、丰县、沛县

续表 8-18

	极化区				非极化区
	集极区	孤极区	次集极区	次孤极区	外围区
1988	—	—	—	连云港市区、新沂市、徐州市区	赣榆县、东海县、灌云县、灌南县、睢宁县、邳州市、丰县、沛县
1995	—	—	—	连云港市区、徐州市区	赣榆县、东海县、灌云县、灌南县、新沂市、睢宁县、邳州市、丰县、沛县
2002	—	—	—	连云港市区、徐州市区	赣榆县、东海县、灌云县、灌南县、新沂市、睢宁县、邳州市、丰县、沛县
2010	—	—	—	连云港市区、徐州市区	赣榆县、东海县、灌云县、灌南县、新沂市、睢宁县、邳州市、丰县、沛县

1984 年，极化区的分布范围包含徐州市区、连云港市区等 2 个市区；非极化区的分布范围包含赣榆县、东海县、灌云县、灌南县、新沂市、睢宁县、邳州市、丰县、沛县等 9 个行政单元。孤极区的分布范围包含徐州市区 1 个市区；次孤极区的分布范围包含连云港市区 1 个市区；外围区的分布范围与非极化区相同。

1988 年，极化区的分布范围包含连云港市区、新沂市、徐州市区等 3 个市区；非极化区的分布范围包含赣榆县、东海县、灌云县、灌南县、睢宁县、邳州市、丰县、沛县等 8 个行政单元。次孤极区的分布范围与极化区相同，外围区的分布范围与非极化区相同。

1995 年，极化区的分布范围包含连云港市区、徐州市区等 2 个市区；非极化区的分布范围包含赣榆县、东海县、灌云县、灌南县、新沂市、睢宁县、邳州市、丰县、沛县等 9 个行政单元。次孤极区的分布范围与极化区相同，外围区的分布范围与非极化区相同。

2002 年，极化区的分布范围包含连云港市区、徐州市区等 2 个市区；非极化区的分布范围包含赣榆县、东海县、灌云县、灌南县、新沂市、睢宁县、邳州市、丰县、沛县等 9 个行政单元。次孤极区的分布范围与极化区相同，外围区的分布范围与非极化区相同。

2010 年，极化区的分布范围包含连云港市区、徐州市区等 2 个市区；非极化区的分布范围包含赣榆县、东海县、灌云县、灌南县、新沂市、睢宁县、邳州市、丰县、沛县等 9 个行政单元。次孤极区的分布范围与极化区相同，外围区的分布范围与非极化区相同。

根据图 8-23 和表 8-18，抽象出沿东陇海铁路线地区经济空间极化结构模式演化示意图 8-24，并将各年空间极化结构的参数整理成表 8-19。

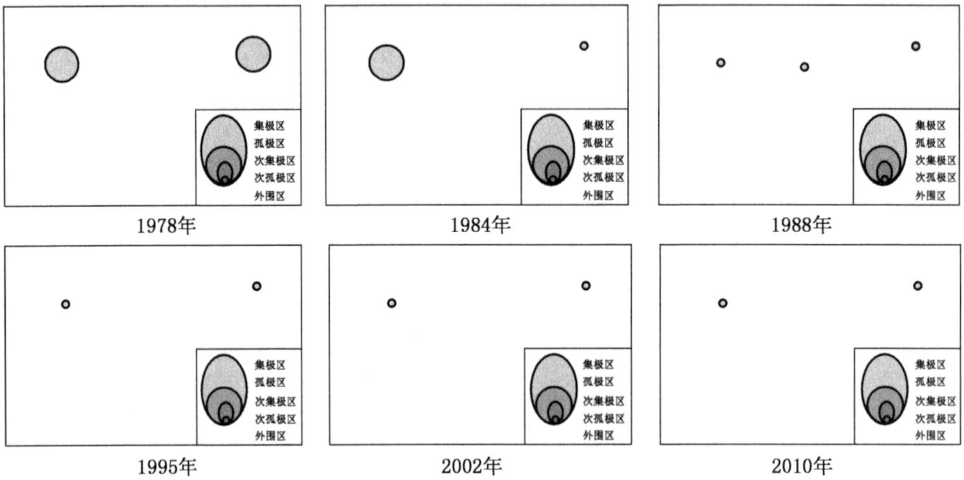

图 8-24 江苏省沿东陇海铁路线地区经济空间极化结构演化

表 8-19 江苏省沿东陇海铁路线地区经济空间极化结构演化参数

年份	极化区							非极化区
	孤极区			次孤极区			实力	外围区
	数量	范围	实力	数量	范围	实力		实力
1978	2	2	1.69	0	0	—	1.69	0.73
1984	1	1	1.68	1	1	1.59	1.63	0.73
1988	0	0	—	3	3	1.57	1.57	0.64
1995	0	0	—	2	2	1.51	1.51	0.59
2002	0	0	—	2	2	1.49	1.49	0.52
2010	0	0	—	2	2	1.37	1.37	0.48

注：数量是指类型区的个数，单位：个；范围是指类型区涵盖的行政单元数量，单位：个；实力是指经济实力，通过类型区中的平均人均 GDP 与全省人均 GDP 中位值的比值进行衡量。

从图 8-24 和表 8-19 中可以看出，沿东陇海铁路线地区空间极化结构逐渐弱化，孤极区逐渐转变为次孤极区，极化区与外围区的经济实力都呈下降趋势，二者之间的差距基本维持不变。孤极区的个数由 2 个经 1 个减为 0 个，其涵盖的范围也是按照同样的规律演化，经济实力由 1.69 降为 1.68。次孤极区的个数先由早期的 0 个经 1 个增为 3 个后降为 2 个、涵盖的范围发生同样的规律演化，经济实力由早期的 1.59 经 1.57、1.51、1.49 降为 1.37。极化区的经济实力由 1.69 降为 1.37，外围区的经济实力由 0.73 降为 0.48，二者之间的差距基本维持在 0.90 左右。

8.3.4.4　沿京杭运河（江北段）地区空间极化结构逐渐弱化

对 1978 年、1984 年、1988 年、1995 年、2002 年、2010 年等年份沿京杭运河（江北段）地区经济空间极化结构模型进行构建，如图 8-25 所示，构建结果如表 8-20 所示。

1978 年，极化区的分布范围包含徐州市区、金湖县、扬州市区、盱眙县、沭阳县、泗洪县、仪征市等 7 个行政单元；非极化区的分布范围包含丰县、沛县、睢宁县、邳州市、新沂市、淮安市区、涟水县、洪泽县、宝应县、高邮市、江都市、宿迁市区、泗阳县等 13 个行政单元。孤极区的分布范围包含徐州市区、金湖县、扬州市区等 3 个行政单元；次孤极区的分布范围包含盱眙县、沭阳县、泗洪县、仪征市等 4 个行政单元；外围区的分布范围与非极化区相同。

1984 年，极化区的分布范围包含徐州市区、扬州市区、盱眙县、金湖县、仪征市、高邮市、江都市等 7 个行政单元；非极化区的分布范围包含丰县、沛县、睢宁县、邳州市、新沂市、淮安市区、涟水县、洪泽县、宝应县、宿迁市区、沭阳县、泗阳县、泗洪县等 13 个行政单元。孤极区的分布范围包含徐州市区、扬州市区等 2 个行政单元；次孤极区的分布范围包含盱眙县、金湖县、仪征市、高邮市、江都市等 5 个行政单元；外围区的分布范围与非极化区相同。

1988 年，极化区的分布范围包含扬州市区、仪征市、徐州市区、新沂市、金湖县、江都市等 6 个行政单元；非极化区的分布范围包含丰县、沛县、睢宁县、邳州市、淮安市区、涟水县、洪泽县、盱眙县、宝应县、高邮市、宿迁市区、沭阳县、泗阳县、泗洪县等 14 个行政单元。孤极区的分布范围包含扬州市区 1 个市区；次孤极区的分布范围包含徐州市区、新沂市、金湖县、仪征市、江都市等 5 个行政单元；外围区的分布范围与非极化区相同。

1995 年，极化区的分布范围包含扬州市区、徐州市区、仪征市、江都市等 4 个行政单元；非极化区的分布范围包含丰县、沛县、睢宁县、新沂市、邳州市、淮安市区、涟水县、洪泽县、盱眙县、金湖县、宝应县、高邮市、宿迁市区、沭阳县、泗阳县、泗洪县等 16 个行政单元。孤极区的分布范围包含扬州市区 1 个市区；次孤极区的分布范围包含徐州市区、仪征市、江都市等 3 个行政单元；外围区的分布范围与非极化区相同。

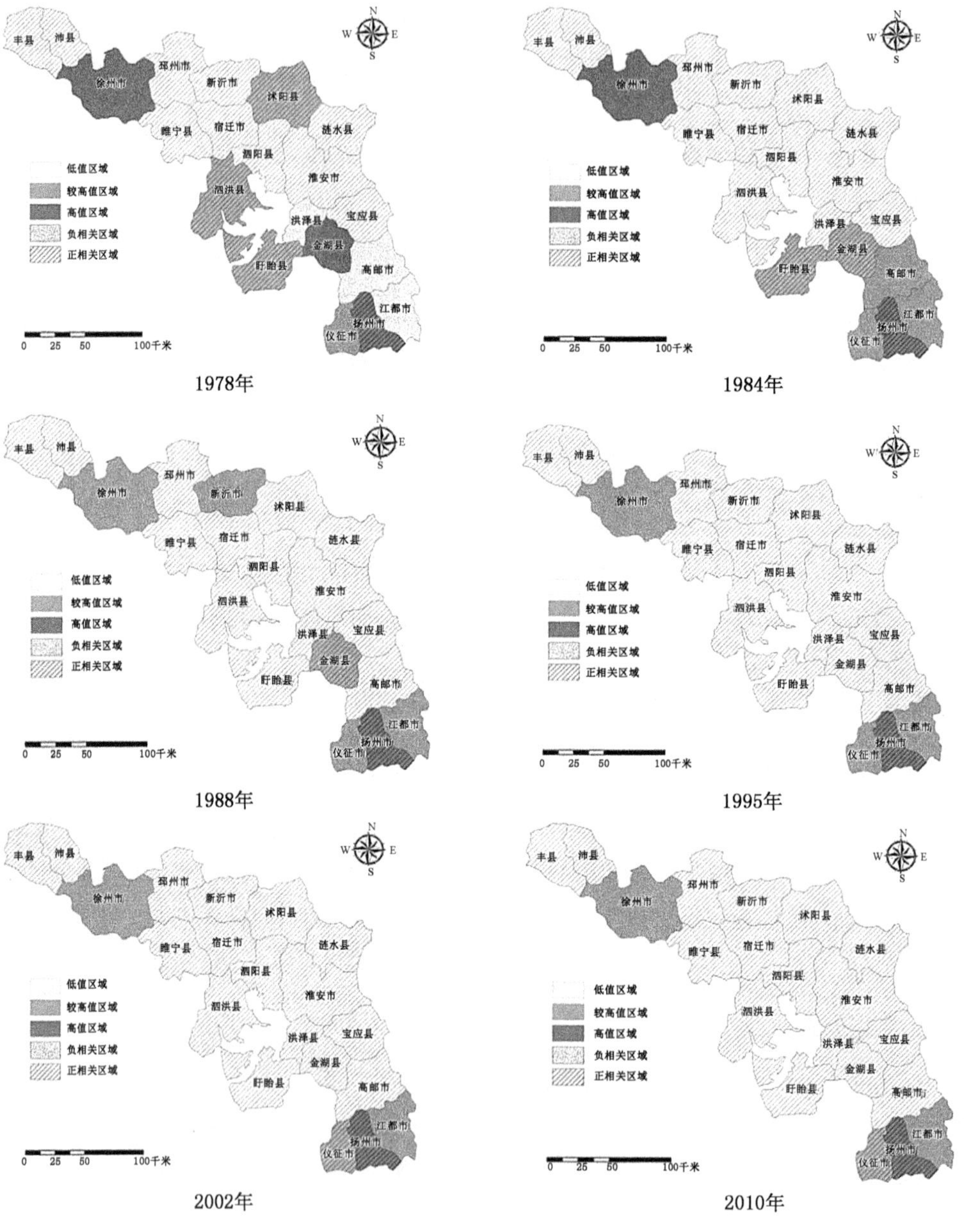

图 8-25 江苏省沿京杭运河(江北段)地区经济空间极化结构构建

2002 年,极化区的分布范围包含扬州市区、徐州市区、仪征市、江都市等 4 个行政单元;非极化区的分布范围包含丰县、沛县、睢宁县、新沂市、邳州市、淮安市区、涟水县、洪泽县、盱眙县、金湖县、宝应县、高邮市、宿迁市区、沭阳县、泗阳县、泗洪县等 16 个行政单元。孤极区的分布范围包含扬州市区 1 个市区；次孤极区的分布范围包含徐州市区、仪征市、江都市等 3 个行政单元；外围区的分布范围与非极化区相同。

表 8-20　江苏省沿京杭运河（江北段）地区经济空间极化结构构建结果

年份	极化区				非极化区
	集极区	孤极区	次集极区	次孤极区	外围区
1978	—	徐州市区、金湖县、扬州市区	—	盱眙县、沭阳县、泗洪县、仪征市	丰县、沛县、睢宁县、邳州市、新沂市、淮安市区、涟水县、洪泽县、宝应县、高邮市、江都市、宿迁市区、泗阳县
1984	—	徐州市区、扬州市区	—	盱眙县、金湖县、仪征市、高邮市、江都市	丰县、沛县、睢宁县、邳州市、新沂市、淮安市区、涟水县、洪泽县、宝应县、宿迁市区、沭阳县、泗阳县、泗洪县
1988	—	扬州市区	—	徐州市区、新沂市、金湖县、仪征市、江都市	丰县、沛县、睢宁县、邳州市、淮安市区、涟水县、洪泽县、盱眙县、宝应县、高邮市、宿迁市区、沭阳县、泗阳县、泗洪县
1995	—	扬州市区	—	徐州市区、仪征市、江都市	丰县、沛县、睢宁县、新沂市、邳州市、淮安市区、涟水县、洪泽县、盱眙县、金湖县、宝应县、高邮市、宿迁市区、沭阳县、泗阳县、泗洪县
2002	—	扬州市区	—	徐州市区、仪征市、江都市	丰县、沛县、睢宁县、新沂市、邳州市、淮安市区、涟水县、洪泽县、盱眙县、金湖县、宝应县、高邮市、宿迁市区、沭阳县、泗阳县、泗洪县
2010	—	扬州市区	—	徐州市区、仪征市、江都市	丰县、沛县、睢宁县、新沂市、邳州市、淮安市区、涟水县、洪泽县、盱眙县、金湖县、宝应县、高邮市、宿迁市区、沭阳县、泗阳县、泗洪县

2010 年，极化区的分布范围包含扬州市区、徐州市区、仪征市、江都市等 4 个行政单元；非极化区的分布范围包含丰县、沛县、睢宁县、新沂市、邳州市、淮安市

区、涟水县、洪泽县、盱眙县、金湖县、宝应县、高邮市、宿迁市区、沭阳县、泗阳县、泗洪县等 16 个行政单元。孤极区的分布范围包含扬州市区 1 个市区；次孤极区的分布范围包含徐州市区、仪征市、江都市等 3 个行政单元；外围区的分布范围与非极化区相同。

根据表 8-20 和图 8-25，抽象出沿京杭运河（江北段）地区经济空间极化结构模式演化示意图 8-26，并将各年空间极化结构的参数整理成表 8-21。

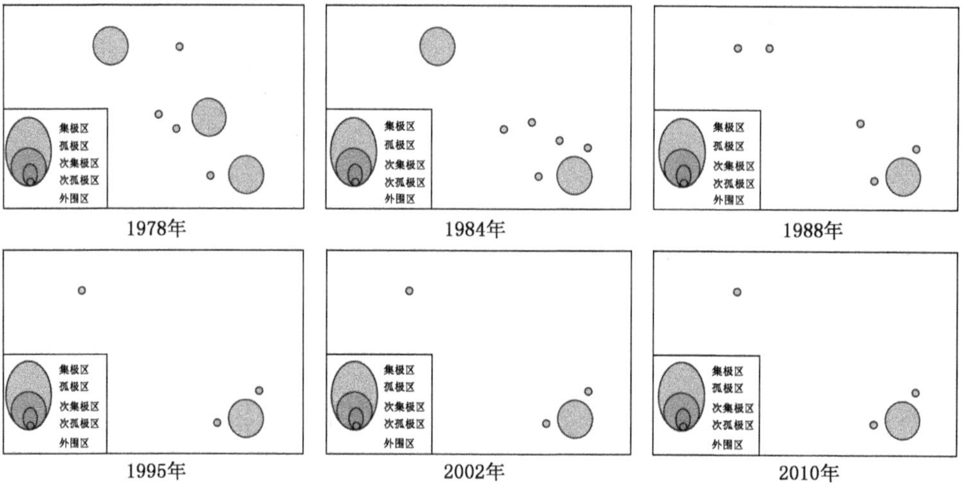

图 8-26　江苏省沿京杭运河（江北段）地区经济空间极化结构演化

表 8-21　江苏省沿京杭运河（江北段）地区经济空间极化结构演化参数

年份	极化区							非极化区
	孤极区			次孤极区			实力	外围区
	数量	范围	实力	数量	范围	实力		实力
1978	3	3	1.71	4	4	1.08	1.35	0.78
1984	2	2	1.80	5	5	1.16	1.34	0.74
1988	2	2	1.95	4	4	1.23	1.47	0.70
1995	1	1	2.25	3	3	1.49	1.68	0.55
2002	1	1	2.29	3	3	1.25	1.51	0.59
2010	1	1	2.04	3	3	1.30	1.48	0.57

注：数量是指类型区的个数，单位：个；范围是指类型区涵盖的行政单元数量，单位：个；实力是指经济实力，通过类型区中的平均人均 GDP 与全省人均 GDP 中位值的比值进行衡量。

从图 8-26 和表 8-21 中可以看出，沿京杭运河（江北段）地区空间极化结构呈现弱化趋势。孤极区范围总体上呈减少趋势、次孤极区范围总体上呈减少趋势，极化区的经济实力呈先增大后减小的趋势，外围区的经济实力总体上呈减小趋势，二者之间的差距呈先增大后减小的趋势。孤极区的个数由 3 个经 2 个减为 1 个，其涵盖的范围也是按照同样的规律演化，经济实力由 1.71 经 1.80、1.95、2.25 增加为 2.29 后减为 2.04。次孤极区的个数先由早期的 4 个增为 5 个后经 4 个降为 3 个，涵盖的范围发生同样的规律演化，经济实力由早期的 1.08 经 1.16、1.23、1.49、1.25 变为 1.30。极化区经济实力由早期的 1.35 经 1.34、1.47、1.68、1.51 变为 1.48，外围区经济实力由早期的 0.78 经 0.74、0.70、0.55、0.59 变为 0.57，二者间的差距由初期的 0.57 经 0.60、0.77、1.13、0.92 变为 0.91。

8.4　本章小结

本章主要研究江苏省区域经济空间极化结构，首先借助半变异函数分析、空间间隔自相关图、全局空间极化结构构建体系和构建方法、局部空间极化结构构建体系和构建方法等分析当前区域经济空间极化的结构性和结构形态，在此基础上分析当前全局和局部的空间极化结构，然后用同样的指标方法分析时间拐点年份空间极化的结构性、结构形态、全局及局部空间极化结构以揭示它们的演化过程，主要结论如下：

江苏省区域经济当前空间极化更多是由结构性因素引起的，其空间极化状态规律符合 Hole Effect 模型。根据江苏省区域经济的空间间隔自相关指数 Moran I(d)，发现当前江苏省经济发展水平较高地区呈现多核心分布状态（孤立分布的经济发展水平较高地区统计为 1 个核心，毗连分布的经济发展水平较高地区也统计为 1 个核心），且在空间间隔数为 1 时集聚分布最明显。

江苏省区域经济当前全局空间极化结构可以归纳为“集极-孤极-外围”模式。该模式由集极区、孤极区和外围区三大部分组成，其中集极区 1 个，孤极区 10 个。集极区是经济发展水平较高行政单元的集聚区，是江苏省经济发展的重心；孤极区是经济发展水平较高但呈零散分布的地区，它既是集极区的发展腹地又是外围区的增长极，起着承接集聚区和外围区经济联系的作用；外围区是集极区和孤极区的发展腹地，源源不断地为它们输送劳动力、资本和资源、提供市场并且接受它们的辐射。

分别从沿江地区、沿海地区、沿京杭运河（江北段）地区和沿东陇海铁路线地区等地区尺度研究江苏省区域经济当前局部空间极化结构，发现沿江地区经济空间极化结构呈较为成熟的“集极-孤极-次集极-次孤极-外围”模式；沿海地区经济空间极化结构呈不成熟的“孤极-次孤极-外围”模式；沿东陇海铁路线地区经济空间极化结构呈发育程度低的“次孤极-外围”模式；沿京杭运河（江北段）地区经济空间极化结构呈发育程度低的“孤极-次孤极-外围”模式。

改革开放以来，江苏省区域经济空间极化过程中随机性因素减少而结构性因素增加。经济发展水平较高地区一直呈现多核心分布状态，一直在空间间隔数为1时集聚分布最明显。

改革开放以来，江苏省区域经济“集极-孤极-外围”结构中极化效应逐渐增强。江苏省区域经济空间一直都是由集极区、孤极区和外围区等三大部分组成，其中集极区的范围逐渐扩大、经济实力逐渐增强，孤极区的个数逐渐减少、平均经济实力呈增大趋势，外围区的经济实力呈减小趋势。

改革开放以来，沿江地区经济空间极化结构呈强化趋势，其中集极区的范围逐渐扩大、孤极区的个数总体上呈减少趋势、次集极区从无到有、次孤极区的个数整体上呈减少的趋势，极化区与外围区的经济实力呈扩大趋势。沿海地区经济空间极化结构先弱化后强化，其中孤极区的个数总体上呈先减少后增加趋势、次孤极区的个数总体上呈先增加后减少的趋势，整个极化区与外围区的经济实力差距呈先小后大的态势。沿东陇海铁路线地区经济空间极化结构逐渐弱化，孤极区逐渐转变为次孤极区，极化区与外围区的经济实力都呈下降趋势，二者之间的差距基本维持不变。沿京杭运河（江北段）地区经济空间极化结构呈现弱化趋势，其中孤极区范围总体上呈减少趋势、次孤极区范围总体上呈减少趋势，极化区与外围区的经济实力总体上都呈减小趋势，二者之间的差距呈先增大后减小的趋势。

第9章 区域经济空间极化机制

经济空间极化是自然、社会、经济等众多因素共同作用的结果。这些因素中哪些因素在起作用，起什么样的作用，影响程度如何，通过何种途径影响，要想解决这些问题，就首先需要确定影响因子，接着构建影响因子模型，然后分析每一个影响因子对经济空间极化的贡献作用，最后分析每一个影响因子对经济空间极化的作用机理及这些影响因子的综合作用机理。其中，影响因子通过空间面板数据模型进行确定，影响因子模型通过柯布-道格拉斯函数和空间回归模型进行构建。

9.1 区域经济空间极化机制分析方法

9.1.1 面板数据模型

面板数据(pannel data)是两维数据，一维是时间序列数据，一维是截面空间上的数据，也称时间序列截面数据(time series and cross section data)或混合数据(pool data)。面板数据从截面空间上看是一组由若干个区域在某一时刻观测值构成的数据，而从纵剖面上看是一组时间序列。面板数据用双下标变量Y_{it}表示，其中Y表示某一个变量，i表示截面空间上的某个区域，t表示某一个时间点，Y_{it}表示截面空间上的第i个区域第t个时间点的Y变量的数值。

一般面板数据模型的方程为：

$$\boldsymbol{Y}_{it} = \beta_1 \boldsymbol{X}_{it}^1 + \beta_2 \boldsymbol{X}_{it}^2 + \cdots + \beta_j \boldsymbol{X}_{it}^j + \boldsymbol{\mu}_{it} \tag{9-1}$$

$$\boldsymbol{Y}_{it} = \begin{pmatrix} Y_{11} & Y_{12} & \cdots & Y_{1T} \\ Y_{21} & Y_{22} & \cdots & Y_{2T} \\ \vdots & \vdots & \cdots & \vdots \\ Y_{N1} & Y_{N2} & \cdots & Y_{NT} \end{pmatrix} \tag{9-2}$$

$$\boldsymbol{X}_{it}^{1} = \begin{pmatrix} X_{11}^{1} & X_{12}^{1} & \cdots & X_{1T}^{1} \\ X_{21}^{1} & X_{22}^{1} & \cdots & X_{2T}^{1} \\ \vdots & \vdots & \cdots & \vdots \\ X_{N1}^{1} & X_{N2}^{1} & \cdots & X_{NT}^{1} \end{pmatrix} \tag{9-3}$$

$$\boldsymbol{X}_{it}^{2} = \begin{pmatrix} X_{11}^{2} & X_{12}^{2} & \cdots & X_{1T}^{2} \\ X_{21}^{2} & X_{22}^{2} & \cdots & X_{2T}^{2} \\ \vdots & \vdots & \cdots & \vdots \\ X_{N1}^{2} & X_{N2}^{2} & \cdots & X_{NT}^{2} \end{pmatrix} \tag{9-4}$$

$$\boldsymbol{X}_{it}^{j} = \begin{pmatrix} X_{11}^{j} & X_{12}^{j} & \cdots & X_{1T}^{j} \\ X_{21}^{j} & X_{22}^{j} & \cdots & X_{2T}^{j} \\ \vdots & \vdots & \cdots & \vdots \\ X_{N1}^{j} & X_{N2}^{j} & \cdots & X_{NT}^{j} \end{pmatrix} \tag{9-5}$$

$$\boldsymbol{\mu}_{it} = \begin{pmatrix} \mu_{11} & \mu_{12} & \cdots & \mu_{1T} \\ \mu_{21} & \mu_{22} & \cdots & \mu_{2T} \\ \vdots & \vdots & \cdots & \vdots \\ \mu_{N1} & \mu_{N2} & \cdots & \mu_{NT} \end{pmatrix} \tag{9-6}$$

式中，$\boldsymbol{Y}_{it}$ 为被解释变量；$\boldsymbol{X}_{it}^{1}$、$\boldsymbol{X}_{it}^{2}$、…、$\boldsymbol{X}_{it}^{j}$ 为解释变量；β_1、β_2、…、β_j 为回归系数；$\boldsymbol{\mu}_{it}$ 为随机误差项，$i = 1,2,\cdots,N$，$t = 1,2,\cdots,T$，$j = 1,2,\cdots,K$。

本书主要通过面板数据模型确定影响江苏省区域经济空间极化形成和演变的因素。

9.1.2 空间滞后模型

空间回归模型是探讨包含空间自相关因素在内的影响区域某一属性的因素及其影响程度的分析方法，常用的有空间滞后模型（Spatial Lag Model，SLM）、空间误差模型（Spatial Error Model，SEM）和地理加权回归模型（Geographical Weighted Regression，GWR），其中前面二者是纳入了空间效应的常系数回归模型，而后者是空间变系数回归模型。

空间滞后模型主要强调因变量的空间自相关性，其表达式为：

$$\boldsymbol{Y} = \rho \boldsymbol{WY} + \boldsymbol{X}\beta + \boldsymbol{\varepsilon} \tag{9-7}$$

式中，$\boldsymbol{Y}$ 为因变量；$\boldsymbol{X}$ 为 $n \times k$ 的外生解释变量矩阵；β 是外生解释变量矩阵系数；ρ 为空间回归系数；$\boldsymbol{W}$ 为空间权重矩阵；$\boldsymbol{WY}$ 为空间滞后因变量；$\boldsymbol{\varepsilon}$ 为随机误差项。

9.1.3 空间误差模型

空间误差模型与空间滞后模型不同的是空间自相关因素进入误差项进而影响区域的某一属性特征，其表达式为：

$$\boldsymbol{Y} = \boldsymbol{X}\beta + \boldsymbol{\varepsilon} \tag{9-8}$$

$$\boldsymbol{\varepsilon} = \lambda \boldsymbol{W}\varepsilon + \boldsymbol{\mu} \tag{9-9}$$

式中，$\boldsymbol{Y}$ 为因变量；$\boldsymbol{X}$ 为 $n \times k$ 的外生解释变量矩阵；β 是外生解释变量矩阵系数；λ 为 $n \times 1$ 的截面因变量向量的空间误差系数；$\boldsymbol{W}$ 误差项的空间权重矩阵；$\boldsymbol{\mu}$ 为随机误差项。

9.1.4 地理加权回归模型

地理加权回归模型是探讨包含空间自相关因素在内的对具体区域某一属性的影响因素及其影响程度的分析方法，公式为：

$$Y_i = \beta_0(u_i, v_i) + \sum_k \beta_k(u_i, v_i) X_{ik} + \varepsilon_i \tag{9-10}$$

式中，Y_i 为 i 区域单元的人均GDP；β_0 为常数项；X_{ik} 为 i 区域单元的第 k 个影响因素；β_k 是回归系数；ε_i 为 i 区域单元的随机误差项；(u_i, v_i) 是 i 区域单元中心的坐标。

9.2 影响因子的确定

9.2.1 理论假设与变量选择

根据改革开放后江苏省区域经济空间极化的实际情况，可以初步认为资本、外资、劳动、人力资本、交通便利程度和区域发展战略等因素是经济空间极化的主要影响因子。这些因素为什么起作用，起什么样的作用，这就首先需要提出一个理论假设，然后对其进行验证。

假设1($\mathbf{H_1}$)：资本是影响江苏省区域经济空间极化的一个重要生产因素，它通过规模经济生产获得更高的资本收益率，吸引资本流向资本规模较大的地区。资本规模与经济发展水平呈正相关关系。

资本选用全社会固定资产投资额表示。全社会固定资产投资额在江苏统计年鉴中可以获取。

假设 2（H_2）：外资是造成江苏省区域经济空间极化的一个重要动力因素，它通过利用外资弥补国内发展资金的不足，以及通过直接利用外资引进国际先进的技术以获得超额利润和垄断利润，在此基础上创造更多的就业机会，吸引劳动力和人力资本向外资规模较大的地区集聚，由此产生更多的经济产值。外资规模与经济发展水平呈正相关关系。

外资用直接利用外资额表示。直接利用外资额在江苏统计年鉴中可以获取。

假设 3（H_3）：劳动（这里是指一般的劳动）是影响江苏省区域经济空间极化的另一个重要生产因素，它通过劳动分工的方式提高劳动生产率获得超额利润，在此基础上劳动力获得更高的工资率，吸引劳动力向劳动规模较大的地区集聚，由此产生更多的经济产值。劳动的规模与经济发展水平呈正相关关系。

劳动用劳动力的数量表示。劳动力的数量在江苏统计年鉴中可以获取。

假设 4（H_4）：人力资本（这里是指含有一定技术含量的劳动）逐渐成为影响江苏省区域经济空间极化的另一个重要动力因素，它通过技术创新提高劳动生产率或开发全新市场获得超额利润或垄断利润，在此基础上人力资本获得更高的报酬、资本获得更高的收益，吸引资本、人力资本向人力资本规模较大的地区集聚，由此产生更多的经济产值。人力资本规模与经济发展水平呈正相关关系。

人力资本用各类技术人员的数量表示。各类技术人员的数量在江苏统计年鉴中可以获取。

假设 5（H_5）：交通便利程度是江苏省区域经济空间极化的一个重要驱动因素，它通过节约运费减少生产成本和流通成本而获得超额利润，并通过节约时间抢占市场先机获得垄断利润，因此，交通便利的地区是资本、人口等生产要素集聚的地方，也是经济活动生产、交换和消费集中的地方。交通便利程度与经济发展水平呈正相关关系。

选取高铁、铁路、高速公路、公路、航空、水运等运输方式通过赋值的方法衡量交通的便利程度。通高铁的行政单元赋值 1 分，不通高铁的行政单元赋值 0 分；通铁路的行政单元赋值 1 分，不通铁路的行政单元赋值 0 分；通高速公路的行政单元赋值 1 分，不通高速公路的行政单元赋值 0 分；拥有国际机场的行政单元赋值 2 分（若机场在某一县域，则该县域和与该县域同在一个市域的市区同样赋值，如连云港的白塔埠机场；若机场供相邻市区使用，则两个市区同样赋值，如苏南国际机场；以下同），拥有国内机场的行政单元赋值 1 分，没有飞机场的行政单元赋值 0 分；拥有沿海或沿江港口的行政单元赋值 1 分，没有沿海或沿江港口的行政单元赋值 0 分；公路网密度大的行政单元赋值 2 分，公路网密度居于中间的行政单元赋值 1 分，公路网密度小的行政单元赋值 0 分。最后，将高铁、铁路、高速公路、航空和水运等五者的得分相加作为交通区位的得分，得分越高，交通越便利，反之则越不方便。

假设 6（H_6）：区域发展战略是江苏省区域经济空间极化的一个重要推手，它通过提供一些优惠政策降低生产成本、增加额外利润以吸引经济活动向某些地区集聚，进而宏观调控区域经济发展。区域发展战略与经济发展水平呈正相关关系。

采用赋值的方法衡量行政单元的区域发展战略。江苏省委省政府制定的区域发展战略中优先发展的行政单元，其区域发展战略赋值 1 分，反之则赋值 0 分。

9.2.2　影响因子的确定

通过面板数据模型对每个影响因素和经济发展水平的关系进行验证，用以确定其是否是影响江苏省区域经济空间极化的因子，验证结果如表 9-1 所示。

从表 9-1 中可以看出，资本、外资、劳动、人力资本、交通便利程度、区域发展战略等因素都是江苏省区域经济空间极化的影响因子。这些因子与经济发展水平的回归系数分别为 2.11、108.45、3.46、59.02、190.52 和 336.65，都是正数。回归系数的标准误差分别为 0.04、2.87、0.24、1.49、10.71 和 30.43，运用 T 统计值对它们进行显著性检验，发现相应的 T 统计值分别为 55.68、37.83、14.24、39.51、17.79和 11.06，远远大于显著性水平 10%的临界值 6.314，均通过检验。这些因素与经济发展水平之间都呈正相关关系。

表 9-1　江苏省区域经济空间极化主要影响因子的验证

	回归系数	标准误差	T 统计值	与经济发展水平的相关关系
资本	2.11	0.04	55.68*	正相关关系
外资	108.45	2.87	37.83*	正相关关系
劳动	3.46	0.24	14.24*	正相关关系
人力资本	59.02	1.49	39.51*	正相关关系
交通便利程度	190.52	10.71	17.79*	正相关关系
区域发展战略	336.65	30.43	11.06*	正相关关系

注：* 表示在 10%显著性水平下拒绝解释变量与被解释变量是随机关系的原假设。

9.3　影响因子模型构建及模拟

江苏省区域经济空间极化过程可以看作是区域经济发展的空间分异过程，可以通过多年的生产函数进行拟合。

9.3.1 生产函数选择

生产函数(production function)表示投入与产出之间的关系,即既定投入量所能生产出的最大产值或既定产出量所需的最小投入量。一般的生产函数可以表示为:

$$\psi(q_1,q_2,\cdots,q_m)=f(a_1,a_2,\cdots,a_n) \tag{9-11}$$

式中,$\psi(q_1,q_2,\cdots,q_m)$ 表示包含 m 种产品的联产品的产出量;$a_1,a_2,\cdots,a_n$ 表示 n 种要素投入量。

为了使问题简化,学术界只讨论单一产品的生产情况,并将投入要素归为资本(K)和劳动(L)两种要素,且运用便于理解的齐次方程表示生产函数。常见的生产函数有线性生产函数(linearly production function)、柯布-道格拉斯生产函数(Cobb-Douglas production function)和常数替代弹性生产函数(constant elasticity of substitution production function),它们的形式分别为:

$$q=aL+bK \tag{9-12}$$

$$q=AK^{\alpha}L^{\beta} \tag{9-13}$$

$$q=A\ (\delta_1K^{-\rho}+\delta_2L^{-\rho})^{-1/\rho} \tag{9-14}$$

式中,q 表示产出;L 表示劳动;K 表示资本;A 表示全要素生产率;a、b、α、β、ρ 表示常数。

在这三种常见的生产函数中,柯布-道格拉斯生产函数具有许多良好的经济学所需的性质,因此,该函数在经济分析中被使用得较多。鉴于此,本书也选用柯布-道格拉斯生产函数对江苏省区域经济空间极化过程进行拟合。

9.3.2 影响因子模型构建

为了突出外资、人力资本这两个生产因素对区域经济空间极化的作用,将这二者分别从资本和劳动中剥离出来。为了认知交通便利程度和区域发展战略这两个生产因素对区域经济空间极化的影响,将二者从全要素生产率中凸显出来。本书将柯布-道格拉斯函数扩展为:

$$Y=AK^{\alpha}Fdi^{\varphi}L^{\gamma}Hc^{\delta} \tag{9-15}$$

$$A=e^{\beta_1Tr+\beta_2Str} \tag{9-16}$$

将方程(9-16)带入方程(9-15),并对等式两边取对数得:

$$\ln Y=\alpha\ln K+\varphi\ln Fdi+\gamma\ln L+\delta\ln Hc+\beta_1Tr+\beta_2Str \tag{9-17}$$

式中，Y 表示产出；L 表示劳动；Fdi 表示外资；K 表示资本；Hc 表示人力资本；A 表示全要素生产率；Tr 表示交通便利度；Str 表示区域发展战略；α、φ、γ、δ、β_1、β_2 表示常数。

江苏省区域经济发展不仅与该行政单元的资本、外资、劳动、人力资本、交通便利程度、区域发展战略等因子有关，还与相邻行政单元的经济发展有关。在扩展的柯布-道格拉斯函数基础上构建江苏省区域经济的空间回归模型，其中空间滞后模型、空间误差模型、地理加权回归模型分别为：

$$\ln Y_i = \alpha \ln K_i + \varphi \ln Fdi_i + \gamma \ln L_i + \delta \ln Hc_i + \beta_1 Tr_i + \beta_2 Str_i + \lambda \boldsymbol{W}_{ij} \ln Y_i + \varepsilon_i \quad (9-18)$$

$$\ln Y_i = \alpha \ln K_i + \varphi \ln Fdi_i + \gamma \ln L_i + \delta \ln Hc_i + \beta_1 Tr_i + \beta_2 Str_i + \lambda \boldsymbol{W}_{ij} \varepsilon_i + \mu_i \quad (9-19)$$

$$\ln Y_i = (u_i, v_i)(\alpha \ln K_i + \varphi \ln Fdi_i + \gamma \ln L_i + \delta \ln Hc_i + \beta_1 Tr_i + \beta_2 Str_i) + \varepsilon_i \quad (9-20)$$

式中，i 为研究的行政单元；Y 为地区生产总值；K 为全社会固定资产投资额；Fdi 为直接利用外资额；L 为从业人员的数量；Hc 为各类技术人员的数量；Tr 为交通便利度；Str 为区域发展战略；α、φ、γ、δ、β_1、β_2、λ 表示回归系数；$\boldsymbol{W}_{ij}$ 为按照邻接准则求得的空间权重矩阵；$\boldsymbol{W}_{ij} \ln Y_i$ 为空间滞后项；$\boldsymbol{W}_{ij}\varepsilon$ 为空间滞后误差项；μ_i、ε_i 为随机误差项；(u_i, v_i) 是 i 行政单元中心的坐标。

9.3.3 影响因子模型模拟

9.3.3.1 模型选择

利用 Geoda095 软件对 1978 年、1984 年、1988 年、1995 年、2002 年和 2010 年江苏省区域经济发展空间极化过程进行模拟，结果如表 9-2、表 9-3、表 9-4、表 9-5、表 9-6 和表 9-7 所示。

表 9-2 1978 年江苏省区域经济空间极化模拟结果

	古典经济模型		空间滞后模型		空间误差模型	
	系数	概率	系数	概率	系数	概率
K	0.187*	0.001	0.195*	0.000	0.191*	0.000
L	0.741*	0.000	0.723*	0.000	0.697*	0.000
Hc	0.054*	0.065	0.055*	0.044	0.063*	0.019
Tr	0.102	0.119	0.088	0.158	0.105	0.104

续表 9-2

	古典经济模型		空间滞后模型		空间误差模型	
	系数	概率	系数	概率	系数	概率
$W_{ij}\ln Y$			0.076	0.317		
$W_{ij}\varepsilon$					0.297	0.248
R^2	0.879		0.881		0.887	
LOGL	−3.111		−2.602		−1.710	

注：20 世纪 90 年代之前，江苏省的外资(*Fdi*)非常少，故该因素在 1978 年没有进入模型；20 世纪 80 年代中期以前，江苏省实行的是平衡发展战略(*Str*)，故该因素在 1978 年没有进入模型；R^2 为拟合优度，*LOGL* 为自然对数似然函数值；* 表示在 10% 显著性水平下拒绝解释变量与被解释变量是随机关系的原假设。

表 9-3 1984 年江苏省区域经济空间极化模拟结果

	古典经济模型		空间滞后模型		空间误差模型	
	系数	概率	系数	概率	系数	概率
K	0.230*	0.000	0.198*	0.000	0.192*	0.000
L	0.612*	0.000	0.585*	0.000	0.569*	0.000
Hc	0.080*	0.043	0.107*	0.003	0.115*	0.001
Tr	0.051	0.442	0.045	0.457	0.050	0.434
$W_{ij}\ln Y$			0.160	0.112		
$W_{ij}\varepsilon$					0.352 1	0.214
R^2	0.899		0.909		0.908	
LOGL	2.822		5.917		4.678	

注：20 世纪 90 年代之前，江苏省的外资(*Fdi*)非常少，故该因素在 1984 年没有进入模型；20 世纪 80 年代中期以前，江苏省实行的是平衡发展战略(*Str*)，故该因素在 1984 年没有进入模型；R^2 为拟合优度，*LOGL* 为自然对数似然函数值；* 表示在 10% 显著性水平下拒绝解释变量与被解释变量是随机关系的原假设。

表 9-4 1988 年江苏省区域经济空间极化模拟结果

	古典经济模型		空间滞后模型		空间误差模型	
	系数	概率	系数	概率	系数	概率
K	0.313*	0.000	0.286*	0.000	0.309*	0.000
L	0.509*	0.000	0.495*	0.000	0.512*	0.000
Hc	0.095*	0.055	0.122*	0.013	0.097*	0.038
Tr	0.047	0.263	0.043	0.266	0.044	0.271

续表 9-4

	古典经济模型		空间滞后模型		空间误差模型	
	系数	概率	系数	概率	系数	概率
Str	0.184*	0.013	0.148*	0.041	0.184*	0.009
W_{ij} lnY			0.080	0.183		
$W_{ij}\varepsilon$					0.053	0.753
R^2	0.933		0.935		0.933	
LOGL	15.369		16.186		15.404	

注：20 世纪 90 年代之前，江苏省的外资（*Fdi*）非常少，故该因素在 1988 年没有进入模型；R^2 为拟合优度，*LOGL* 为自然对数似然函数值；* 表示在 10% 显著性水平下拒绝解释变量与被解释变量是随机关系的原假设。

表 9-5　1995 年江苏省区域经济空间极化模拟结果

	古典经济模型		空间滞后模型		空间误差模型	
	系数	概率	系数	概率	系数	概率
K	0.402*	0.000	0.344*	0.000	0.399*	0.000
Fdi	0.032	0.208	0.027	0.252	0.033	0.168
L	0.185	0.109	0.471*	0.099	0.390*	0.076
Hc	0.185	0.104	0.159*	0.035	0.183*	0.085
Tr	0.072	0.214	0.067	0.210	0.074	0.172
Str	0.161	0.160	0.128*	0.092	0.153	0.155
W_{ij} lnY			0.098	0.235		
$W_{ij}\varepsilon$					0.038	0.824
R^2	0.911		0.913		0.912	
LOGL	−4.265		−3.532		−4.245	

注：R^2 为拟合优度，*LOGL* 为自然对数似然函数值；* 表示在 10% 显著性水平下拒绝解释变量与被解释变量是随机关系的原假设。

表 9-6　2002 年江苏省区域经济空间极化模拟结果

	古典经济模型		空间滞后模型		空间误差模型	
	系数	概率	系数	概率	系数	概率
K	0.355*	0.000	0.312*	0.000	0.358*	0.000

续表 9-6

	古典经济模型		空间滞后模型		空间误差模型	
	系数	概率	系数	概率	系数	概率
Fdi	0.209*	0.000	0.168*	0.000	0.199*	0.000
L	0.363*	0.000	0.336*	0.000	0.394*	0.000
Hc	0.343*	0.090	0.305*	0.062	0.214*	0.088
Tr	0.019	0.194	0.019*	0.089	0.076*	0.072
Str	0.074	0.232	0.043	0.292	0.066	0.265
$W_{ij}\ln Y$			0.087*	0.066		
$W_{ij}\varepsilon$					0.264*	0.084
R^2	0.945		0.947		0.948	
LOGL	10.215		11.163		11.198	

注：R^2 为拟合优度，*LOGL* 为自然对数似然函数值；* 表示在 10% 显著性水平下拒绝解释变量与被解释变量是随机关系的原假设。

表 9-7　2010 年江苏省区域经济空间极化模拟结果

	古典经济模型		空间滞后模型		空间误差模型	
	系数	概率	系数	概率	系数	概率
K	0.126	0.274	0.252*	0.012	0.235*	0.009
Fdi	0.111*	0.070	0.084*	0.098	0.087	0.146
L	0.177	0.204	0.211*	0.067	0.306*	0.005
Hc	0.345*	0.000	0.263*	0.000	0.236*	0.000
Tr	0.100*	0.016	0.058*	0.098	0.033	0.148
Str	0.101	0.387	0.099	0.308	0.106	0.285
$W_{ij}\ln Y$			0.213*	0.000		
$W_{ij}\varepsilon$					0.648*	0.000
R^2	0.920		0.936		0.931	
LOGL	−1.887		5.187		3.479	

注：R^2 为拟合优度，*LOGL* 为自然对数似然函数值；* 表示在 10% 显著性水平下拒绝解释变量与被解释变量是随机关系的原假设。

从表 9-2、表 9-3、表 9-4、表 9-5、表 9-6 和表 9-7 中可以看出，考察空间自相关作用的空间滞后模型和空间误差模型对江苏省区域经济发展过程模拟效果比不考察空间自相关作用的古典经济模型的模拟效果好。1978 年、1984 年、1988 年、1995 年、2002 年、2010 年的古典经济模型的拟合优度分别为 0.879、0.899、0.933、0.911、0.945、0.920，对应年份的空间滞后模型和空间误差模型的拟合优度分别为 0.881 和 0.887、0.909 和 0.908、0.935 和 0.933、0.913 和 0.912、0.947 和 0.948、0.936 和 0.931，后两者的拟合优度均大于等于前者。根据拟合优度越大拟合效果越好的原则，空间滞后模型和空间误差模型的拟合效果均好于古典经济模型。

从表 9-2、表 9-3、表 9-4、表 9-5、表 9-6 和表 9-7 中还可以看出，1978 年和 2002 年的空间误差模型，1984 年、1988 年、1995 年和 2010 年的空间滞后模型，是江苏省区域经济发展过程的最优拟合模型。1978 年、1984 年、1988 年、1995 年、2002 年、2010 年空间滞后模型和空间误差模型的拟合优度分别为 0.881 和 0.887、0.909 和 0.908、0.935 和 0.933、0.913 和 0.912、0.947 和 0.948、0.936 和 0.931，对应的自然对数似然函数值分别为 −2.602 和 −1.710、5.917 和 4.678、16.186 和 15.404、−3.532 和 −4.245、11.163 和 11.198、5.187 和 3.479，1978 年、2002 年空间误差模型的拟合优度和对应的自然对数似然函数值均大于等于空间滞后模型，而 1984 年、1988 年、1995 年和 2010 年空间滞后模型的拟合优度和对应的自然对数似然函数值均大于等于空间误差模型。根据拟合优度（R^2）和自然对数似然函数值（$LOGL$）越大模型拟合效果越好的原则，1978 年、2002 年空间误差模型的拟合效果较优，而 1984 年、1988 年、1995 年和 2010 年空间滞后模型的拟合效果较优。

本书分别选取空间误差模型（1978 年、2002 年）和空间滞后模型（1984 年、1988 年、1995 年、2010 年）对江苏省区域经济发展过程进行模拟。

9.3.3.2　模拟结果

江苏省区域经济发展过程的模拟结果如表 9-8 所示。从表 9-8 中可以看出，1978 年、1984 年、1988 年、1995 年、2002 年、2010 年的空间误差模型或空间滞后模型的拟合效果都较好。这六年模型的拟合优度分别为 0.887、0.909、0.935、0.913、0.948和 0.936，拟合效果都比较好。通过该模型解释江苏省区域经济空间极化现象，诚信度都在 90%左右。

表 9-8　空间误差和滞后模型模拟及检验结果

	1978 年		1984 年		1988 年		1995 年		2002 年		2010 年	
	系数	贡献度	系数	贡献度	系数	贡献度	系数	贡献度	系数	贡献度	系数	贡献度
K	0.191*	17	0.198*	19	0.286*	21	0.344*	23	0.358*	26	0.252*	27
Fdi	—	—	—	—	—	—	0.027	2	0.199*	8	0.084*	11
L	0.697*	66	0.585*	62	0.495*	52	0.471*	45	0.394*	40	0.211*	31
Hc	0.063*	8	0.107*	9	0.122*	9	0.159*	10	0.214*	10	0.263*	13
Tr	0.105	6	0.045	7	0.043	7	0.067	8	0.076*	9	0.058*	11
Str	—	—	—	—	0.148*	8	0.128*	9	0.066	3	0.099	2
$W_{ij}\varepsilon / W_{ij}\ln Y$	0.297	3	0.160	3	0.080	3	0.098	3	0.264*	4	0.213*	5
R^2	0.887		0.909		0.935		0.913		0.948		0.936	
LOGL	−1.710		5.917		16.186		−3.532		11.198		5.187	

注：20 世纪 90 年代之前，江苏省的外资（*Fdi*）非常少，故该因素在 1978 年、1984 年和 1988 年等三年中没有进入模型；20 世纪 80 年代中期以前，江苏省实行的是平衡发展战略（*Str*），故该因素在 1978 年和 1984 年没有进入模型；贡献度的单位是%；* 表示在 10%显著性水平下拒绝解释变量与被解释变量是随机关系的原假设。

从表9-8中可以看出，在每一年的模型拟合中，都有数个影响因子与江苏省区域经济发展水平具有规律性的关系。1978年和1984年的资本、劳动和人力资本等三个影响因子，1988年和1995年的资本、劳动、人力资本和区域发展战略等四个因子，2002年和2010年的资本、直接利用外资、劳动、人力资本、交通便利度和空间自相关关系等六个影响因子，它们都通过了10%显著性水平下拒绝影响因子与经济发展水平是随机关系的原假设的检验，即它们之间具有规律性的关系。

9.4 影响因子的贡献作用分析

为了进一步认知影响因子在江苏省区域经济空间极化过程中贡献作用的大小，将影响因子与经济发展水平的回归系数换算成其在经济发展中的贡献度，并通过地理加权回归模型分析影响因子在每个行政单元经济发展中的贡献作用。

9.4.1 不同影响因子的贡献作用不同

从模型模拟和检验结果中可以看出，不同时期影响江苏省区域经济空间极化的主要影响因子不同，且同一影响因子在不同时期的贡献作用也不同。总体来看，资本、劳动、人力资本等因子的影响作用一直比较大，直接利用外资自20世纪90年代以后的影响作用比较大，交通便利程度的作用呈增大的趋势，区域发展战略呈先增大后减小的趋势。

1978年，江苏省区域经济空间极化的主要影响因子为资本、劳动和人力资本等三个因子，它们的贡献作用达到91%，其中资本因子的贡献作用为17%，劳动因子的贡献作用为66%，人力资本因子的贡献作用为8%。剩下因子的贡献作用较小，只有9%，其中交通便利程度和空间自相关关系等因子的作用分别为6%和3%左右。当年的资本相对缺乏而劳动力相对较丰富，所以劳动的贡献作用最大而资本的贡献作用相对较小。当年正值经济生产恢复正常轨道的时期，生产力低下，教育落后，受教育的人较少且受教育程度较低，故人力资本的贡献作用较小。当年行政单元之间的经济联系相对较少，故交通便利程度和空间自相关关系等两个因子的贡献作用还没有凸显出来。该年江苏省直接利用外资额几乎为零，实行的是计划经济体制下的平衡发展战略，因此，直接利用外资额和区域发展战略对江苏省区域经济空间极化没有影响。

1984年，江苏省区域经济空间极化的主要影响因子仍然为资本、劳动和人力资本等三个因子，其中资本因子的贡献作用增至19%，劳动力的贡献作用降至62%，人力资本的贡献作用增至9%。在这一年中，资本因子的贡献作用有所增加，那是因为资本数量增加形成规模经营使得生产成本下降而创造更多的经济价值。随着改革开放政策的落实，教育条件的提高，受教育人数和受教育程度都明显增加，这部分人所创造的经济价值明显高于普通劳动者，因此，人力资本因子的贡献作用逐渐增强，而简单劳动因子的贡献作用却相对下降。

1988 年，区域发展战略因子新增为江苏省区域经济空间极化的主要影响因子，它的贡献作用为 8%，成为继资本、劳动和人力资本之后的又一个重要的影响因子。江苏省于 1984 年提出苏南地区优先发展的非均衡战略，使得苏南地区的行政单元经济发展速度明显快于苏北和苏中地区的行政单元。资本因子的贡献作用进一步增为 21%，人力资本因子的贡献作用仍然是 9%，劳动力因子的贡献作用降至 52%。

1995 年，资本、劳动、人力资本和区域发展战略等四个因子为江苏省区域经济空间极化的主要影响因子。资本、人力资本、区域发展战略等三个影响因子的贡献作用进一步增为 23%、10%和 9%，劳动力因子的贡献作用进一步降至 45%。

2002 年，直接利用外资额、交通便利度和空间自相关关系等三个因子新增为江苏省区域经济空间极化的主要影响因子，而区域发展战略退出主要影响因子行列。直接利用外资额、交通便利度和空间自相关关系等三个因子的贡献作用分别为 8%、9%和 4%，区域发展战略因子的贡献作用降至 3%。随着 20 世纪 90 年代初期上海浦东的开发开放，苏南地区直接利用外资额较多，外向型经济发展迅速，使得苏南地区的行政单元经济发展速度明显快于江苏省其他地区的行政单元，成为经济集聚的地区。随着经济的进一步发展，行政单元内部、行政单元之间及其与其他省、市之间的联系越来越密切，交通运输对经济空间极化的作用越来越大。空间自相关因子通过空间近邻效应和极化-涓滴效应影响区域经济活动的成本与收益，进而影响区域经济空间极化过程。江苏省在 20 世纪 90 年代中期提出区域共同发展战略并赋予实施，使得各行政单元得到较为均衡的发展机会，因此，区域发展战略对江苏省区域经济空间极化的影响作用减小。资本、人力资本等两个因子的贡献作用进一步增为 26%和 10%，劳动力因子的贡献作用降至 40%。

2010 年，影响江苏省区域经济空间极化的主要因子有资本、直接利用外资额、劳动、人力资本、交通便利程度和空间自相关关系等六个因子，其中，资本、直接利用外资、人力资本、交通便利程度和空间自相关关系等因子的贡献作用增至 27%、11%、13%、11%和 5%，而劳动、区域发展战略等因子的贡献作用降至 31%和 2%。

9.4.2 同一影响因子的局部贡献作用不同

运用地理加权回归模型对 1978 年、1984 年、1988 年、1995 年、2002 年和 2010

年江苏省区域经济空间极化过程进行模拟，拟合优度分别为 0.919、0.944、0.959、0.968、0.968 和 0.971，都高于相应的古典经济模型、空间滞后模型和空间误差模型，拟合效果较好。将模拟结果绘制成图，从图 9-1、图 9-2、图 9-3、图 9-4、图 9-5 和图 9-6 中可以看出，同一影响因子对不同地区有不同的影响作用，且随着时间演化其影响作用也发生相应的变化。

1978 年，江苏省区域经济空间极化的主要影响因子为资本、劳动和人力资本等三个因子。其中资本因子影响作用比较大的行政单元主要集中在江苏省的东南部和中部地区，影响作用比较小的行政单元主要集中在西南部和东北部地区。劳动因子影响作用比较大的行政单元主要集中在江苏省的西南部地区，影响作用比较小的行政单元主要集中在东南部和北部的中间地区。人力资本因子影响作用比较大的行政单元主要集中在江苏省的东南部和西北部地区，影响作用比较小的行

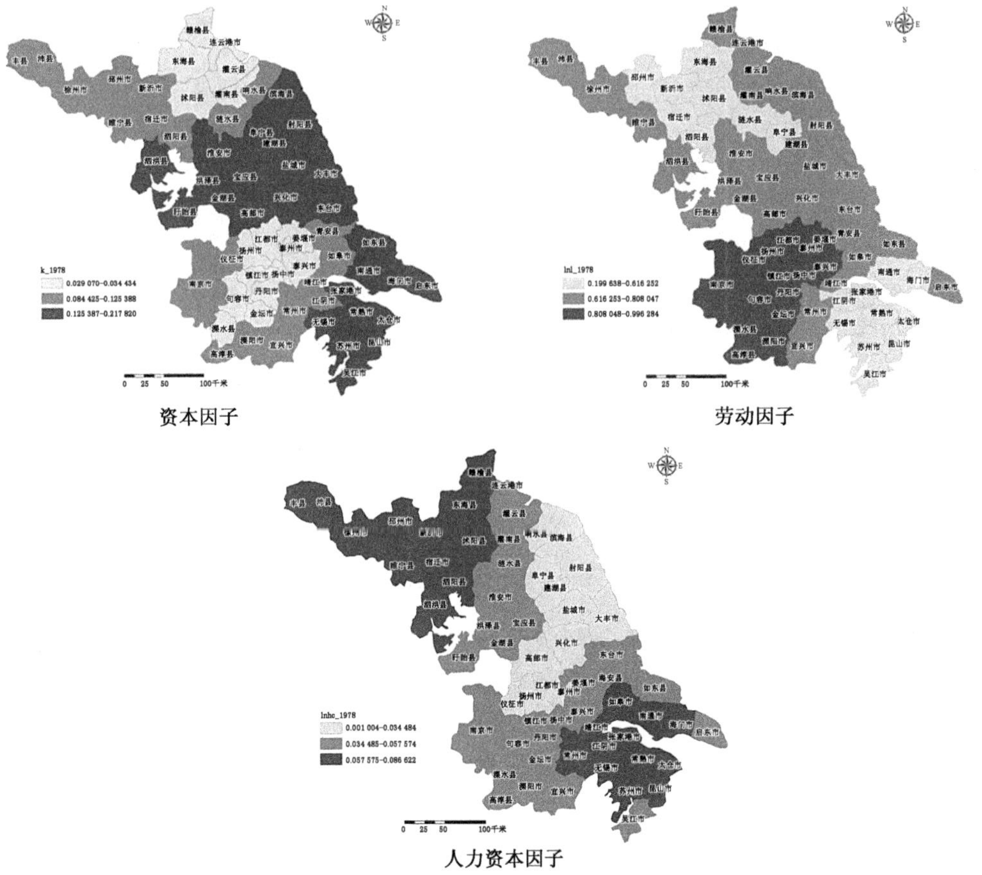

资本因子　　劳动因子

人力资本因子

图 9-1　1978 年影响因子的局部贡献作用

政单元主要集中在中部地区。整体来看,中部地区的资本因子贡献作用比较大,东南部地区资本因子和人力资本因子的贡献作用比较大,西南部地区的劳动因子贡献作用比较大,西北部地区的人力资本因子贡献作用比较大。

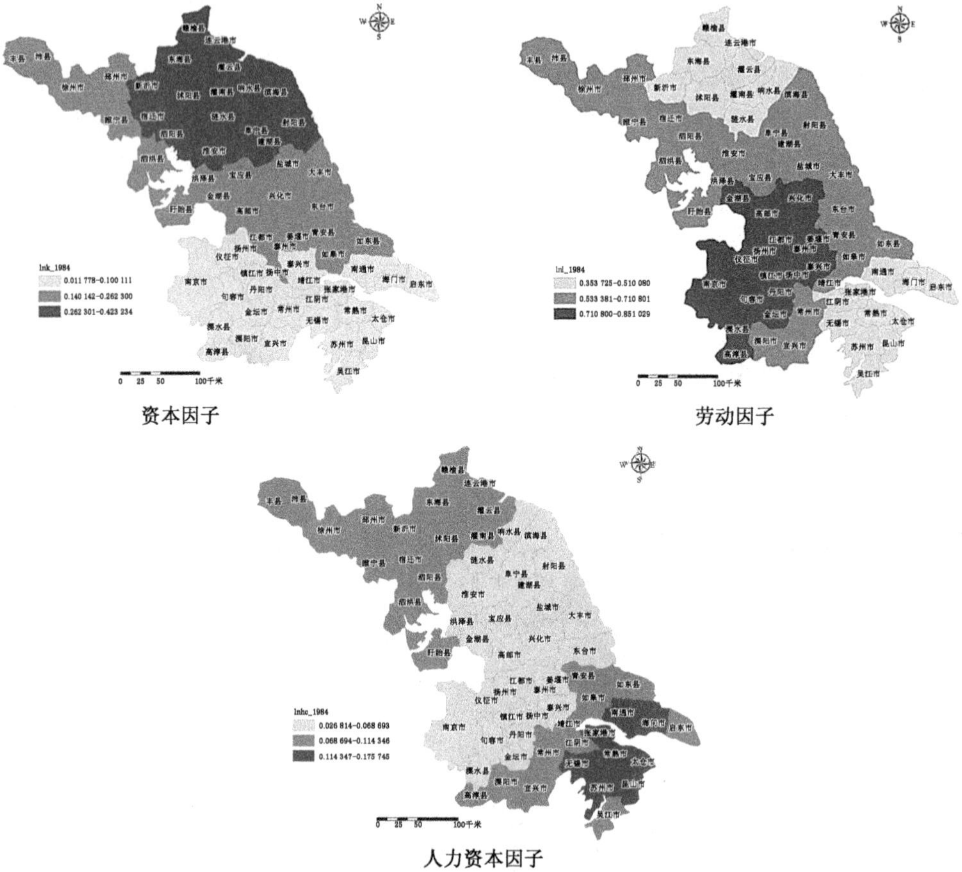

图 9-2　1984 年影响因子的局部贡献作用

1984 年,江苏省区域经济空间极化的主要影响因子仍然为资本、劳动和人力资本等三个因子。其中资本因子影响作用比较大的行政单元主要集中在江苏省的东北部地区,影响作用比较小的行政单元主要集中在南部地区。劳动因子影响作用比较大的行政单元主要集中在江苏省的西南部地区,影响作用比较小的行政单元主要集中在东南部和东北部地区。人力资本因子影响作用比较大的行政单元主要集中在江苏省的东南部地区,影响作用比较小的行政单元主要集中在广大的北部地区。整体来看,东北部地区的资本因子贡献作用较大,西南部地区劳动因子贡献作用较大，东南部地区人力资本因子的贡献作用较大。

1988 年，江苏省区域经济空间极化的主要影响因子为资本、劳动、人力资本、与区域发展战略等四个因子。其中资本因子影响作用比较大的行政单元主要集中在东部地区，影响作用比较小的行政单元主要集中在西南部地区。劳动因子影响作用比较大的行政单元主要集中在西南部和东北部地区，影响作用比较小的行政单元主要集中在东部偏南地区。人力资本因子影响作用比较大的行政单元主要集中在西北部地区，影响作用比较小的行政单元主要集中在东南部地区和东部中部地区。区域发展战略因子影响作用比较大的行政单元主要集中在东南部地区，影响作用比较小的行政单元主要集中在北部地区。整体来看，东部地区的资本因子贡献作用比较大，西南部地区的劳动力因子的贡献作用比较大，东南部地区区域发展战略因子的贡献作用比较大，西北部地区的人力资本因子贡献作用比较大，东北

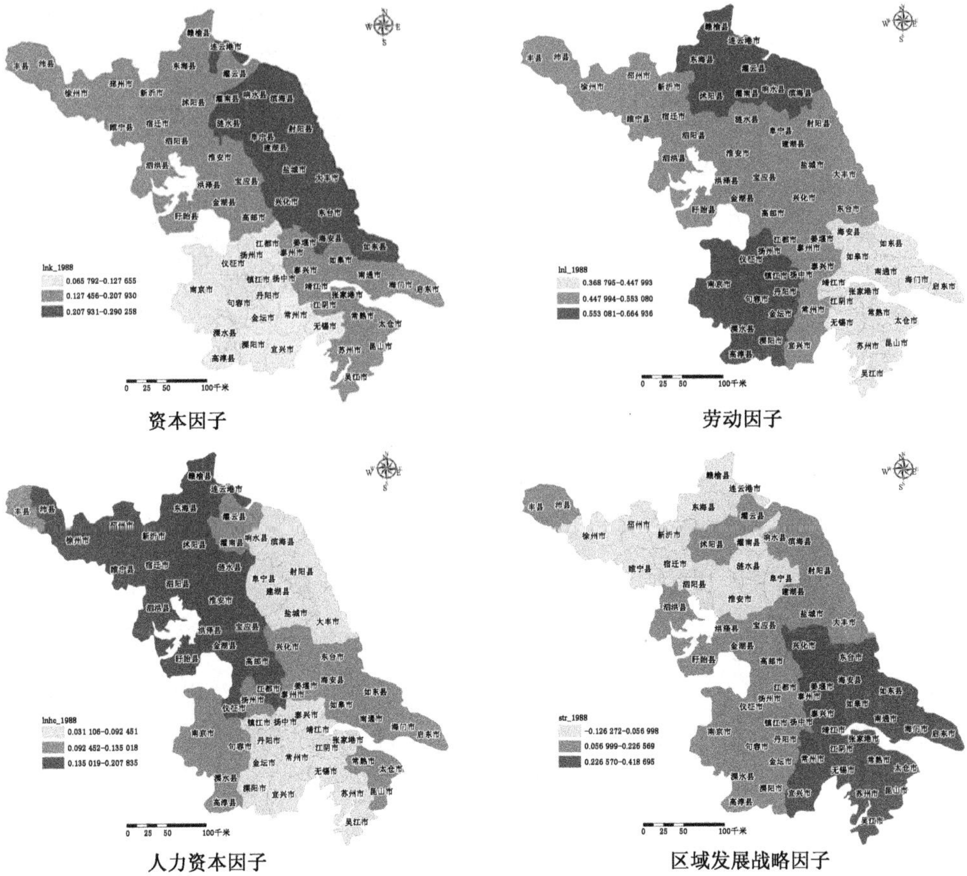

图 9-3　1988 年影响因子的局部贡献作用

部地区劳动因子的贡献作用比较大。

1995年，江苏省区域经济空间极化的主要影响因子仍然为资本、劳动、人力资本和区域发展战略等四个因子。其中资本因子影响作用比较大的行政单元主要集中在东部地区，影响作用比较小的行政单元主要集中在西部地区。劳动因子影响作用比较大的行政单元主要集中在西南部和北部地区，影响作用比较小的行政单元主要集中在东部偏南地区。人力资本因子影响作用比较大的行政单元主要集中在西北部和东南部地区，影响作用比较小的行政单元主要集中在东北部地区。区域发展战略因子影响作用比较大的行政单元主要集中在南部地区，影响作用比较小的行政单元主要集中在北部地区。区域发展战略因子影响作用比较大的行政单元主要集中在南部地区，影响作用比较小的行政单元主要集中在北部地区。整体来看，东部地区的资本因子贡献作用较大，北部地区的劳动因子贡献作用比较大，

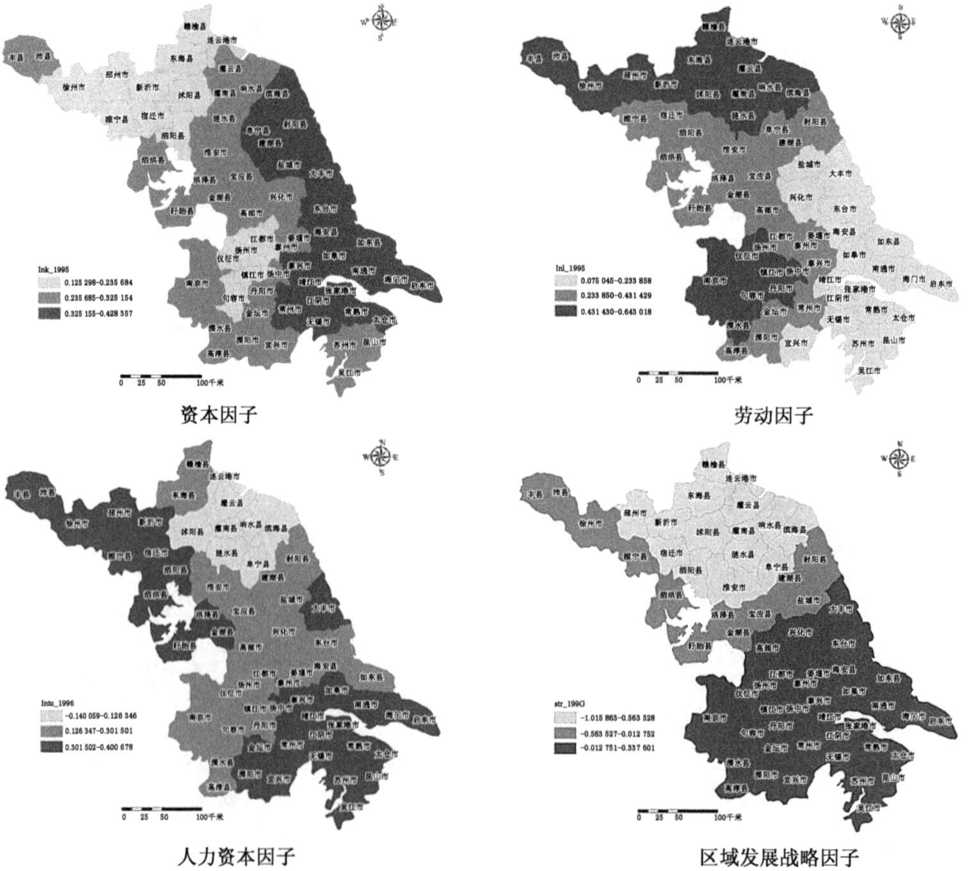

图 9-4　1995 年影响因子的局部贡献作用

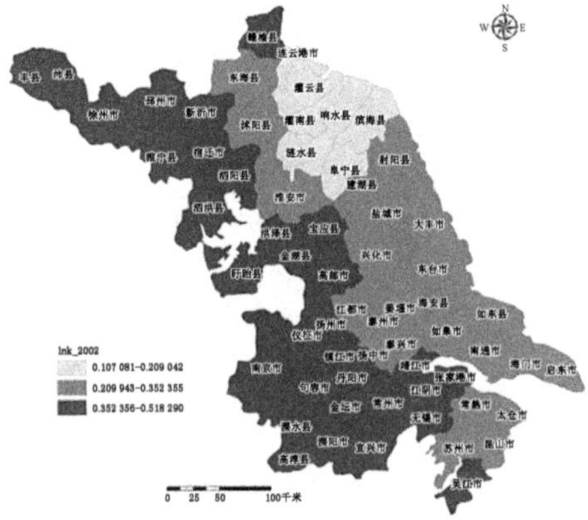

资本因子

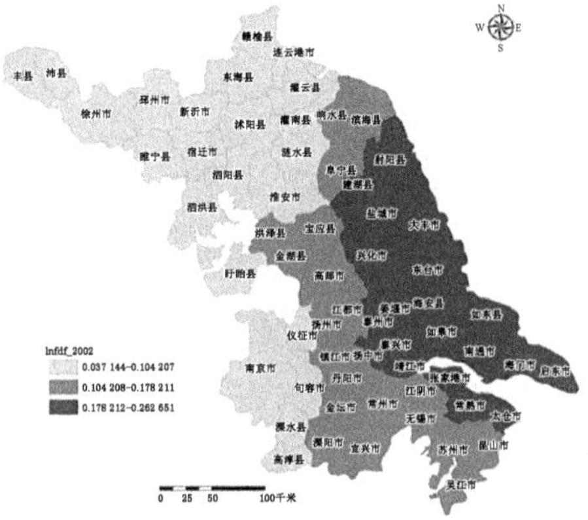

外资因子

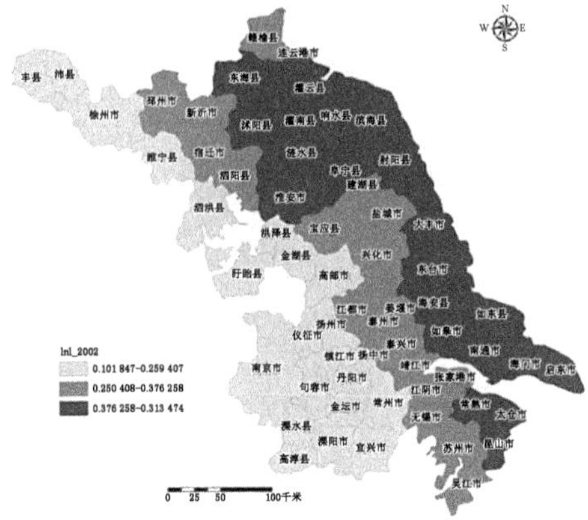

劳动因子

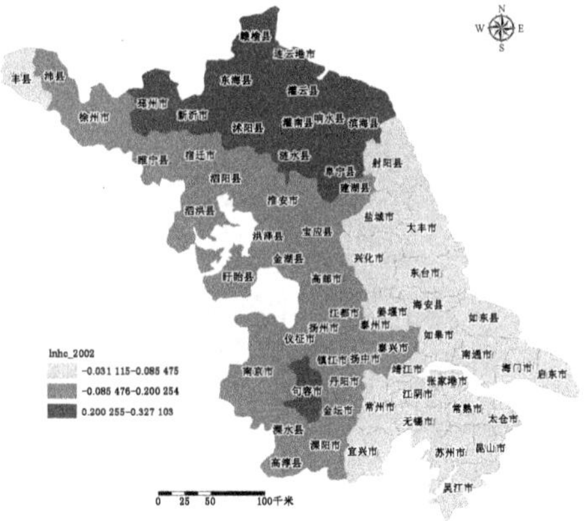

人力资本因子

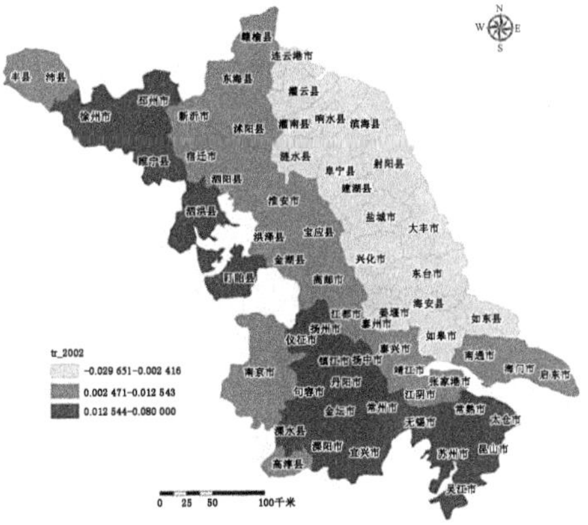

交通因子

图 9-5　2002 年影响因子的局部贡献作用

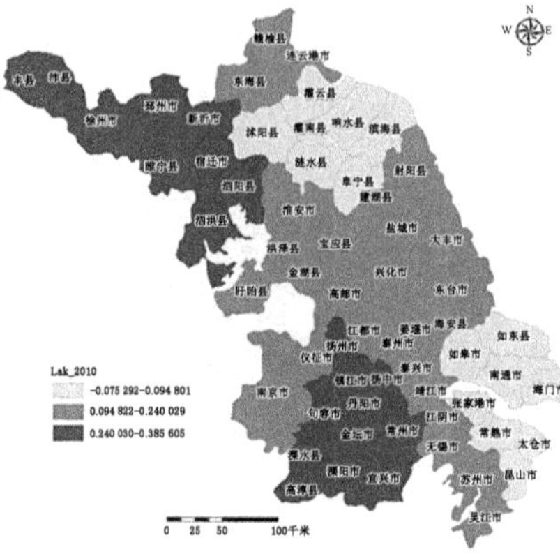

资本因子

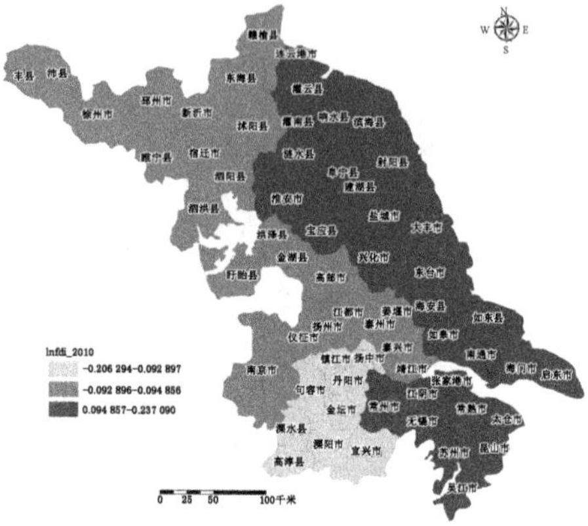

外资因子

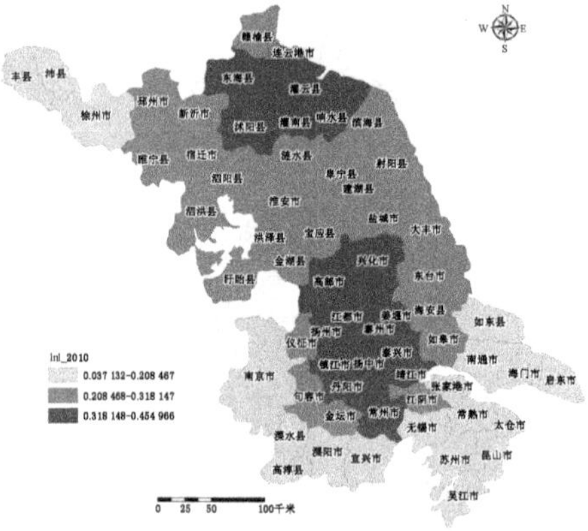

劳动因子

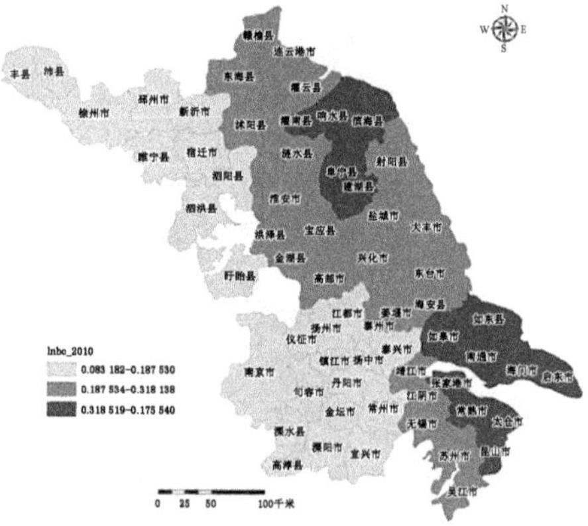

人力资本因子

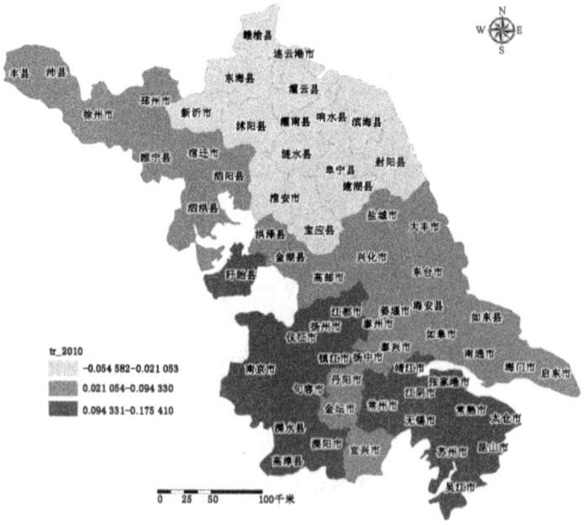

交通因子

图 9-6　2010 年影响因子的局部贡献作用

西北部地区人力资本因子的贡献作用比较大，西南部地区的劳动因子和区域发展战略因子贡献作用比较大，东南部地区的人力资本因子和区域发展战略因子贡献作用比较大。

2002年，江苏省区域经济空间极化的主要影响因子为资本、外资、劳动、人力资本和交通等五个因子。其中资本因子影响作用比较大的行政单元主要集中在西部地区，影响作用比较小的行政单元主要集中在东部地区。外资因子影响作用比较大的行政单元主要集中在东部地区，影响作用比较小的行政单元主要集中在广大的西部地区。劳动因子影响作用比较大的行政单元主要集中在东部地区，影响作用比较小的行政单元主要集中在西部地区。人力资本因子影响作用比较大的行政单元主要集中在东北部地区，影响作用比较小的行政单元主要集中在东部偏南地区。交通因子影响作用比较大的行政单元主要集中在西北部和东南部地区，影响作用比较小的行政单元主要集中在东部地区。整体来看，东南部地区的外资、劳动和交通等因子的贡献作用较大，西部地区的资本因子贡献作用比较大，东北部地区的劳动因子和人力资本因子贡献作用比较大，西北部地区的资本因子和交通因子的贡献作用比较大，东部地区的劳动因子和外资因子的贡献作用较大。

2010年，江苏省区域经济空间极化的主要影响因子仍然为资本、外资、劳动、人力资本和交通等五个因子。其中资本因子影响作用比较大的行政单元主要集中在西北部和西南部地区，影响作用比较小的行政单元主要集中在东部地区。外资因子影响作用比较大的行政单元主要集中在东部地区，影响作用比较小的行政单元主要集中在西南部地区。劳动因子影响作用比较大的行政单元主要集中在东北部地区和中部地区，影响作用比较小的行政单元主要集中在南部地区。人力资本因子影响作用比较大的行政单元主要集中在东部地区，影响作用比较小的行政单元主要集中在西部地区。交通因子影响作用比较大的行政单元主要集中在南部地区，影响作用比较小的行政单元主要集中在东北部地区。整体来看，东南部地区的外资、人力资本和交通等因子贡献作用较大，西南部地区的资本因子和交通因子的贡献作用比较大，东北部地区的人力资本和劳动因子的贡献作用比较大，西北部地区的资本因子贡献作用比较大，东部地区的外资因子贡献作用较大。

9.5　影响因子的作用机理分析

9.5.1　从影响因子性质的视角分析

9.5.1.1　资本增值与生产空间选择

资本是影响区域经济增长的基础因素。资本是人类进行社会经济活动所必需

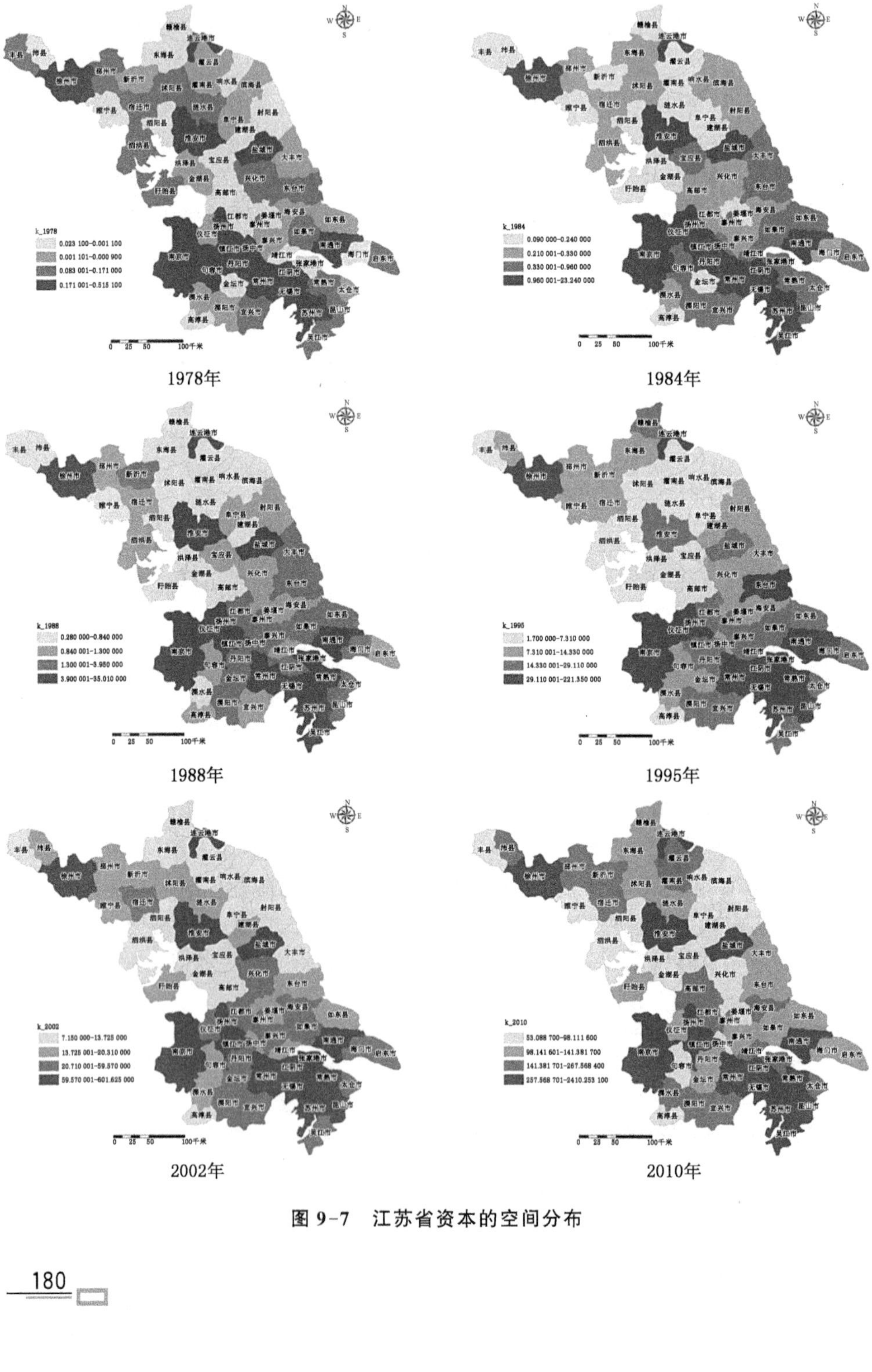

图 9-7　江苏省资本的空间分布

的物质因素，而且它只有和劳动相结合才能创造出经济价值。一般来讲，资本越多创造的经济价值就越多，资本越少创造的经济价值也就越少。资本创造更多经济价值的途径主要有四种：第一种是简单的扩大再生产，第二种是形成规模经济，第三种是改进技术，第四种是资本流动。简单的扩大再生产是指在原有的生产方式下追加资本的投入量以获得更多的产出。形成规模经济是指当资本达到一定的规模后由于分摊固定投资而导致长期平均成本下降以获得更多的社会财富。改进技术是指为了增强竞争力通过改进技术提高资本边际收益率而获取更多的经济价值。资本流动是指资本通过转入高利润率的产业部门（区域）以追求更多的增值。前者是量上的扩张，后面三者是质上的提高。

资本流动是区域经济空间极化的动力之源。资本的本能是追求增值。不同区域因自身条件差异产生不同的资本收益率，资本在收益最大化原则下在区域间不断流动，继而影响区域经济的空间极化过程和结果。一般来讲，资本总是流向那些人口比较密集、基础设施比较完善、市场制度比较健全、技术比较先进的区域，这些区域因生产环境优越而率先成为经济活动的集聚区，成为区域经济的增长极。增长极一旦形成，因其投资环境优于周围区域，其资本的收益率更高、发展机会更多，吸引周围区域的资本源源不断地向其聚集。然而当资本聚集到一定程度，这些区域因竞争过度、市场空间狭小而出现资本过剩现象，资本则会从这些区域流出，流向那些资本收益率较高并具有新的发展机会的区域。资本流出主要通过就近流出、跳跃式流出两种方式影响区域经济空间极化态势。资本就近流出是指资本由区域增长极向其相邻地区流出。一般而言，增长极相邻地区拥有较适宜的区位，与增长极间的联系较方便，便于获取信息，是资本从增长极流出后的较佳流入区域。该种资本流出方式使得增长极相邻区域得到快速发展，与原有的增长极一同形成面积更大、实力更强的区域经济增长极。资本跳跃式流出是指资本由区域增长极越过其相邻地区向其他地区流出。这些地区虽然在空间上与增长极不相邻，但是其整体发展水平较高、具备资本投资的良好条件或者在某些方面具备发展机遇和潜力，成为资本从增长极流出后的优选区域。该种资本流出方式使得这些区域得到快速发展，成为区域经济的次增长极，与原有的增长极一同形成多核心的区域经济空间极化结构。

从图 9-7 中可以看出，改革开放以来，长江沿岸地区尤其是长江南岸地区的行政单元资本较丰富，这些行政单元具备比较完善的基础设施、产业联系、市场条件、信息渠道和技术力量等优势，资本投资的收益率通常都较高，经济增长速度较快，成为江苏省经济核心区。广大的苏北地区只有徐州市区、连云港市区、淮安市区、盐城市区的资本较丰富，创造出较多的产出，成为局部地区的经济核心区。

9.5.1.2 外资增值与流入空间选择

外资是自 20 世纪 90 年代以来影响江苏省经济增长的一个重要因素。外商直接投资主要通过以下三种效应影响经济增长过程:一是增量效应,一是渗透效应,一是示范效应。增量效应是指外商直接投资的加入使得当地的资本量相应增加,从而加快该地区的经济增长。渗透效应是指外商直接投资通过较为先进的技术转移、扩散的方式改善和促进当地企业的进步,以此来影响当地的经济发展。示范效应是指当地企业学习借鉴外商直接投资的先进技术、设备及其经营管理理念以建立起类似的企业或提高原有的技术水平和管理水平,并增强当地的经济竞争力。

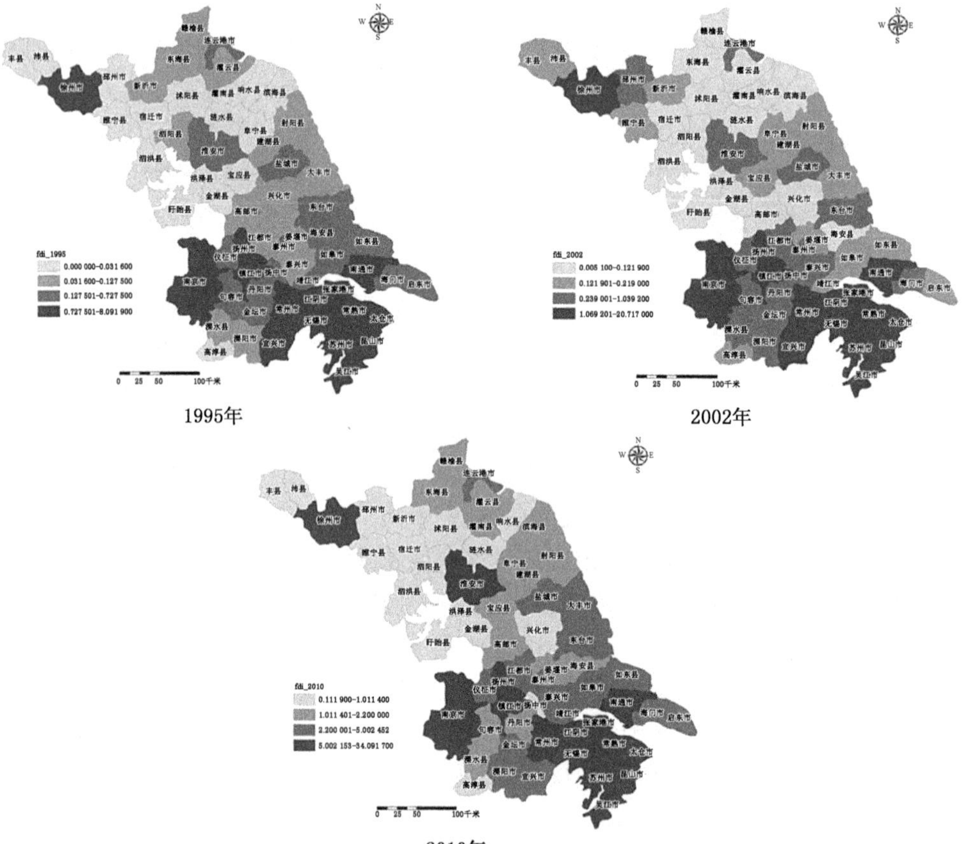

图 9-8 江苏省直接外资投资的空间分布

外资流入空间不均衡是区域经济空间极化的重要推手。外商直接投资并不是均衡地进入江苏省各个行政区域,而是优先进入那些软件环境和硬件设施都比较好的行政中心和距离上海比较近的地区，使这些地区的经济发展更上一个台阶。从图 9-8 中可以看出，外商直接投资主要分布在长江沿岸地区尤其是长江南岸地区的行政单元。这些行政单元凭借其区位优势、市场规模和优惠政策吸引了众多的外商直接投资，而外商直接投资通过增量效应、渗透效应和示范效应弥补了当地资金的缺口、促进了当地的就业、优化了当地的资源配置效率，继而推动当地经济增长明显快于省内的其他行政单元，而经济快速增长，又进一步吸引更多的外商直接投资，这样，在外商直接投资和区域经济增长之间形成了良好的循环效应，使得这些增长极的实力更加强化。相反，苏北地区的区位优势、市场规模和优惠政策原本相对就弱，吸引外商直接投资力道不足，以至于这些行政单元的外商直接投资较少，经济增长远远落下，成为省内经济边缘区。

9.5.1.3　劳动增值与生活空间选择

劳动是影响区域经济增长的又一个基础因素。劳动是进行社会经济活动所必需的人的因素，并且它也只有和资本相结合才能创造出经济价值。一般来讲，劳动越多创造的经济价值就越多，劳动越少创造的经济价值也就越少。劳动创造经济价值的途径主要有四种：一种是简单的扩大再生产，一种是劳动分工，一种是边干边学，一种是劳动流动。简单的扩大再生产是指在原有的生产方式下追加劳动的投入量以获得更多的产出。劳动分工是指通过让每个劳动力专门从事某一项生产或生产过程的某一部分工作以提高其劳动生产率进而增加国民财富。边干边学是指在长期生产过程中，劳动者可以通过积累产品生产、产品的技术设计和经营管理方面的经验提高劳动生产率，从而导致长期平均成本下降，创造出更多的经济价值。劳动流动是指通过劳动转入高利润率的产业部门或区域以追求更多的增值。

劳动流动是区域经济空间极化的又一动力之源。不同区域因经济发展水平差异产生不同的劳动收益率，劳动在收益最大化原则下在其间不断流动直至达到均衡状态，从而影响区域经济的空间极化过程和结果。一般来讲，劳动总是流向那些工资收益较高、就业机会较多的区域，这些区域因此成为人口的集聚区。众多的人口不仅是生产者还是消费者，他们的衣食住行带动了一大批产业的发展，使得这些区域经济增长更快，成为区域经济增长中心。一旦成为经济增长中心，这些区域的工资收益率更高、就业机会更多，吸引周围区域的人口源源不断地向其聚集。然而当人口聚集到一定程度，这些区域因竞争过度、就业空间狭小而出现劳动过剩现象，劳动就会从这些区域流出，流向那些工资收益较高并具有更多就业机会的区域，使得这些区域得到更快的发展，成为区域经济增长的次中心。劳动的流入和流出影响着资源、产业在不同区域间的集聚，继而影响区域经济空间极化态势。

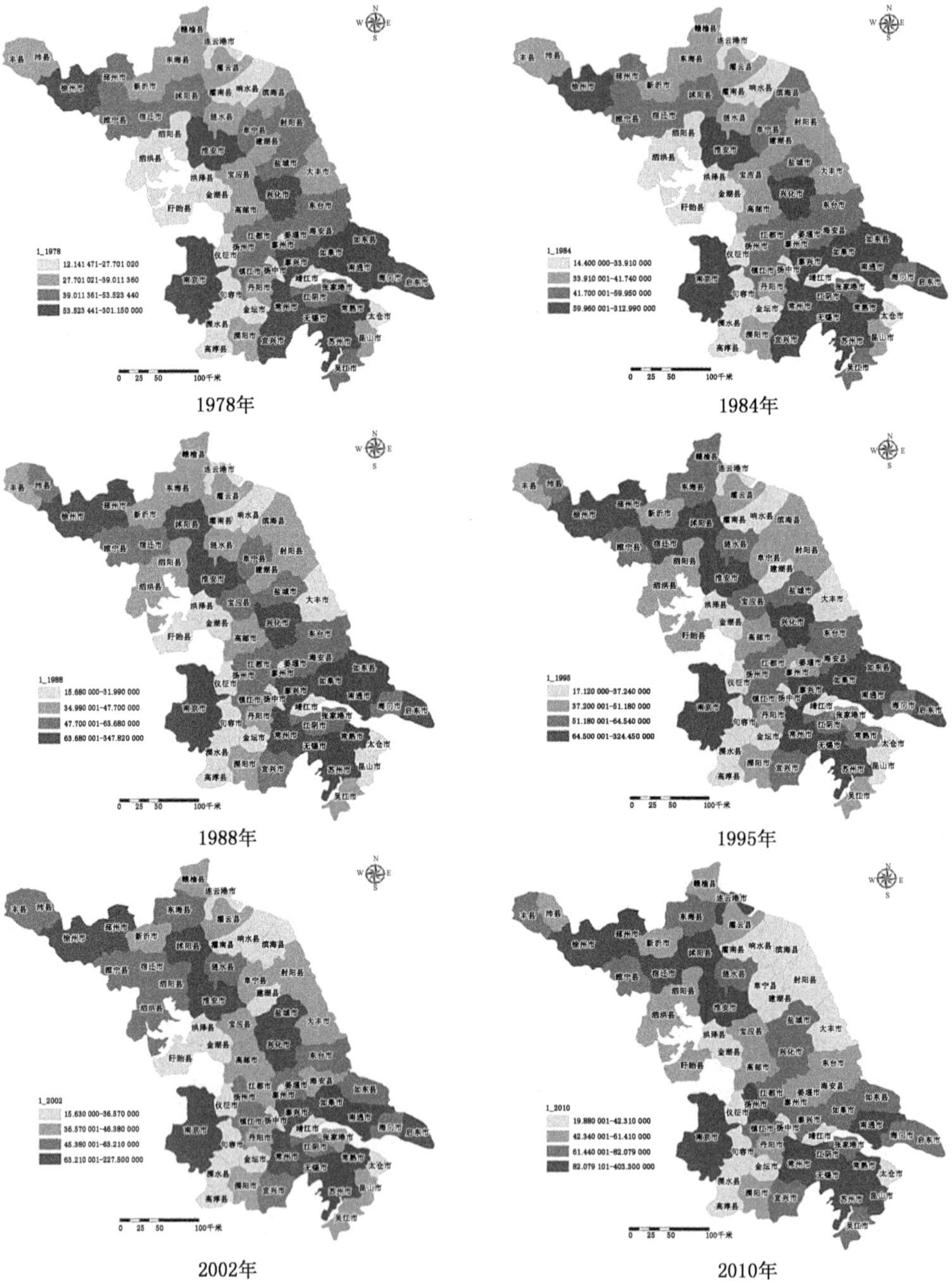

图 9-9 江苏省劳动的空间分布

从图 9-9 中可以看出，改革开放初期，江苏省东南部地区的劳动力资源相对丰富，西南部只有南京市区的劳动力资源较丰富，苏北地区只有徐州市区和淮安市区的劳动力资源较丰富，这些行政区域凭借丰富的劳动力资源，通过对原有企业追加劳动投入扩大再生产或将劳动力投入到新企业生产新产品等方式，在其他一些优势资源的共同作用下，经济快速发展，成为区域经济增长极。随着改革开放的推进，苏北地区部分行政区域的经济迅速发展起来，吸引众多的劳动力资源汇聚于此，这些劳动力资源反过来又推动这些地区的经济发展。进入 21 世纪后，沿江地区和东陇海沿线地区凭借其便利的交通区位和倾斜的发展政策，吸引着劳动力向这些地方集聚，然而这两个地区劳动力创造经济价值的途径有所差异，前者主要通过追加简单的劳动投入发展一些技术含量低的劳动密集型产业以增加经济产出，后者主要通过劳动分工、边干边学和劳动流动等方式以提高劳动生产率或优化资源配置从而增加经济产出。

9.5.1.4　人力资本增值与价值空间选择

人力资本是影响江苏省经济增长的一个重要因素。人力资本的重要地位是在经济进步和增长过程中逐步确立起来的。人力资本是指劳动者经过教育、培训、实践等经历而获得的知识和技能的积累，它具有创新性和创造性的思维及灵敏性的市场应变能力，在经济发展中比其他资源有更大的增值空间。人力资本对经济增长的贡献作用主要有三种：一种是开发新产品或改进原有产品，一种是有效配置资源，一种是调整企业发展战略。开发新产品或改进原有产品是指人力资本通过开发一种全新产品或提高原有产品性能重新开辟一个全新市场或提高原有产品的市场竞争力以获得垄断利润或超额利润。有效配置资源是指人力资本运用先进的生产经营管理理念高效率地配置资源以使成本节约从而获得更多利润。调整企业发展战略是指人力资本凭借其灵敏性的市场应变能力及时调整企业发展战略，将有限的资源用于具有发展潜力的生产部门，以确保拥有较强的发展后劲。

人力资本空间极化是区域经济空间极化的又一重要推手。人力资本投资差异和人力资本流动是人力资本空间极化的两个重要原因。不同区域因经济发展水平不同对人力资本投资的力度不同，从而引起区域间人力资本差异，继而形成区域经济差异。一般来讲，经济发展水平较高的区域因公共基础设施完善、资金雄厚、技术先进、信息发达、体制健全、制度灵活等优势资源为人力资本提供的发展空间较大、收益也较高，而经济发展水平较低的区域因缺乏这些优势资源为人力资本提供的发展空间较小、收益也较低。人力资本在追求收益最大化的原则下从经济发展水平较低地区流出而流入经济发展水平较高区域，形成中心-外围的区域经济空间极化结构。当人力资本在经济发展水平较高区域集聚到一定程度产生聚集不经济时，人力资本会从经济发展水平较高区域流向经济发展水平较低区域，引起增长中

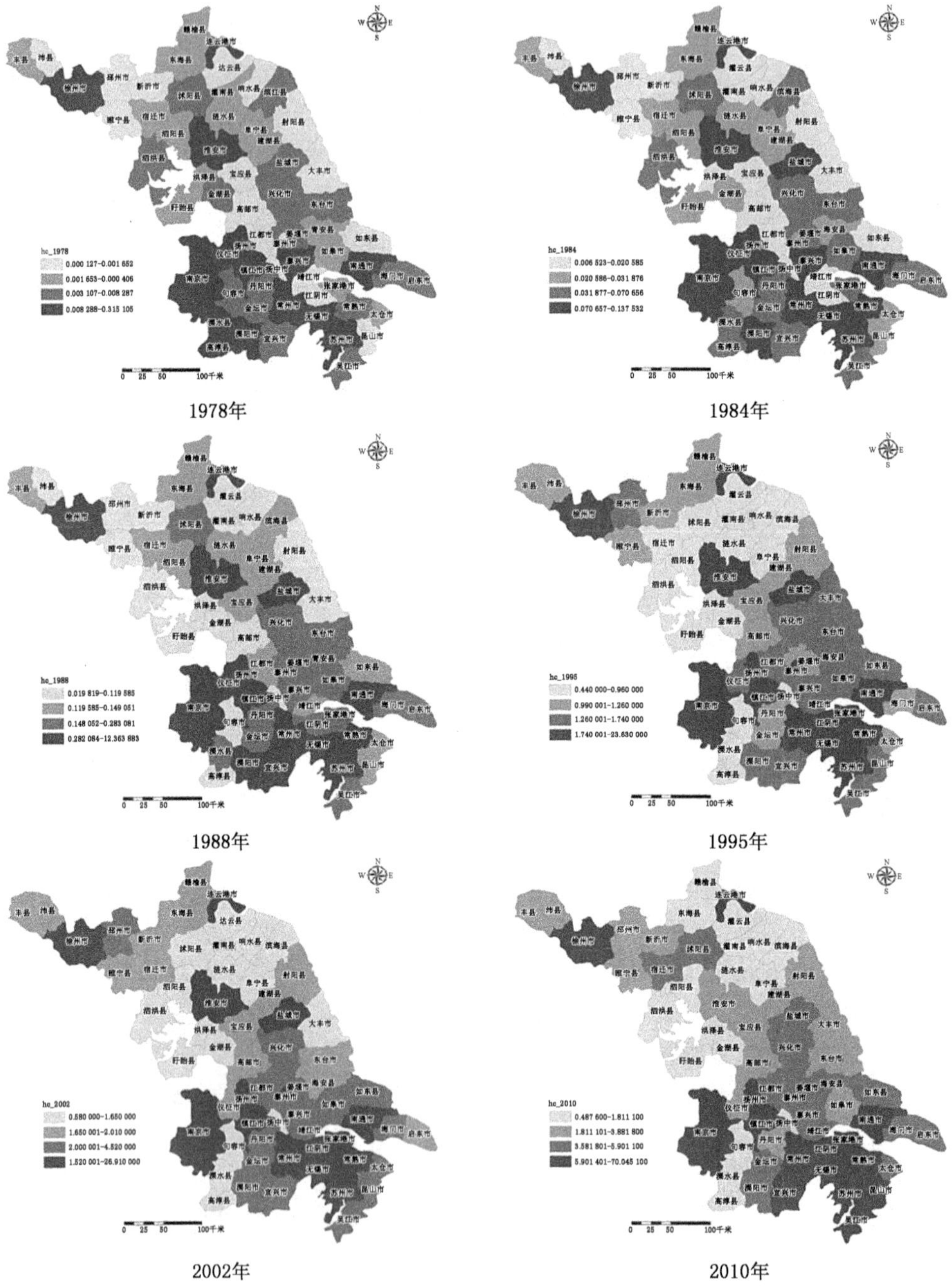

图 9-10　江苏省人力资本的空间分布

心的扩展，或形成新的增长中心。

从图 9-10 中可以看出，江苏省长江沿岸行政单元的人力资本相对丰富，苏北地区只有徐州市区、连云港市区、盐城市区和淮安市区的人力资本较丰富，这些行政单元凭借丰富的人力资本资源，通过开发新产品或改进原有产品、有效配置资源和调整企业发展战略等方式，使得其经济快速发展。随着沿江开发战略的推进，人力资本逐渐向长江沿岸尤其是向距离上海比较近的苏南行政单元集聚，这些人力资本使得这些行政单元的经济发展获得更强劲的发展。苏北地区行政单元吸引人力资本的条件较弱，在经济发展过程中逐渐与苏南行政单元拉开差距。

9.5.1.5　交通发展与空间布局

交通运输是综合反映一个地区区位优劣的重要内容，是经济活动空间选择和空间内经济活动组合的重要外部约束因素，是区域经济活动集聚和扩散的重要通道，是经济活动空间极化的重要推动力量。绝大多数经济活动过程都具有交通运输这一环节，这一环节使得交通便利程度在经济活动的区位选择及经济活动的空间布局中起到非常重要的作用。交通便利程度主要取决于铁路、公路、水运和航空等运输方式及其组合。一般来讲，具备多种交通方式的地方，其交通便利程度也越高。在现代化的经济发展中，高铁、高速公路、航运和航空等运输方式的作用更加凸显。交通便利程度一般从两个途径产生影响作用：一是降低运输成本，一是联系的便捷性。前者能够通过减少中转次数节约站场费用和选择合适的运输方式节约线路费用，使得生产要素及产品的运输费用降低而节约经济活动成本，后者能够通过快捷方便的联系通道扩大人员交流和经济活动的范围而获取更多收益。经济活动大都从这两个角度出发选择其区位，一般都选择在多种交通方式交汇的交通枢纽或具有较低线路运输费用的沿海、沿江、沿河、沿路地带。因此，位于多种交通方式交汇的地区或具有较低线路运输费用的沿海、沿江、沿河、沿路地区大都发展成为区域经济的增长中心。

交通运输建设引导区域经济空间极化的方向。改革开放初期到 20 世纪 90 年代中期，江苏省的交通运输方式主要是铁路、公路和水运等三种运输方式。处于京沪铁路和陇海铁路交汇处的徐州市区、既有铁路运输又有航海运输的连云港市区、既有长江航运又有航海运输的南通市区、既有铁路运输又有长江运输的沿江行政单元（市区）凭借它们交通枢纽的地位，洪泽湖和高邮湖沿岸的行政单元、京杭大运河沿岸的行政单元、沿海的行政单元凭借它们较低的线路运输费用，分别成为经济活动优先选择的区位。自 20 世纪 90 年代中后期开始，随着经济节奏的加快，高速公路、航空运输和大提速后的铁路成为影响江苏省经济区位选择的重要条件。随着沪宁高速公路和宁通高速公路在 1996 年建成通车后，这两条高速公路沿途的路口成为经济活动集聚的区位。21 世纪的 10 年中，又有徐连高速公路、徐宿淮盐高速公路、宁连高速公路、沿江高速公路、沿海高速公路、新扬高速公路、扬溧高速公路、通启高速公路、锡宜高速公路、江海高速公路、宁靖盐高速公路、宁杭高速公路、苏嘉杭高速公路、济徐高速公路、金港大道、南京环城高速公路等十几条高速公路相继建成通车，这些高速公路沿途的行政单元也成为经济活动选择的区位。拥有禄口国际机场的南京、奔牛机场的常州、白塔机场的连云港、观音机场的徐州、兴东机场的南通、南洋机场的盐城、硕放机场的无锡和苏州、涟水机场的淮安，成为高新企业首选的区位。随着铁路的大提速，铁路沿线成为新一轮经济活动选择的区位。随着 2005 年宁启铁路和新长铁路的建成通车，经济活动逐渐向沿线地区集聚。

9.5.1.6 区域发展战略与空间引导

区域发展战略是影响经济活动区位选择和区域经济增长速度的重要条件。区域发展战略一般是通过优惠的税收政策、贷款政策、土地使用政策和简化的行政审批程序对经济活动的区位选择和区域经济的增长速度进行宏观的空间调控。一般来讲，优先发展的区域会成为经济活动首选的区位和经济增长速度较快的区域。

在改革开放初期到 20 世纪 80 年代中期之间，受计划经济体制和平均分配思想的影响，江苏省实施的是区域均衡发展战略。在该战略的指引下，政策的制定及经济活动区位的选择倾向于经济发展相对落后的行政单元，使得这些行政单元也成为一定经济活动的集聚地且经济增长速度较快，以改变当时区域生产力布局不平衡的局面。但是这种战略的实施限制了经济相对发达的苏南地区的经济发展，制约了整个省域的综合实力提高。为了响应国家对外开放和沿海优先发展的战略，江苏省于 1984 年提出区域非均衡发展战略，即率先发展相对发达的苏南地区，然后通过它们来带动相对不发达的苏北地区和苏中地区，以促进全省经济的振兴。作为长江三角洲组成部分的苏南地区于 1985 年又被党中央和国务院作为沿海经济开放区。此时，对外开放政策、空间优先发展政策同时在该地区实施，使得苏南地区政府和企业拥有更多的发展自主权，吸引多种渠道的资金用于经济生产以获取最大的利润。这一时期，苏南地区成为江苏省经济发展的核心区，经济活动集聚速度和经济增长速度明显快于江苏省其他地区。20 世纪 90 年代中后期，江苏省相继提出区域共同发展战略和苏北大发展战略以试图改变经济过度向苏南地区极化的格局，这些战略虽然加快了苏北和苏中地区的经济增长，然而由于惯性效应，并没有改变已有的以苏南地区为核心区、以其他地区为外围区的极化格局。为了融入全球经济发展体系，江苏省于 2002 年提出新一轮的沿江开发战略，该战略的实施，使得经济活动向长江沿岸地区集聚，既全面提升了苏南地区的竞争力，又加快了苏中地区的崛起。江苏省委、省政府审时度势，于 2007 年全面实施新一轮沿海开发战略，该战略的实施，使得江苏省沿海地区成为经济活动选择的区位，并使这些行政单元的经济快速增长，继而影响江苏省区域经济的空间极化格局。

9.5.1.7　综合驱动与空间极化

通过对以上影响因子的作用机理分析可以看出，这些因子并不是独立地影响江苏省区域经济的空间极化过程，而是相互交织在一起共同引致其空间极化过程及空间极化格局的形成。其中，资本、外资、劳动和人力资本等因子主要从经济生产投入的视角影响行政单元经济空间极化过程和极化格局，交通因子主要从经济活动流通的视角影响行政单元经济空间极化过程和极化格局，区域发展战略因子主要从经济活动制度保障的视角影响区域经济空间极化过程和极化格局。然而，这六个因子之间又相互影响、相互作用，每一个因子在其他因子的影响下发生着演化，继而在新的起点上影响行政单元经济空间极化过程和极化格局（图 9-11）。

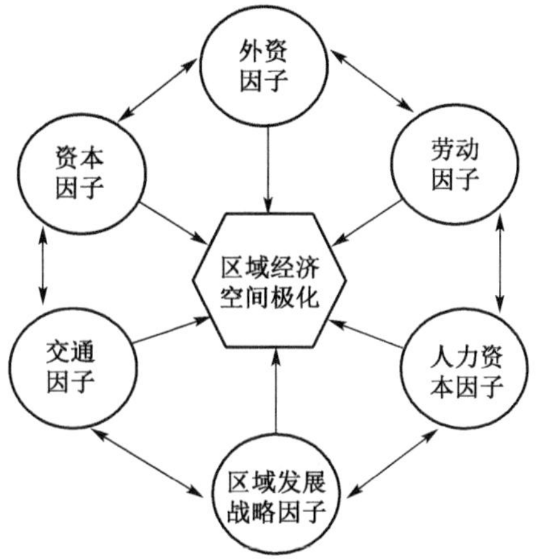

图 9-11　各项影响因子的综合作用

资本、外资、劳动和人力资本等因子是从经济活动投入的视角对江苏省区域经济空间极化起基础性作用。一般来讲，资本、外资、劳动和人力资本等生产要素丰富的地区凭借规模经济、范围经济和外部经济而使得经济迅速发展，成为经济中心区，反之则发展较慢，成为经济边缘区。然而，生产要素具有流动性，且其流向和流量受到交通因子和区域发展战略因子的影响。生产要素一般流向具有交通便利程度高和战略优先发展的长江沿岸地区和沿海地区相关行政区域，因为在这些行政区域的生产要素可以凭借节约成本或提高边际生产率而获得超额利润。这些行政区域自身的生产要素就比较丰富，再加上集聚的生产要素，其生产要素更加丰富，这些生产要素在新的起点上继续强化着这些行政区域的经济增长和经济活动集聚。

交通因子从经济活动流通的视角对区域经济空间极化起重要影响作用。交通便利程度较高的区域运输费用较低、对外联系便捷性较强，反之则运输费用较高、对外联系便捷性较低。根据利润最大化原则，经济活动选择布局在交通便利程度高的长江沿岸地区及苏北地区的地级市区，这些区位逐渐成为经济活动的集聚地。由于经济活动集聚地存在规模经济、范围经济和外部经济，其生产要素边际生产率较高，吸引资本、外资、劳动和人力资本等生产要素从周边行政区域向这些行政区域汇聚并获得优先发展的战略支持，使得这些行政区域的经济迅速发展壮大。强大的经济又可以为这些行政区域提升交通便利程度提供物质基础，从而使得这些行政区域的交通优势更加突出。在新的交通优势下，经济活动继续选择布局在相关的行政区域，进行着新一轮的经济空间极化过程。

区域发展战略因子主要从经济活动制度保障的视角对区域经济空间极化过程和极化格局进行影响。战略优先发展区域因其优惠的税收政策、贷款政策、土地使用政策和简化的行政审批程序成为经济活动的集聚地，吸引资本、外资、劳动和人力资本等生产要素向这些区域集聚，成为区域经济的增长中心。这些增长中心的经济得到迅速发展，物质获得极大丰富，为区域交通建设提供强大的物质保障。在此基础上，根据全局发展需要制定新一轮的区域经济发展战略，以引导并保障区域经济适度的空间极化，并以较高的效率实现区域经济的整体增长。

9.5.2 从空间相互作用的视角分析

9.5.2.1 要素禀赋的地理空间效应

要素禀赋既具有时间效应，又具有地理空间效应。随着时间的演化，要素禀赋包含的内容也会随之发生演化，农业社会的要素禀赋主要包括自然资源，工业社会的要素禀赋既包括自然资源又包括社会经济资源。其中自然资源是天然固化在特定地理空间上不能移动的要素禀赋，社会经济资源中的交通、制度等是后天人类投入固化在特定空间上所形成的不可流动或很难流动的资源禀赋，社会经济资源中后天形成的资本、外资、劳动、人力资本等是可以随机流动的，但往往向其边际收益率高的地理空间单向流动。要素禀赋与地理空间位置紧紧联系，具有很强的地理空间效应。

为了阐述要素禀赋的地理空间效应在江苏省区域经济空间极化过程中的作用机理，本书选取资本、外资、劳动、人力资本、交通便利程度、区域发展战略等相关指标利用熵值法计算初始要素禀赋（1978 年）和现实要素禀赋（2010 年）的综合分值，并将其绘制成图 9-12。

初始要素禀赋差异引致区域经济空间极化格局初步形成，现实要素禀赋差异直接决定区域经济空间极化格局的形成。初始要素禀赋较好的地区主要分布在长江沿岸尤其是长江的南岸及苏北地区的地级市区，初始要素禀赋较差的地区主要分布在广大的苏北地区。长江沿岸地区在良好的自然条件下农业收成较高，较高的农业收成不但为该地区引来了更多的人口，还能够发展以农产品为原材料的工业以创造资本，大量的资本和劳动投入使得这些地区通过扩大生产规模、提高单要素生产效率、优化资源配置等方式快速发展经济，初步成为江苏省经济发展的增长极。徐州市区和连云港市区凭借其便利的交通和地级市政治中心的地位，汇聚大量的资本和劳动，初步形成苏北地区的增长极。其他地区则由于综合要素禀赋较差而无力汇聚资本和劳动，初步沦为经济外围区。现实要素禀赋较好的地区逐渐向长江沿岸尤其是长江的南岸聚集，现实要素禀赋较差的地区逐渐向苏北地区集聚。自 1995 年到 2010 年，江苏省区域在长三角经济辐射下，主要受历史基础、外资、人力资本、交通、区域发展战略等要素的影响。历史基础比较好、交通便利程度高、获得优先发展权的长江沿岸尤其是长江南岸地区是外资直接投资和发展外向型经济的首选地，这些地区通过吸收国外资本，利用先进的技术、设备、经验以提升其产品的竞争力，扩展其国内外市场，逐步成为江苏省经济活动的集聚地，逐渐成长为江苏省经济核心区。历史基础比较差、交通便利程度比较低、没有获得优先发展权的苏北地区，其外资直接投资较少，且发展外向型经济的动力不足，逐渐成为江苏省经济外围区。

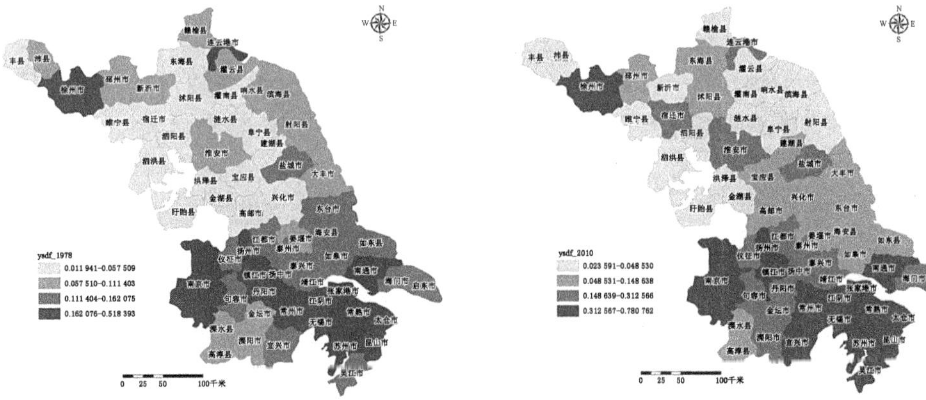

1978年　　2010年

图 9-12　江苏省要素禀赋的空间分布

9.5.2.2　循环累积因果效应

循环累积因果效应是指区域经济发展过程中，某一个影响因素发生演化，引起了另外一个影响因素的演化，而后一个影响因素的演化反过来又推动了前一个影响因素的演化，使得区域经济的发展过程沿着最初那个影响因素演化的方向发展，从而形成累积性的循环发展趋势。循环累积因果效应发生的途径有两个：一个是内生的循环累积因果效应，另一个是外生的循环累积因果效应。内生的循环累积因果效应是指假设经济生产要素及其收益在区域间不流动，初始要素禀赋较好的区域在经济活动中因生产要素丰富存在规模经济、聚集经济和外部经济而产生收益递增、因交通便利而产生运输成本节约、因制度灵活而提升产业结构，在此基础上获得超额利润甚至是垄断利润，经济收益大量增加，增加的收益继续投资到生产要素购买、交通的建设和制度的改革等领域，使生产要素更加丰富、交通更加便利、制度更加灵活，在较高的起点上开始新一轮的循环过程，周而复始，经济快速累积增长，而初始要素禀赋较差区域因生产要素缺乏、交通不便、制度僵化而导致其促使经济增长的循环累积过程较缓慢甚至出现引起经济负增长的相反的循环累积过程，经济发展较慢，逐渐拉开与初始要素禀赋较好区域的距离。外生的循环累积因果效应是指假设经济生产要素及其收益在区域间可以自由流动，初始生产要素较好的区域在经济活动中存在超额利润，生产要素边际收益率增加，吸引生产要素向该区域汇聚，流入的生产要素投入到生产设备更新、技术研发、基础设施建设、制度改革等领域，资源禀赋更具优势，生产要素边际收益率更高，进一步吸引生产要素向此处聚集，然后开始下一个较高起点的循环累积过程，经济迅速发展壮大，初始生产要素较差区域在经济活动中不存在超额利润甚至出现亏损，生产要素收益率较低，生产要素从该区域流出，投入减少，陈旧的设备、不便的交通、僵化的制度因缺乏投入而难以更新、完善和改革，生产要素收益率更低，生产要素进一步从该区域流出，紧接着开始新一轮同方向的循环累积过程，经济发展缓慢，初始要素禀赋较好区域和初始要素禀赋较差区域之间的经济发展水平差距越来越大。

表 9-9　极化区和非极化区相关指标比较

年份		1978	1984	1988	1995	2002	2010
极化区	资本(亿元/县)	0.60	3.10	6.12	45.04	95.21	419.57
	直接利用外资(亿美元/县)	0.00	0.00	0.07	1.61	3.12	7.61
	劳动(万人/县)	60.00	63.12	68.19	70.97	78.08	91.19
	人力资本(万人/县)	0.20	0.50	1.04	3.64	5.64	9.66
	交通便利度	0.97	0.98	1.13	2.56	3.31	4.84
非极化区	资本(亿元/县)	0.09	0.30	0.97	8.05	18.41	129.84
	直接利用外资(亿美元/县)	0.00	0.00	0.00	0.06	0.13	1.40
	劳动(万人/县)	39.20	47.00	50.18	53.72	57.38	61.04
	人力资本(万人/县)	0.01	0.04	0.17	1.09	1.89	2.49
	交通便利度	0.52	0.53	0.54	0.61	1.13	1.84

从表 9-9 中可以看出，改革开放初期，极化区和非极化区之间的影响因子存在一定的差距，自 20 世纪 90 年代起，二者之间的差距逐渐增大，正是这些影响因子在空间上的循环累积作用，促使了江苏省区域经济空间极化格局的形成。1978 年，极化区与非极化区的平均资本相差 0.51 亿元，平均劳动相差 20.80 万人，平均人力资本相差 0.19 万人，交通便利度相差 0.45。极化区凭借相对丰富的资本、劳动和人力资本通过规模经济、聚集经济和外部经济的方式产生收益递增，凭借相对便利的交通通过节约运输成本的方式获得生产成本节约，从而获得超额利润。非极化区因不具备这些优势条件而导致收益较低。在此基础上，极化区和非极化区各自发生内生循环累积因果过程和外生循环累积因果过程，这两种循环累积因果过程相互交织在一起，促使江苏省区域经济发生空间极化。时至 2010 年，极化区与非极化区的平均资本相差增至 289.73 亿元，直接利用外资额相差增至 6.21 亿美元，平均劳动相差增至 30.15 万人，平均人力资本相差增至 7.17 万人，交通便利度相差增至 3.00，其中除了劳动因子的差值先减少后增加之外，其他因子的差值都是一直增加。正是这些因子的循环累积因果作用，形成了现今的江苏省区域经济分化的格局。

9.5.2.3　空间自相关效应

空间自相关效应是指在区域经济发展过程中，某一区域的经济发展受到其他区域经济发展的影响，即区域间经济发展的相互依赖性。空间自相关效应主要通过空间近邻效应和极化-涓滴效应影响区域经济空间极化过程。空间近邻效应是指区域间的空间位置关系对区域经济活动所产生的影响，一般来讲，随着空间距离的增大区域间经济活动影响程度会变得越来越小。空间近邻效应产生的原因有两个：一个是任何经济活动都存在节约社会劳动的内在要求，另一个是受空间感知能力的限制。在此基础上，区域经济活动一般向邻近区域扩张，相邻区域的经济得到发展。极化-涓滴效应是指某一率先增长的区域在经济发展过程中对其他区域产生的消极影响和积极影响，消极影响称为极化效应，积极影响称为涓滴效应。极化效应主要表现在两个方面：一个是经济率先增长区域对劳动、资本需求增加，因其稀缺导致劳动力收入增加、资本收益率提高，由此吸引劳动、资本向该区域流入，在此基础上，经济率先增长区域因劳动和资本流入而快速发展，其他区域因劳动和资本流出而发展缓慢；另一个是经济率先增长区域的生产效率较高，在市场竞争中处于优势地位，占据更多的市场份额，经济发展迅速，而其他区域生产效率较低，在市场竞争中处于劣势，经济发展缓慢。涓滴效应主要表现在两个方面：一个是经济率先增长区域吸收其他区域的劳动力，缓解了其他区域的就业压力；另一个是经济率先增长区域的先进技术、管理经验、价值观念和行为方式向其他区域扩散，推动其经济发展和社会进步。

改革开放初期，长江沿岸尤其是长江南岸地区及苏北地区的地级市区凭借其较好的资源禀赋，成为经济率先增长区域。这些地区对其他地区的极化效应大于涓滴效应，使得资本、劳动力和人力资本等生产要素从其他地区向这些地区集聚，从而使这些地区的经济发展水平与其他地区拉开，成为江苏省经济核心区，其他地区则成为经济外围区。自 20 世纪 90 年代起，在上海经济辐射下，作为长三角经济区的苏锡常地区经济增长更是迅猛，成为国内资本、外资、劳动和人力资本争相流入的地区，经济增长远远超过其他地区，成为江苏省经济发展的高地。随着经济活动进一步向苏锡常地区集聚，该地区开始出现交通拥挤、环境污染、生活成本增加、资本收益降低等聚集不经济现象，涓滴效应开始大于极化效应，劳动、资本、外资和人力资本等资源开始从这些地区流出。根据空间近邻效应，这些生产要素比较多地流向距离比较近的、生产要素禀赋比较好的长江沿岸尤其长江南岸地区，而比较少地流向距离比较远的、生产要素禀赋相对较差的苏北地区。长江沿岸尤其长江南岸地区的经济因此迅速发展起来，这些经济发展水平较高的地区连片分布，成为江苏省经济发展的集极区，集极区的面积逐渐增大，由 1978 年的 13 个行政单元增长为 2010 年的 21 个行政单元，经济实力显著增强。苏北地区的徐州市区、连云港市区、淮安市区和盐城市区凭借其地级政治中心地位和便利的交通，也吸引了大量的劳动、资本、外资和人力资本等资源的流入，逐渐成长为局部地区的增长极。其他地区因受涓滴效应影响较弱而经济发展较慢，则发展成为经济外围区。

9.5.2.4 综合效应

江苏省区域经济空间极化格局的形成并不是由某一个效应单独作用完成的，而是由资源要素禀赋的地理空间效应、循环累积因果效应和空间自相关效应三者共同完成的。其中，资源要素禀赋的地理空间效应引致江苏省区域经济空间极化格局的初步形成，循环累积因果效应加剧区域经济空间极化程度，空间自相关效应影响区域经济空间极化形态与结构（图 9-13）。

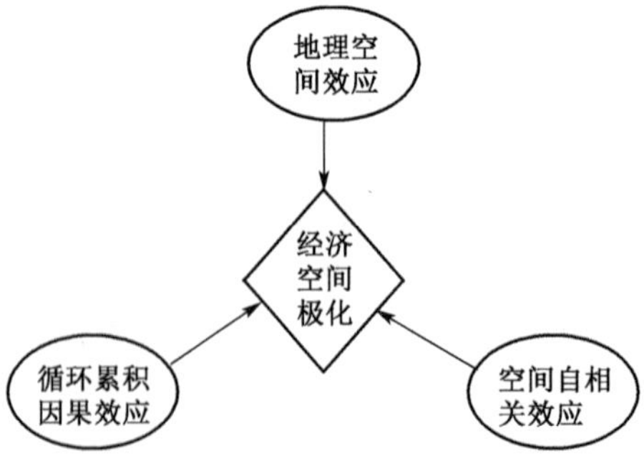

图 9-13 地理空间效应、循环累积因果效应和空间自相关效应的综合效应

资源要素禀赋的地理空间效应引致江苏省区域经济空间极化格局的初步形成。长江沿岸地区的资源要素禀赋较好，生产规模较大，生产率较高，初步发展成为江苏省经济发展的增长极。广大苏北地区的资源要素禀赋较差，生产规模较小，生产率较低，初步沦为经济外围区。资源要素禀赋的地理空间效应使得江苏省区域经济形成"南中心-北外围"的极化格局。

循环累积因果效应加剧江苏省区域经济空间极化程度。资源要素禀赋较好、经济发展水平较高的长江沿岸地区在促进经济增长的内生循环累积因果效应和外生循环累积因果效应的共同作用下，经济发展水平更高，资源要素禀赋更好；而资源禀赋较差、经济发展水平较低的苏北地区因两种循环累积因果效应较弱甚至出现反向的循环累积因果效应，经济发展水平较低，资源禀赋较差。循环累积因果效应使得江苏省南部极化区与北部非极化区的差距程度增加。

空间自相关效应影响江苏省区域经济空间极化形态与结构。改革开放初期，长江沿岸尤其是长江南岸地区及苏北地区的地级市区虽然成为经济率先增长的地区，但因其经济生产规模较小，未形成规模经济。这些地区对周围地区的经济影响主要表现为极化效应，使自己的经济发展水平与周围地区拉开，成为经济核心区。进入 21 世纪后，作为长三角经济区的苏锡常地区的经济生产规模巨大，开始出现聚集不经济现象。这些地区对周围地区的经济影响主要表现为涓滴效应，根据空间近邻效应，部分资本、劳动等生产要素主要流向邻近地区，这些邻近地区因此迅速发展起来，与先前地区一起成为经济中心区。此时，经济中心区集中分布在长江沿岸，且呈连片分布，成为集聚分布的增长极，即集极。苏北地区的徐州市区、连云港市区、淮安市区和盐城市区的经济生产还处于规模经济阶段，极化效应较强，为孤立分布的增长极，即孤极。

9.6　本章小结

本章主要借助面板数据模型确定影响区域经济空间极化的因子，借助空间滞后模型、空间误差模型和地理加权回归模型构建区域经济空间极化影响因子模型，在此基础上分析影响因子的平均贡献作用和局部空间作用，最后从影响因子性质和空间相互作用的视角分别对影响因子的作用机理进行分析，主要结论如下：

江苏省区域经济空间极化的影响因子主要是资本、外资、劳动、人力资本、交通便利程度、区域发展战略等因子。

考察空间自相关关系的空间滞后模型和空间误差模型对江苏省区域经济发展过程模拟效果比不考察空间自相关关系的古典经济模型的模拟效果好，从中可以看出空间自相关关系也是影响江苏省区域经济空间极化的因子。

不同时期影响江苏省区域经济空间极化的主要影响因子不同，且同一影响因子在不同时期的贡献作用也不同。总体来看，资本、劳动、人力资本等因子的影响作用一直比较大，外资因子自 20 世纪 90 年代以后的影响作用比较大，交通因子和空间自相关因子的作用呈增大的趋势，区域发展战略因子呈先增大后减小的趋势。

同一影响因子对不同的地区有不同的影响作用，且随着时间演化其影响作用也发生相应的变化。其中改革开放初期中部地区的资本因子贡献作用比较大，东南部地区资本因子和人力资本因子的贡献作用比较大，西南部地区的劳动因子贡献作用比较大，西北部地区的人力资本因子的贡献作用比较大。现在，东南部地区的外资、人力资本和交通等因子贡献作用较大，西南部地区的劳动因子和交通因子的贡献作用比较大，东北部地区的人力资本和劳动因子的贡献作用比较大，西北部地区的资本因子贡献作用比较大，中东部地区的外资因子贡献作用较大。

资本、外资、劳动和人力资本等因子主要从生产投入的视角影响区域经济空间极化过程和极化格局，交通因子主要从流通的视角影响区域经济空间极化过程和极化格局，区域发展战略因子主要从制度保障的视角影响区域经济空间极化过程和极化格局。这些因子间相互影响、相互作用，每一个因子在其他因子的影响下发生着演化，继而在新的起点上影响行政单元经济空间极化过程和极化格局。

资源要素禀赋的地理空间效应引致江苏省区域经济空间极化格局的初步形成，循环累积因果效应加剧区域经济空间极化程度，空间自相关效应影响区域经济空间极化形态与结构，三者共同促成该省行政单元经济空间极化格局的形成和演化。

第 10 章 区域经济协调发展对策

区域经济空间极化格局及其演变过程实质上是区域经济增长的外在表现，它的合理与否又反过来直接影响到区域经济未来的发展。进入 21 世纪以来，江苏省区域经济空间极化现象越来越明显，南部和北部分别演变成为经济发展水平较高地区和经济发展水平较低地区的相对集聚区。从全局来看，整个江苏省呈现出南强北弱的态势，且极化效应仍然大于扩散效应；从局部来看，“四沿”地区之间的空间结构发育程度差距悬殊。这种区域经济空间格局虽然有利于目前的区域经济增长，但不利于区域经济的可持续发展。本章首先对江苏省区域经济空间极化存在的问题进行综合分析，然后提出区域经济空间优化的原则，在此基础上构建区域经济空间优化的目标，最后给出实现区域经济空间优化的对策建议。

10.1 区域经济空间极化存在问题

10.1.1 尚未形成全局一体化的网络结构体系

江苏省区域经济格局的基本态势是南高北低，呈现出“集极-孤极-外围”的空间结构模式，由集极区、孤极区和外围区三大部分组成(见图 8-17)。其中，集极区涵盖的范围从最初的 13 个行政单元经 14、14、15、20 个行政单元增加到后来的 21 个行政单元，主要分布在江苏省的南部，孤极区的个数由最初的 17 个经 16、15、14、10 减小到后来的 10 个，涵盖的范围由最初的 19 个行政单元经 18、18、17、12 个行政单元减少到后来的 11 个行政单元，外围区涵盖的范围包括 31 个行政单元。到了 2010 年，集极区由靖江市、镇江市区、丹阳市、扬中市、句容市、常州市区、金坛市、溧阳市、无锡市区、江阴市、宜兴市、苏州市区、张家港市、常熟市、太仓市、昆山市、吴江市、扬州市区、仪征市、溧水县、高淳县等 21 个行政单元组成，孤极区由徐州市区、连云港市区、南通市区、海门市、启东市、江都市、泰州市区、南京市区、姜堰市、盐城市区、大丰市等 11 个行政单元组成，外围区由泰兴市、如皋市、丰县、沛县、睢宁县、新沂市、邳州市、海安县、如东县、赣榆县、东海县、灌云县、灌南县、淮安市区、涟水县、洪泽县、盱眙县、金湖县、响水县、滨海县、阜宁县、射阳县、建湖县、东台市、宝应县、高邮市、兴化市、宿迁市区、沭阳县、泗阳县、泗洪县等 31 个行政单元组成。

该种“集极-孤极-外围”的空间结构模式尚处于以极化效应为主、扩散效应为辅的演化阶段，还未形成全局一体化的网络结构体系。在该种“集极-孤极-外围”的空间结构中，集极区和孤极区主要分布在长江的两岸，尤其是长江的南岸，只有零星几个孤极区分布在广大的中北部地区。长江两岸的集极区和孤极区因距离较近而出现抢占市场、资源、人才等恶性竞争和因优势条件相似而出现低层次的重复建设、产业结构趋同现象，造成生产秩序的混乱和资源的严重浪费，使得区域经济增长的效率大打折扣。又由于经济活动过度集聚于长江两岸，使得该地区出现空间紧张、交通拥挤、环境污染、生态破坏等问题，危害了区域经济的可持续发展。中北部地区几个零星分布的孤极区经济实力较小，与众多经济发展水平较低的外围区的经济联系较少，未形成有机联系，难以实现区域经济快速增长。作为集极区的苏南地区自 20 世纪 90 年代以来就已经进入工业化的中期阶段，然而其扩散作用并不明显，反而其极化作用进一步强化，而苏北、苏中北部、北部沿海地区等外围区发展较快、有较大的潜力，但与苏南地区相比经济实力差距却逐渐增大，这种状况在理论上有悖于增长极理论和中心-外围理论，在实践上与江苏省区域发展战略目标亦不相符合。

10.1.2 局部地区间空间极化结构的发育程度差距悬殊

沿江地区、沿海地区、沿东陇海线地区和沿京杭运河（江北段）地区等地区之间经济空间极化结构发育程度差距悬殊（见图 8-19、图 8-21、图 8-23、图 8-25），其中沿江地区经济空间极化结构逐渐强化，表现为较为成熟的网络状模式；沿海地区经济空间极化结构先弱化后强化，表现为不成熟的点轴状模式；沿东陇海线地区经济空间极化结构逐渐弱化，呈现为发育程度较低的点状模式；沿京杭运河（江北段）地区经济空间极化结构逐渐弱化，呈现为发育程度较低的点状模式。前面二者呈强化发育趋势，后面二者呈弱化发育趋势，四者之间差距逐渐增加。

沿江地区空间极化结构先是由集极区、孤极区、次孤极区和外围区等四大部分组成，后是由集极区、孤极区、次集极区、次孤极区和外围区等五大部分组成，集极区涵盖的范围从最初的 10 个行政单元经 12 个行政单元增加到后来的 14 个行政单元，孤极区涵盖的范围由最初的 3 个行政单元减少到后来的 2 个行政单元，次集极区从无到有，涵盖的范围一直都是5个行政单元；次孤极区的数量由最初的9个减少为后来的7个，涵盖的范围由最初的10个行政单元减小为后来的7个行政单元。

沿海地区空间极化结构由孤极区、次孤极区和外围区等三大部分组成，其中孤极区涵盖的范围由2个行政单元经1个减为0个后增为1个行政单元，次孤极区涵盖的范围由早期的4个行政单元增为6个后经5个降为后来的4个行政单元。

沿东陇海线地区空间极化结构先是由孤极区、次孤极区和外围区等三大部分组成，后是由次孤极区和外围区等两部分组成，孤极区涵盖的范围由2个行政单元经1个减为0个，次孤极区涵盖的范围由早期的0个行政单元经1个增为3个后降为2个。

沿京杭运河(江北段)地区空间结构由孤极区、次孤极区和外围区等三大部分组成，孤极区涵盖的范围由3个行政单元经2个减为1个，次孤极区涵盖的范围由早期的4个行政单元增为5个后经4个降为3个。

综合以上分析，我们认为江苏省局部地区之间经济空间结构发育程度存在明显差异，沿江地区、沿海地区、沿东陇海线地区和沿京杭运河(江北段)地区之间缺乏有机联系，沿海地区、沿东陇海线地区和沿京杭运河(江北段)地区等三地区的中心区经济实力偏小，集聚与辐射功能弱，显著影响着各地区以及全省经济的进一步发展。

10.2　区域经济空间优化原则

10.2.1　适度极化原则

在区域经济发展过程中，在要素禀赋的差异及各种偶然性因素的作用下，不同区域间产生了复杂的劳动地域分工和多样化、专门化的生产区域，使得不同区域的经济发展水平高低不同，在空间上则表现为复杂的结构形态和模式。而由空间结构衍生出来的空间拥挤、空间竞争、空间外部性等问题在区域经济空间优化方面具有重要的影响作用。空间拥挤是指经济活动的空间集聚度达到一定的程度后因过多的经济活动集聚在狭小的空间致使其生产成本大于收益而使得经济增长率下降的现象。空间竞争是指各种经济活动因争夺生产的空间致使生产成本上升、经济收益下降的现象。空间外部性包括正外部性和负外部性两种情况，空间正外部性是指经济活动空间适度的集聚通过创新、技术、知识等溢出效应使得区域经济共同发展的现象，空间负外部性是指经济活动空间不集聚或过度集聚而造成资源利用不充分或过度利用从而使得区域经济增长缓慢的现象。在区域经济空间优化发展中，要充分遵循适度极化原则，完善区域经济空间分布格局，确保经济活动适度集聚，提高空间资源利用效率，以实现区域经济最大程度的增长。

10.2.2 空间正义原则

区域经济空间优化发展的过程就是区域经济空间重组的过程，在这个过程中，人类对空间资源的利用和改造直接影响其优化格局和进程。人类在利用和改造空间资源的过程中是否遵循空间正义原则，直接影响到不同群体的利益，继而影响整体利益和长远利益。空间正义即空间公平，是空间资源利用和改造的轴心价值，它使每一个人都获得其应得的权利和利益，它的核心是使空间资源能够在人与人之间进行公平的分配。如果空间资源按照公平的原则进行分配，那就是正义的，否则就是非正义的。空间正义可以确保人人获得基本保障和发展的机会，实现均等的利益和权利，增强社会的稳定性和增加经济购买力，实现社会的稳定发展和经济的稳定增长。空间非正义虽然短期可以实现区域经济的增长，但是因分配不公导致的购买力不足和社会不安定，影响区域经济的长远发展。在区域经济空间优化发展中，要充分遵循空间正义的原则，在追求资源分配效率上要照顾不同区域群体的利益，尊重不同区域内居民的基本权利，为其提供均等的基本保障、公共服务和自由的发展机会，以实现区域整体利益和长远利益最大化。

10.2.3 因地制宜原则

国土空间是一个国家或地区开展各种社会经济活动的场所，是人类生存和发展的依托，是社会经济发展的载体。在国土空间开发过程中，人类是否遵循因地制宜原则对其进行开发直接影响到区域经济空间分布的形态和结构，继而影响到区域经济的发展前景。因地制宜原则是指从实际情况出发，按照优先发展具有比较优势的区域、着力帮助经济发展落后地区的原则确定国土开发的地点、范围、等级及先后次序，以建立集约高效的区域经济空间结构。因地制宜原则实质上是唯物主义实事求是原则的具体运用，它要求国土开发要按照客观实际的需要进行，如果没有客观实际的需要，就不能随意实施，否则反而不利于区域经济发展。在区域经济空间优化发展中，要本着因地制宜的原则，充分考虑区域的自然条件和自然资源的地域组合以及原有区域经济发展水平和发展条件，以现有的经济中心为出发点和依托点，选准区域经济开发最佳地点，按照最佳的开发顺序进行开发，逐步拓展开发空间，以实现区域经济的空间优化发展。

10.2.4 因时制宜原则

区域经济一直处于动态的发展中，其空间分布形态和结构亦处于不断的变化中。在区域经济发展的不同阶段，因生产条件和技术水平的不同区域经济的最佳开发方式和空间组织形式各不相同。一般来讲，在经济发展水平普遍较低、交通设施不发达阶段，区域经济开发采取增长极模式较为合理，因为该种发展模式可以将有限的资源集中利用以实现其规模经济、范围经济，从而有利于区域经济的发展；在经济发展加速、交通设施大发展阶段，区域经济开发采取中心-外围模式或点-轴开发模式较为合理，因为这两种模式通过极化效应和扩散效应既强化了中心区域的经济发展，又带动了外围区域的经济发展，从而促进了区域经济的整体发展；在经济发展水平较高、交通设施较为完善的阶段，区域经济开发采取网络模式或带状模式较为合理，因为这两种模式中区域间联系更加频繁和紧密，形成了区域经济发展一体化的体系，实现了区域经济共同发展。在区域经济空间优化发展中，要本着因时制宜的原则，充分考虑区域经济的发展阶段，确定区域经济的最佳开发模式，以实现区域经济整体最大化发展。

10.2.5 统筹兼顾原则

区域经济空间是否优化要看它是否符合区域经济发展的需要、是否能够普遍提高人们生活水平质量。在区域经济空间优化过程中，是否遵循统筹兼顾原则对其进行调控将影响到区域经济空间分布的形态和结构，继而影响到区域经济的增长效率和空间正义。统筹兼顾是坚持科学发展观的根本方法，统筹是建立在充分发挥各方面积极性和创造性的基础上的通盘筹划，兼顾是一种整合和优化。它的核心思想是总揽全局、科学筹划、协调发展、兼顾各方，重点是协调好国家利益和地方利益、整体利益和局部利益、局部之间的利益、当前利益和长远利益等利害关系。在区域经济空间优化过程中，要充分遵循统筹兼顾原则，坚持以人为本，把普遍提高人们生活水平质量作为根本的宗旨和出发点。既要考虑国家整体经济空间布局，又要考虑地方客观存在的区域经济梯度，既要放眼于全局的大环境，又有注重局部特殊性，既要追求区域经济的增长效益，又要兼顾区域经济的空间正义，既要实现区域经济当前的经济发展，又要考虑区域经济的可持续发展，充分调动各方面积极性，按照区域之间的相互关系，以等级序列方式组合，通过分工协作，在区域系统发展中发挥各自的作用，形成资源配置的一体化机制，推动区域间相互协调、相互促进，实现优势互补、共同发展。

10.3 区域经济空间优化目标

10.3.1 构建全局一体化的网络状结构体系

根据江苏省区域经济空间极化存在的问题和区域经济空间优化的原则，构建全局一体化的网络状结构体系是江苏省区域经济空间优化的一个重要目标。构建全局一体化的网络状结构体系可以从以下几个方面着手：

10.3.1.1 培育新的孤极区

分别培育宿迁市区和淮安市区各自成为全局网络状结构体系中的孤极区，将南通市区、海门市和启东市发展成为一个孤极区，将泰州市区和姜堰市发展为一个孤极区，再加上原有的连云港市区、徐州市区、盐城市区和大丰市、南京市区等 4 个孤极区，江苏省区域经济空间极化结构体系中则包含有 1 个集极区和 8 个孤极区，这 8 个孤极区合理地分布在江苏省的各地，相互之间合理分工、有机联系，快速而高效地传输经济能量，促进区域经济的共同发展。

10.3.1.2 提升集极区的溢出效应

集极区要进一步充分发挥区位、技术、经济等优势，依托上海这个国际城市，进一步融入全球经济发展和推进产业向技术密集型和知识密集型方向发展，加快其与周围区域的产业转移，增强其对周围区域的辐射效应。

10.3.1.3 增强孤极区的中转能力

孤极区要凭借其地区政治中心地位、便利的交通区位和较好的工业基础等优势，找准自己恰当的位置，利用国内外资源，开拓国内外市场，选择重点产业作为自己的突破点，努力增强自己的竞争力，以提升其在集极区和外围区的中转作用。

10.3.1.4 提高外围区的承接能力

外围区应当以市场为导向充分发挥各自优势以寻找经济生长点，增加资本积累，提升生产技术，以满足承接产业转入所需的各项条件要求。加强外围区基础设施建设，增加外围区与其他地区的联系，为其经济发展提供保障。

10.3.2 缩小局部地区间空间极化结构发育程度差距

为了快速高效地传输经济能量确保区域经济稳步增长，尽快缩小局部地区间空间极化结构发育程度差距是江苏省区域经济空间优化的另一个重要目标。缩小局部地区间空间极化结构发育程度差距可以从以下几个方面着手：

10.3.2.1 完善沿江地区的网络状结构

依托苏州工业园区、苏州高新技术开发区、昆山经济技术开发区、无锡高新技术开发区、常州高新技术开发区等国家级开发区把苏州市区、昆山市、无锡市区和常州市区等四个行政区域建成沿江地区经济增长中心，依托沪宁铁路与高速公路、沿江高速公路、宁通高速公路及长江通道建立东西发展轴线，依托城市高速公路和城际高速公路将沿江地区的行政区域有机联系起来，尽快完善沿江地区的带状空间结构。

10.3.2.2 提升沿海地区的点轴状结构

抓住国家沿海开发战略的机遇，依托沿海港口区位把连云港市区、盐城市区、南通市区等三个市区建成沿海地区的经济增长中心，依托海岸线和沿海高速公路建立沿海发展轴线，发展沿线地区的经济发展实力，加速沿海轴线的成长。

10.3.2.3 建立东陇海地区的发展轴线

依托地级市政治中心区位、交通枢纽区位及沿海港口区位把徐州市区和连云港市区等两个市区建成沿东陇海线地区的经济增长中心，依托东陇海铁路和连霍高速公路(江苏段)建立东西发展轴线，提升沿线邳州市、新沂市和东海县等三个县域的经济发展实力，促进东陇海发展轴线的生长。

10.3.2.4 培育京杭运河(江北段)地区的发展轴线

依托地级市政治中心区位、交通枢纽区位把徐州市区、宿迁市区、淮安市区和扬州市区等四个市区建成沿京杭运河(江北段)地区的经济增长中心，依托京杭大运河培育南北发展轴线，依托沂淮江公路、宁宿徐高速公路提升沿线地区的经济发展实力，促进京杭运河(江北段)发展轴线的生长。

10.4 区域经济空间优化策略

10.4.1 改革开放以来江苏省区域经济发展策略及评价

10.4.1.1 均衡发展计划(1978—1983)

改革开放初期，江苏省区域经济工作重点主要放在农村经济体制改革方面。各区域深入开展家庭联产承包责任制，使得农业迅速发展壮大。随着农村改革的深入，农民逐步从土地中解放出来，为乡镇企业的发展提供了劳动力。凭借积累的要素、资本、技术以及历史上形成的发展商品经济的全民意识，外加临近地区上海的“星期日工程师”资源，苏锡常地区的乡镇企业开始加速发展。江苏省其他地区在乡镇企业发展方面缺乏相应的条件，经济发展逐渐与苏锡常地区拉开差距。

这个阶段农业生产力得到迅速释放，苏北农业优势得到发挥，苏南乡镇企业发展起步，以农业生产和乡镇企业发展为主的县域经济发展明显快于以工业生产为主的市区。在长期计划体制和平均主义分配模式的惯性作用下，江苏省区域经济处于较为均衡的分布态势(即经济发展水平高地区和经济发展水平低地区相互交织地分布在省域中)，区域经济空间极化保持平缓的发展态势。但是，均衡发展计划限制了苏锡常地区潜力的发挥，牺牲了全省整体发展效率，制约了全省整体实力的提升。

10.4.1.2 倾斜苏南的协调发展战略(1984—1993)

随着改革开放的推进，农业低附加值特性使资源集中流向于第二、三产业，农业快速发展的脚步放慢，江苏省区域经济工作重点转向以城市为重点的体制改革，强调自觉运用价值规律以增强经济实力。在“积极提高苏南，加快发展苏北”的战略方针指引下，以二、三产业生产为主的苏南地区作为重点发展对象，实施增加资金支持、放松财政自治权等一系列空间偏爱政策，使得苏南地区成为经济发展水平高地区的集聚区。广大的苏北地区因缺乏有利的政策支持，再加上自身的工业基础发展薄弱，从而成为经济发展水平低地区的集聚区。江苏省的经济发展水平高地区和经济发展水平低地区分别相对集聚的空间极化态势日趋显著，且南部和北部分别成为经济发展水平高地区和经济发展水平低地区的集聚区。

这个阶段苏南地区的经济潜力得到大力释放，成为经济活动的主要集聚区。虽然这个时期也提出开发沿江地区和苏北地区，并实施对口扶贫政策，但是只是利用行政手段干预区域发展问题，不能逆转市场经济条件下价值规律引导所形成的经济发展水平高地区和经济发展水平低地区分别相对集聚的空间极化态势。

10.4.1.3 区域共同发展战略(1994—)

为了扭转经济发展水平高地区和经济发展水平低地区过度相对集聚的空间极化态势，江苏省先后提出“四沿”经济带发展、苏北大发展、沿江开发和沿海开发等区域发展战略，并相继出台加强苏北交通建设、“南北挂钩、对口协作”工程、苏南官员北调、苏南苏北共建园区、“四项”转移等一系列的政策措施。这些调控措施从思想上、经营模式上、基础设施保障上逐渐引导苏北打破相对封闭的经济发展状态，加强与苏南地区的经济交流，使其融入区域经济共同发展的体系中。政府通过推进南北对接发展，不仅推进了生产要素的流动，而且解放了苏北地区的发展思想，使得苏北地区自主地融入区域经济共同发展体系。日益便捷的交通条件为南北对接发展的实现提供了保障。

这个阶段苏南地区和苏北地区的经济潜力都得到释放。苏南地区产业结构得到了提升，成为高新技术产业集聚的区域。苏北地区接受了大量的产业转移，经济增长速度提高，甚至超越了苏南地区。但是由于历史的惯性作用，虽然经济发展水平高地区和经济发展水平低地区分别相对集聚的速度放缓，但是其空间极化态势仍在加强。

10.4.2 区域经济空间优化发展具体举措

10.4.2.1 深化南北干部长效交流机制

继续推进苏南地区和苏北地区之间大批干部的有序交流，是省委省政府进一步优化区域经济发展空间的重要举措。苏北地区干部组织团队前往苏南地区学习发展经济的经验，苏南地区干部到苏北地区任职帮助其发展经济，这二者都可以将思想解放、勇于开拓、求真务实、脚踏实地、服务基层、服务群众、服务发展的工作作风带进苏北地区，提高该地区的办事效率。推进苏南苏北干部交流，必须完善其机制，使其立足于长远效益的实现。主要从健全定期交流机制、健全交流激励机制和健全交流监察机制等方面着手：通过建立两地干部交流工作的调研机制和建立交流任期制度等办法科学规划和稳步实施两地干部交流工作，使之与苏南苏北的实际需要相衔接，按计划、分步骤有序进行，避免干部无序流动和短期行为；通过实行交流干部目标责任制和目标承诺制、健全交流干部的实绩考评制及创造有益于交流干部施展才能的环境等方法，将交流干部的工作要求具体化、公开化，激励他们在交流期间充分发挥作用，以追求交流效益最大化；通过建立干部交流的事前监督机制、干部交流的事中跟踪监督机制、交流干部的离任审计制度和干部在交流期间做出的重要决策、参与实施的重点项目和重大工程的终身负责制等手段，促进交流的运作规范化。

10.4.2.2 加强南北共建园区工程建设

继续推进共建园区建设，是促进区域经济空间优化发展的另一个重要举措。共建园区建设通过南北对接的方式进行产业转移，以加快苏南地区产业转型升级，并推进苏北地区新型工业化进程，继而促使区域经济空间优化发展。推进共建园区建设主要从扩大共建园区的合作范围、加强省委省政府对共建园区的扶持、加大苏南地区对共建园区的支持力度、鼓励重大产业转移项目落户苏北地区、加强对共建园区的考核评价等方面着手：拓宽苏北各地开发区共建合作方的选择范围，原则上确保苏北每个县(市)都有一个受扶持的共建园区或企业自建园区；增加奖励的力度，必要的时候给予建设用地指标奖励，以便共建园区滚动发展；苏南合作方要加大资金投入力度，增派专职工作人员到共建园区工作，并选拔年富力强的开发区后备干部到共建园区任职，以增强共建园区发展活力；适当放宽条件、降低建设用地“点供”门槛，以吸引重大产业项目向苏北地区转移；加强对共建园区的考核，以确保扶持政策落实到位。

10.4.2.3　推进振兴苏北的“四项转移”政策

继续推进包括产业、财政、科技和人才在内的振兴苏北地区经济发展的“四项转移”政策，是省委省政府进一步优化区域经济发展空间的又一个重要举措。鼓励省内外发达地区的资本到苏北地区创办科技含量高、经济效益好、吸纳劳动力多的企业（项目），以支持苏北地区工业经济转型升级和农业现代化建设；加大省财政对苏北转移支付及其他各类补助的力度，对经济薄弱地区继续实行省集中收入全返政策，对脱贫攻坚重点县实行新增收入省集中部分全额返还奖励政策，以加快苏北地区的资金积累；在同等条件下优先支持面对苏北地区的各类科技计划项目，进一步加大省科技成果转化专项资金、省产学研联合创新资金和省科技基础设施建设计划对苏北地区的支持力度，以加快科技创新要素向苏北地区集聚；继续实施向苏北地区倾斜的“高层次创新创业人才引进计划”和“企业博士集聚计划”以引导各类优秀人才向苏北地区流动，强化企业经营管理人才的培训工作以培养造就一批懂技术、会经营的人才，确保苏北地区发展经济对各个层次劳动力的需求。

10.4.2.4　优化南北交通资源配置

优化南北交通资源配置，是省委省政府进一步优化区域经济发展空间的再一个重要举措。在市场经济环境下，交通不仅是确保经济高效运转的服务部门，更是推动经济发展的新兴生产力，它除了自身产生效益外，还可以产生乘数效应，带动相关产业的发展，构成区域经济的持续增长力。目前江苏省总体上已经基本解决了由于基础设施供应不足而引起的交通瓶颈问题，但运输的有效供给还不能完全满足区域经济空间优化所需要的高品质、多样化的运输需求。要构建安全、高效的由铁路、公路、水运、航空等运输网络组成的综合交通运输体系，才能有效地推动江苏省区域经济空间优化发展。在铁路建设方面，对宁启、新长铁路进行电气化改造，建设徐淮、宿淮、淮连、淮盐、淮宁、连盐、盐通铁路，通过铁路将全省紧密地联系在一起；在公路建设方面，完善和优化高速公路网络，加强省级、县级、村级等各级公路建设；在水运建设方面，将淮安到连云港的运河改造成二级航道，加快京杭运河苏北段整治工程以提升苏北运河的通航能力，将长江水运、运河水运和沿海运输连成水运网络；在航空建设方面，优化航线，提升航空运输能力；在综合运输建设方面，加强各种运输方式之间的对接，确保其高效运转。

10.5　本章小结

本章在分析区域经济空间极化存在问题的基础上，基于区域经济空间优化的原则，构建区域经济空间优化的目标，并提出区域经济空间优化的策略，主要结论如下：

通过对区域经济空间极化格局及过程的分析，发现江苏省区域经济主要存在尚未形成全局一体化的网络状结构体系和局部地区间空间极化结构的发育程度差距悬殊等空间极化问题。

基于区域经济空间优化的理念，提出适度极化、空间正义、因地制宜、因时制宜、统筹兼顾等区域经济空间优化原则。

在分析区域经济空间极化存在问题基础上，基于区域经济空间优化理念，提出构建全局一体化的网络状结构体系和缩小局部地区间空间极化结构发育程度差距等区域经济空间优化目标。

在评价改革开放以来江苏省区域经济发展策略的基础上，主要从深化南北干部长效交流机制、加强南北共建园区工程建设、推进振兴苏北的“四项转移”政策、优化南北交通资源配置等方面提出区域经济空间优化的建议。

第 11 章 结论与展望

11.1 主要研究结论

本书在相关研究文献成果的基础上，借鉴经济地理学、区域经济学、空间经济学、计量经济学、统计学等相关学科的基本理论，借助 ArcGIS 平台建立数据库，运用数理统计、空间分析等方法分析江苏省区域经济空间极化格局、过程及其形成和演化的机理。研究所得到的结论有：

(1) 江苏省区域经济当前空间极化程度较高，是长期趋势演化和短期周期变动共同作用的结果，其中长期趋势随着时间演化整体上呈逐渐增大态势，短期变化则呈现出周期性的波动。

① 江苏省区域经济当前空间极化程度较高。运用空间基尼系数和空间极化指数测度江苏省区域经济当前空间极化程度，得出其空间基尼系数和空间极化指数分别为 0.108 3 和 0.785 7，远远高于改革开放初的 0.077 8 和 0.517 4。

② 江苏省区域经济当前空间极化程度是长期趋势演化和短期周期变动共同作用的结果。长期趋势随着时间演化整体上呈逐渐增大态势，模拟方程为：$DTrIP_t = 2.6965\ DTrIP_{t-1} - 2.5655\ DTrIP_{t-2} + 0.8690\ DTrIP_{t-3} + \varepsilon_t - 0.4311\varepsilon_{t-1} - 0.5651\varepsilon_{t-2}$，根据时间序列拐点的原理和方法，可划分为五个阶段：低位上升阶段（1978—1984 年）；低位下降阶段（1984—1988 年）；中位上升阶段（1988—1995 年）；中位下降阶段（1995—2002 年）；高位上升阶段（2002—2010 年）。短期波动项则随着时间的演化呈现出周期性的演化：周期长度大约为 4 年左右；周期间收缩与扩张相间进行；波动幅度趋于倒“U”型态势；周期波动不稳定。

(2) 江苏省区域经济当前空间极化态势呈现出经济发展水平较高地区和经济发展水平较低地区相对集聚分布的格局，且在各个方向上不同。从极化态势演化过程看，经济发展水平较高地区逐渐由零散分布状态转向连片分布状态且其规模呈增大趋势，在各个方向上空间相互影响半径逐渐增加但各不相同。

① 江苏省区域经济当前空间分布呈现经济发展水平较高地区和经济发展水

平较低地区相对集聚的分布状态，且极化态势较为显著。经济发展水平较高地区和经济发展水平较低地区都呈连片分布状态且二者分别向相反的两个方向集聚。从区域层面上看，经济发展水平较高地区主要集聚在苏南地区和苏中地区的南部，经济发展水平较低地区主要集聚在苏北地区和苏中地区的北部；从市域层面上看，经济发展水平较高地区主要集聚在南京市、无锡市、常州市、苏州市、镇江市、扬州市和泰州市，经济发展水平较低地区主要集聚在徐州市、连云港市、宿迁市、淮安市和宿迁市。

② 改革开放以来，江苏省区域经济全局空间分布一直呈经济发展水平较高地区和经济发展水平较低地区相对集聚的极化状态，且极化趋势逐渐显著。其中经济发展水平较高的行政单元逐渐由零散的分布状态转向毗连的分布状态，出现的地点(毗连分布的经济发展水平较高县域或市区统计为1个地点)呈减少趋势，毗连分布区域的规模呈增大趋势。

③ 江苏省区域经济当前空间极化具有各向异性的特点。其中，东南—西北方向上空间自相关半径较长，其空间极化性较强；而东—西方向上空间自相关半径较短，其空间极化性较弱；东北—西南方向和南—北方向上的空间自相关半径居中，它们的空间极化性也居中。从东—西和南—北正交方向上看，江苏省经济发展水平较高的极化区主要向南方和东方两个方向上集聚，而经济发展水平较低的非极化区主要向北方和西方两个方向上集聚；从东北—西南和东南—西北正交方向上看，江苏省经济发展水平较高的极化区主要向东南方和西南方两个方向上集聚，而经济发展水平较低的非极化区主要向西北方和东北方两个方向上集聚。

④ 改革开放以来，江苏省区域经济空间极化在各个方向上空间自相关半径逐渐增加但极化态势各不相同。在东—西方向上，江苏省区域经济一直呈西低东高的空间极化趋势，且东部经济发展水平高的行政单元与西部经济发展水平低的行政单元之间的差距呈先增大后减小的趋势。在南—北方向上，江苏省区域经济亦一直呈北低南高的空间极化趋势，且南部经济发展水平高的行政单元与北部经济发展水平低的行政单元之间的差距也是呈先增大后减小的趋势。在东南—西北方向上，江苏省区域经济一直呈西北低东南高的“U”型空间极化趋势，且东南部经济发展水平高的行政单元与“U”型底部的经济发展水平低的行政单元之间的差距呈先增大后减小的趋势。在西南—东北方向上，江苏省区域经济一直呈东北低西南高的倒“U”型空间极化趋势，且东北部经济发展水平低的行政单元与倒“U”型顶部的经济发展水平高的行政单元之间的差距呈先增大后减小的趋势。

(3) 江苏省当前经济发展水平较高地区主要分布在东南部地区，经济发展水平较低地区主要分布在中部和北部地区。从极化布局演化过程看，经济重心呈现出由西南向东南转移的趋势。

① 江苏省当前经济发展水平较高地区主要分布在东南部地区，经济发展水平较低地区主要分布在中部和北部地区。其中 High-High 区域主要分布在吴江市、苏州市区、昆山市、太仓市、常熟市、张家港市、江阴市、无锡市区、常州市区等 9 个行政单元，Low-Low 区域主要分布在邳州市、睢宁县、新沂市、宿迁市区、泗阳县、泗洪县、东海县、沭阳县、淮安市区、洪泽县、宝应县、建湖县、阜宁县、涟水县、灌云县、灌南县、响水县、滨海县等 18 个行政单元。

② 改革开放以来，江苏省经济发展水平较高地区一直集中分布在南部地区，经济发展水平较低地区一直集中分布在中部和北部地区，且经济重心呈现出由西南向东南转移的趋势。江苏省区域经济中 High-High 区域一直主要集中分布在东南部地区，Low-Low 区域也是一直主要集中分布在北部地区，High-Low 区域和 Low-High 区域逐渐消失。

(4) 江苏省区域经济当前全局空间极化结构可以归纳为“集极-孤极-外围”模式，沿江地区表现为较为成熟的“集极-孤极-次集极-次孤极-外围”模式、沿海地区表现为不成熟的“孤极-次孤极-外围”模式、沿东陇海线地区表现为发育程度低的“次孤极-外围”模式、沿京杭运河(江北段)地区表现为发育程度低的“孤极-次孤极-外围”模式。从极化结构演化过程看，全局空间极化结构愈加强化，沿江地区空间极化结构逐渐强化，沿海地区空间极化结构先弱化后强化，沿东陇海线地区空间极化结构逐渐弱化，沿京杭运河(江北段)地区空间极化结构逐渐弱化。

① 江苏省区域经济当前空间极化更多是由结构性因素引起的，其空间极化状态规律符合 Hole Effect 模型。根据江苏省区域经济的空间间隔自相关指数 Moran I(d)，发现江苏省经济发展水平较高地区呈现多核心分布状态，且在空间间隔数为 1 时集聚分布最明显。

② 江苏省区域经济当前全局空间极化结构可以归纳为“集极-孤极-外围”模式。该模式由集极区、孤极区和外围区三大部分组成，其中集极区 1 个，孤极区 10 个。集极区是经济发展水平较高行政单元的集聚区，是江苏省经济发展的重心；孤极区是经济发展水平较高但呈零散分布的行政单元，它既是集极区的发展腹地又是外围区的增长极，起着承接集聚区和外围区经济联系的作用；外围区是集极区和孤极区的发展腹地，源源不断地为它们输送劳动力、资本和资源、提供市场并且接受它们的辐射。

③ 沿江地区、沿海地区、沿京杭运河(江北段)地区和沿东陇海线地区当前空间极化结构呈现出不同的发展模式。其中沿江地区经济空间极化结构呈较为成熟的“集极-孤极-次集极-次孤极-外围”模式；沿海地区经济空间极化结构呈不成熟的“孤极-次孤极-外围”模式；沿东陇海铁路线地区经济空间极化结构呈发育程度低的“次孤极-外围”模式；沿京杭运河(江北段)地区经济空间极化结构呈发育程度

低的“孤极-次孤极-外围”模式。

④ 江苏省区域经济空间极化过程中，结构性(有规律)因素逐渐增加。块金值占基台值的比重(随机效应)逐渐减小，偏基台值占基台值的比重(结构效应)逐渐增大。

⑤ 在江苏省区域经济空间极化过程中，江苏省区域经济“集极-孤极-外围”结构中极化效应逐渐增强。江苏省区域经济空间一直都是由集极区、孤极区和外围区等三大部分组成的，其中集极区的范围逐渐扩大、经济实力逐渐增强，孤极区的个数逐渐减少、平均经济实力呈增大趋势，外围区的经济实力呈减小趋势。

⑥ 沿江地区、沿海地区、沿京杭运河(江北段)地区和沿东陇海线地区空间极化结构演化方向不同，其中沿江地区集极区的范围逐渐扩大、次集极区从无到有、孤极区和次孤极区的个数总体上呈减少趋势，极化区与外围区的经济实力差距逐渐增大，空间极化结构逐渐强化；沿海地区孤极区的个数总体上呈先减少后增加趋势、次孤极区的个数整体上呈先增加后减少的趋势，整个极化区与外围区的经济实力差距呈先小后大的态势，空间极化结构先弱化后强化；沿东陇海线地区孤极区逐渐转变为次孤极区，极化区与外围区的经济实力都呈下降趋势，二者之间的差距基本维持不变，空间极化结构逐渐弱化；沿京杭运河(江北段)地区孤极区范围总体上呈减少趋势、次孤极区范围总体上呈减少的趋势，极化区与外围区的经济实力总体上都呈减小趋势，二者之间的差距呈先增大后减小的趋势，空间极化结构呈现出弱化趋势。

(5) 江苏省区域经济空间极化是在资本、外资、劳动、人力资本、交通、区域发展战略、空间自相关等 7 个影响因子的共同作用下形成和演化的。不同时期影响空间极化的主要影响因子不同，且同一影响因子在不同时期的贡献作用也不同。同一影响因子对不同地区有不同的影响作用，且随着时间演化其影响作用也发生相应的变化。资本、外资、劳动、人力资本、交通、区域发展战略等因子分别从不同的途径发生影响，但它们之间相互影响、相互作用。资源要素禀赋的地理空间效应、循环累积因果效应、空间自相关效应共同促成空间极化的形成和演化。

① 江苏省区域经济空间极化的影响因子主要是资本、外资、劳动、人力资本、交通便利程度、区域发展战略等因子。

② 空间关系也是影响江苏省区域经济空间极化的因子，因为考察空间自相关关系的空间滞后模型和空间误差模型对江苏省区域经济发展过程模拟效果比不考察空间自相关关系的古典经济模型的模拟效果好。

③ 不同时期影响江苏省区域经济空间极化的主要影响因子不同，且同一影响因子在不同时期的贡献作用也不同。总体来看，资本、劳动、人力资本等因子的影响作用一直比较大，外资因子自 20 世纪 90 年代以后的影响作用比较大，交

通因子和空间自相关因子的作用呈增大的趋势，区域发展战略因子呈先增大后减小的趋势。

④ 同一影响因子对不同的行政单元有不同的影响作用，且随着时间演化其影响作用也发生相应的变化。其中改革开放初期中部地区的资本因子贡献作用比较大，东南部地区资本因子和人力资本因子的贡献作用比较大，西南部地区的劳动因子贡献作用比较大，西北部地区的人力资本因子的贡献作用比较大。现在，东南部地区的外资、人力资本和交通等因子贡献作用较大，西南部地区的劳动因子和交通因子的贡献作用比较大，东北部地区的人力资本和劳动因子的贡献作用比较大，西北部地区的资本因子贡献作用比较大，中东部地区的外资因子贡献作用较大。

⑤ 资本、外资、劳动和人力资本等因子主要从经济生产投入的视角影响区域经济空间极化过程和极化格局，交通因子主要从经济活动流通的视角影响区域经济空间极化过程和极化格局，区域发展战略因子主要从经济活动制度保障的视角影响区域经济空间极化过程和极化格局。这些因子间相互影响、相互作用，每一个因子在其他因子的影响下发生着演化，继而在新的起点上影响行政单元经济空间极化过程和极化格局。

⑥ 资源要素禀赋的地理空间效应引致江苏省区域经济空间极化格局的初步形成，循环累积因果效应加剧区域经济空间极化程度，空间自相关效应影响区域经济空间极化形态与结构，三者共同促成该省行政单元经济空间极化格局的形成和演化。

（6）江苏省尚未形成全局一体化的网络状结构体系且局部地区间空间极化结构的发育程度差距悬殊，基于适度极化、空间正义、因地制宜、因时制宜、统筹兼顾等空间优化原则，制定构建全局一体化的网络结构体系和缩小局部地区间空间极化结构发育程度差距的区域经济空间优化目标，在评价改革开放以来江苏省区域经济发展策略的基础上，提出深化南北干部长效交流机制、加强南北共建园区工程建设、推进振兴苏北的“四项转移”政策、优化南北交通资源配置等优化空间的建议。

① 区域经济空间极化存在问题主要是尚未形成全局一体化的网络状结构体系和局部地区间空间极化结构的发育程度差距悬殊。

② 区域经济空间优化的原则主要是适度极化、空间正义、因地制宜、因时制宜、统筹兼顾等原则。

③ 区域经济空间优化的目标主要是构建全局一体化的网络状结构体系和缩小局部地区间空间极化结构发育程度差距。

④ 在评价改革开放以来江苏省区域经济发展策略的基础上，主要从深化南北

干部长效交流机制、加强南北共建园区工程建设、推进振兴苏北的“四项转移”政策、优化南北交通资源配置等方面提出区域经济空间优化的建议。

11.2 可能的创新点

本书在众多相关理论的基础上，紧紧围绕区域经济空间极化的内涵，运用多种分析方法，从空间极化格局、空间极化过程、空间极化机制等不同方面展开详细的研究，可能的创新点如下：

(1) 尝试从空间极化的视角分析区域经济发展问题，提炼出全局和局部空间极化结构模式，在此基础上归纳出“集极”“孤极”“次集极”和“次孤极”等概念

在对区域经济空间极化内涵界定的基础上，本书从空间极化程度、空间极化态势、空间极化布局和空间极化结构等四个方面构建区域经济发展问题的分析框架，对其进行层层深入剖析。其中空间极化程度体现了相似经济发展水平区域(即同是经济发展水平高的区域或同是经济发展水平低的区域)聚类分布的程度，空间极化态势体现了相似经济发展水平区域聚类分布的形态和趋势，空间极化布局体现了相似经济发展水平区域聚类分布的具体方位，空间极化结构体现了相似经济发展水平区域聚类分布的具体空间组织关系。在构建“集极-孤极-外围”空间极化结构模型体系和“集极-孤极-次集极-次孤极-外围”空间极化结构模型体系基础上，运用人均GDP、局部空间自相关指数和毗连分布行政单元个数等三个指标分别对江苏省区域经济全局空间极化结构模型和局部地区经济空间极化结构模型进行构建，提炼出全局空间极化结构模式和局部空间极化结构模式。这一研究，拓宽了区域经济发展问题研究的思路，拓展了区域经济发展问题研究的理论体系。

(2) 基于探索性空间数据分析方法，同时集成多种时空分析方法和技术手段，对区域经济空间极化问题进行研究，并验证其有效性

在对区域经济空间极化的研究过程中，主要借助于探索性空间数据分析方法，同时集成多种时空分析方法和技术手段。一是借助GIS平台建立基础数据库，充分运用GIS的探索性空间数据分析功能和可视化功能，即运用全局空间自相关指数、局部空间自相关指数、趋势面分析、半变异函数、全局多项式插值法等探索性空间数据分析方法，并将分析结果可视化。二是运用空间基尼系数、空间极化指数、时间序列加法模型、HP滤波分析、时间序列拐点分析、自回归移动平均模型、面板数据模型、空间滞后模型、空间回归模型、地理加权回归模型等经典统计与空间统计分析方法。总体上看，较好地集成了多种时空分析方法和技术手段，从不同侧面分析了区域经济空间极化问题，可为类似研究提供借鉴。

11.3 不足与展望

本书试图运用多种方法，从多个方面、多个层次对区域经济空间极化的格局、过程和机制进行较为系统的研究，但是还存在一些不足的地方，有待于今后进一步研究加以完善。

(1) 区域经济空间极化研究尺度需要向更小尺度拓展

本书以区域人均经济指标的 1/4 分位值、中位值和局部空间自相关指数中的零值为界对区域类型进行划分，研究改革开放以来江苏省区域经济全局和沿江地区、沿海地区、沿东陇海线地区、沿京杭运河(江北段)地区等局部地区空间极化问题，虽然得到一些有规律的结论，但不一定具有普遍意义。在以后的研究工作中，可以进一步放大研究的时间尺度范围，细化研究的指标尺度范围，从更小的空间尺度上对区域经济空间极化问题进行研究，以便能够得到更加符合实际的规律，为空间优化发展政策的制定提供更加准确的参考依据。

(2) 区域经济空间极化的内在机理研究还需要进一步深化

本书从资本、外资、劳动、人力资本、交通、区域发展战略、空间自相关等七个方面对江苏省区域经济空间极化的内在机理进行分析，虽然力求能够真实地反映其发展规律，但由于受数据获取的限制并未包含影响区域经济空间极化的文化、金融、市场等其他方面，在今后的研究中，还需要加强这一方面的努力。

参考文献

[1] Adelman I, Morris C T. Economic Growth and Social Equity in Development Countries [M]. Stanford: Stanford University Press, 1973.

[2] Akita T, Miyata S. The Bi-dimensional Decomposition of Regional Inequality Based on the Weighted Coefficient of Variation [J]. Letters in Spatial and Resource Sciences, 2010, 3(3):91-100.

[3] Alonso-Villar O. Spatial Distribution of Production and International Trade: A Note [J]. Regional Science and Urban Economics, 1999, 29(3):371-380.

[4] Andrada I P, Timothy J. Testing Spatial Patten and Growth Spillover Effects in Cluster of Cities [J]. Geographical Systems, 2002(8):275-285.

[5] Anselin L, Rey S J. Introduction to the Special Issue on Spatial Econometrics [J]. International Regional Science Reviews, 1997, 20(1-2):1-7.

[6] Anselin L, Florax R. Small sample properties of tests for spatial dependence in regression models [M]. Berlin: Springer, 1995.

[7] Anselin L. Local Indicators of Spatial Association-LISA [J]. Geographical Analysis, 1995, 27(2):93-115.

[8] Bagchi-san S, Wheeler J O. A spatial and temporal model of foreign direct investment in the United States [J]. Economic Geography, 1989, 65(2):113-129.

[9] Barro R J. Economic Growth in a Cross Section of Countries [J]. Quarterly Journal of Economics,1991 (106):407-443.

[10] Barro R J, Sala-i-Martin X. Convergence [J]. Journal of Political Economy, 1992(100):223-251.

[11] Baumol, William J. Productivity Growth, Convergence and Welfare: What the Long Run Data Show? [J]. American Economic Reviews, 1986(76): 1072-1085.

[12] Baumont C, Cem Ertur, Julie Le Gallo. Exploratory Spatial Data Analysis of the Distribution of Regional Per Capita GDP in Europe, 1980—1995[J].

Regional Science, 2003(82):175-201.

[13] Behrman J N, Fischer W A. Overseas R & D activities of transnational companies [M]. Cambridge Mass: Oelgeschlager, Gunn & Hain, 1980.

[14] Ben David D. Convergence Clubs and Diverging Economies[C]. CEPR working paper 922, 1994.

[15] Bernard, Andrew, Steven N Durlauf. Interpreting Tests of the Convergence Hypothesis [J]. Journal of Econometrics, 1996(71):161-173.

[16] Berry B J L, Garrison W L. A note on central place theory and the range of a good [J]. Economic Geography, 1958(34):304-311.

[17] Berry B J L, Garrison W L. Recent developments of central place theory [J]. Papers and Proceedings of Regional Science Association, 1958(4):107-120.

[18] Berry B J L, Garrison W L . The functional bases of the central place hierarchy [J]. Economic Geography, 1958(34):145-154.

[19] Boundville J R. Problems of Regional Economic Planning [M]. Edinburgh: Edinburgh University Press, 1966.

[20] Bourne L S. Alternative Perspectives on Urban Decline and Population Deconcentration [J]. Urban Geography, 1980(1): 39-52.

[21] Böventer E V. Standortentscheidung und Raumstruktur [M]. Hannover: Schroedel, 1979.

[22] Christaller W. 德国南部中心地原理[M]. 常正文,王兴中,译. 北京:商务印书馆,1998.

[23] Coulombe S. New evidence of convergence across Canadian province: the role of urbanization [J]. Regional Studies, 2000 (34):713-725.

[24] De Long, Summers. Equipment investment and economic growth [J]. Quarterly Journal of Economics, 1991, 106(2): 445-502.

[25] Dicken P, Loyd P. Location in space: theoretical perspectives in economic geography [M]. New York: Harper Collins, 1990.

[26] Dicken P. Global shift: industrial change in a turbulent world [M]. London: Harper and Row, 1986.

[27] Dicken P. Global shift: the internationalization of economic activity [M]. New York: Guilford Press, 1992.

[28] Dixit A K, Stiglitz J E. Monopolistic Competition and Optimal Product Diversity [J]. Amercian Economic Review, 1977, 67(3):297-308.

[29] Donghyyun Park. An empirical examination of income convergence in Asia-

pacific region[J]. Journal of Asia Economics,2003(14):497-502.

[30] Dunn E S. The Market Potential Concept and the Analysis of Location [J]. Papers in Regional Science, 2010, 2(1):183-194.

[31] Duranton G, Puga D. Diversity and Specialisation in Cities: Why, Where and When Does it Matter? [J]. Urban Studies, 2000 (37):533-555.

[32] Enrique López-Bazo, Esther Vayá, Antonio J Mora, et al. Regional economic dynamics and convergence in the European Union[J]. The Annals of Regional Science, 1999,33(3):343-370.

[33] Erdeving E H. An overview of the economy of the Great Lakes States [C]// Testa W A. The Great Lakes Economy: Looking North and South. Chicago: Federal Reserve Bank of Chicago, 1991.

[34] Esteban J M, Ray D C. On the measurement of polarization [J]. Econometric, 1999(62): 819-851.

[35] Fan C C, Caseti E. The Spatial and Temporal Dynamics of US regional Income inequality, 1950—1989 [J]. Regional Studies, 1994, 28(3): 177-196.

[36] Farhad, Rasekh. A test of the convergencehypothesis: the OECD experience, 1950—1990 [J]. International Review of Economics and Finance, 2001 (10):147-157.

[37] Fedorov L. Regional Inequality and Polarization in Russia [J]. World Development, 2002, 30(3): 443-456.

[38] Fing leton, Lopez — Bazo. Empirical growth models with spatial effect [J]. Papers in Regional Science, 2006(85): 177-198.

[39] Florida R, Kenney M. The globalization of Japanese R & D: the economic geography of Japanese R & D investment in the United States [J]. Economic Geography, 1994, 70(4):344-369.

[40] Forbes D K. The Socialist Third World [M]. Oxford: Basil Blackwell Publishers, 1987.

[41] Foster J E, Wolfson M C. Polarization and the decline of the middle class: Canada and the US [M]. Mimeo: Vanderbilt University, Department of Economics, 1992.

[42] Francois Per roux. A note on the notion of growth pole [J]. Applied Economy, 1955 (1/2): 307-320.

[43] Friedman J R. Regional development policy: a case study of Venezuela [M]. Cambridge: MIT Press, 1966.

[44] Getis A, Ord J K. Local Spatial Statistics: an Overview [M]//Paul A, Michael B. Spatial Analysis: Modeling in a GIS Environment. New Jersey: John Wiley & Sons, 1997: 261-277.

[45] Gregory Jackson, George Masnick, Roger Bolton, et al. Regional Diversity: Growth in the United State, 1960—1990[M]. Auburn House, 1981.

[46] Giuliano G, Small K. The Determinants of Growth of Employment Subcenters [J]. Journal of Transport Geography, 1999(7):189-201.

[47] Hakanson L. Toward a theory of location and corporate growth [J]. Journal of Engineering Mechanics, 1979,133(8):957-961.

[48] Hall P. The anatomy of job creation: nations, regions and cities in the 1960s and 1970s [J]. Regional Studies, 1987, 21(2):95-106.

[49] Hamnett. Social polarization in Global Cities: Theory and Evidence [J]. Urban Studies, 1994(31):401-402.

[50] Hirschman A O. The Strategy of Economic Development [M]. New Haven: Yale University Press, 1958.

[51] Hotelling H. Stability in competition [J]. Economic Journal, 1929(3):41-57.

[52] Isard W. Location and space-economy: a general theory relating to industrial location, market areas, land use, trade, urban structure [M]. New York: John Wiley Sons, 1956.

[53] Islam, Nazrul. What Have We Learnt from the Convergence Debate? [J]. Journal of Economic Surveys, 2003, 17(3):309-362.

[54] Jaffe A B, Trajtenberg M, Henderson R. Geographic Localization of Knowledge Spillovers as Evidenced by Patent Citations[J]. Quarterly Journal of Economics, 1993(63): 577-598.

[55] Jeffrey Sachs, Xiaokai Yang, Dingsheng Zhang. Globalization, dual Economy, and economic development [J]. China Economic Review, 2000(11): 189-209.

[56] Julide Yıldırım, Nadir Öcal. Income Inequality and Economic Convergence in Turkey [J]. Transition Studies Review, 2006, 13 (3): 559-568.

[57] Kaiyuen Tsui, Youqing Wang. Polarization Ordering and New Classes of Polarization Indices [M]. Honking: The Honking University, 1998: 353-358.

[58] Kraiwine Bunyaratavei, Eugene Hahn. An Integrative Approach to Measuring Economic Convergence: The Case of the European Union [J]. Global Economy Journal,2007,5(2):8.

[59] Krugman P. Development, geography, and economic theory [M]. Cambridge: MIT Press, 1995.
[60] Krugman P. What's about New Economic Geography [J]. Oxford Review of Economic Policy, 1998, 14(2):7-17.
[61] Krugman P. First Nature, Second Nature and Metropolitan Location [J]. Journal of Region Science, 1993, 33(2):129-144.
[62] Kuznets. Economic Growth and Income Inequality [J]. American Economic Review, 1955, 45(1):1.
[63] Lapple D, Hoogstraten P V. Remarks on the Spatial Structure of Capitalist Development: the Case of the Netherlands [M]// Carney J. Regions in Crisis. London: Billing and Sons Limited, 1980.
[64] Levine. Spatial statistics and gis [J]. Journal of the American Planning Association, 1996, 62(3): 381-391.
[65] Lochs A.经济空间秩序[M].王守礼,译.北京:商务印书馆,1995.
[66] Lucas R E. On the Mechanics of Economic Development [J]. Journal of Monetary Economics, 1988 (22):3-42.
[67] Mac Dougal G. The Benefits and Costs of Private Investment from Abroad: A Theoretical Approach [J]. Economic Record, 1960, 36(1):13-35.
[68] Maddison, Angus. The World Economiy: A Millenial Perspective [C]. Organization for Economic Cooperation and Development (OECD), 2001.
[69] Mair A, Florida R, Kenney M. The new geography of automobile production: Japanese transplants in North American [J]. Economic Geography, 1988, 64(4):352-373.
[70] Maria Isabel Serra, Maria Fernando Pazmino, Genevieve Lindow, et al. Regional Convergence in Latin America [J]. Social Science Electronic Publishing, 2006, 6(125): 278-285.
[71] Mankiw G D, Romer, Weil D. A Contribution to the Empirics of Economic Growth [J]. Quarterly Journal of Economics, 1992(107):407-437.
[72] Martin L. Sequential Location Contests in the Presence of Agglomeration Economics [J] . Working Paper University of Washington, 2000(8):1-30.
[73] Martin R. EMU versus the Regions? Regional Convergence and Divergence in EuroLand [J]. Journal of Economic Geography, 2001, 1(1):51-80.
[74] Mee Kam NG. Cumulative Experiences of Growth and Development in Selected Asian Countries: A Research Agenda for Regional Development Plan-

ning in Hong Kong-Southern China [C]. Paper to be presented at the CUPEM Research Seminar Series, 1994.

[75] Mitchelson R L, Wheeler J O. The flow of information in a global economy: The role of the American urban system in 1990[J]. Annals Association of American Geographers, 1994, 84(1): 87-107.

[76] Myrdal G. Economic Theory and Underdeveloped Regions [M]. London: Gerald Duckworth, 1957.

[77] Nelson R R A. Theory of Low Level Equilibrium Trap in Underdeveloped Countries [J]. American Economic Review, 1956 (46):894-908.

[78] O'Huallachain B, Reid N. Source country differences in the spatial distribution of foreign direct investment in the United States [J]. The Professional Geography, 1992, 44(3):272-285.

[79] O'Malley E. The impact of transnational corporations in the Republic of Ireland [R]. Utrecht: The Roual Dutch Geographical Society, 1994.

[80] Otremba E. Raumordnung , Raumforschung und Geography [C]. Institulfür Raumforschung Infomationen,1953.

[81] Perrour F. Prise de Vues Sur La Croissance de Lécnomie Francaise, 1780 - 1950[J]. Review of Income and Wealth, 1955, 5(1):41-78.

[82] Perrour F. Economic Space, Theory and Applications [J]. Quarterly Journal of Economics, 1950(64):89-104.

[83] Pfaffermayr . Conditional β and σ-convergence in space [J]. Regional Science and Urban Economics, 2009, 39(1): 63-78.

[84] Poncet S. Measuring Chinese Domestic and International Integration [J]. China Economic Review, 2003, 14(1):1-21.

[85] Pritchett L. Divergence, big time [J]. Journal of Economic Perspective, 1997(11):3-17.

[86] Ranajo J, Marquez M, Hewings G, et al. Spatial Heterogeneity and Interregional Spillovers in the European Union: Do Cohesion Policies Encourage Convergence across Regions [J]. European Economic Review, 2008, 52(3): 551-567.

[87] Rey, Montouri. US regional income convergence [J]. Regional Studies, 1999, 33(2): 143-156.

[88] Rey S, Janikas M J. Regional convergence, inequality and space [J]. Journal of Economic Geography, 2005, 5(2):155-176.

[89] Romer P M. Inereasing Retums & Long-RunGrowth [J]. Journal of Political Economy, 1986(94):1002-1037.

[90] Romer P M. Endogenous Technological Change [J]. Journal of Political Economy, 1990(98):71-102.

[91] Sassen S. The Global City[M]. Princeton,NJ: Princeton University Press, 1991:45-50.

[92] Schwarz J. How Income Inequality Changed in Germany Following Reunification: An Empirical Analysis Using Decomposable Inequality Measures [J]. Review of Income and Wealth, 1996(1):1-11.

[93] Shorrocks A F. Inequality Decomposition by Factor Components [J]. Econometrical, 1982, 50(1):193-211.

[94] Solow R. A Contribution to the Theory of Economic Growth [J]. Quarterly Journal of Economics,1956(70):65-94.

[95] South R B. Transnational"Maquiladora" [J]. Annals of the Assocation of American Geographers, 1990, 80(4):549-570.

[96] Schwarze J. How Income Inequality Changed in Germany Following Reunifieation: An Empirical Analysis Using Decomposable Inequality Measures [J]. Review of Income and Wealth, 1996(1): 1-11.

[97] Taylor M. Organizational growth, spatial interaction and location decision-making [J]. Regional Studies, 1975(9):313-323.

[98] Taylor M J, Thrift N. Large corporations and concentrations of capital in Australian: a geographical analysis [J]. Economic Geography, 1980, 56(4):261-280.

[99] Theil Henri. Economics and Information Theory [M]. Amsterdam: North Holland, 1967.

[100] Tuan Chyau, Linda Fung-ycc Ng. Outward FDI and Domestic Productivities [J]. International Journal of Business Strategy, 2000, 1(2):1-26.

[101] Thunen J H Von. 孤立国同农业和国民经济的关系[M]. 吴衡康,译. 北京:商务印书馆,1997.

[102] Venables A J. Equilibrium Location of Vertically Linked Industries [J]. International Economic Review, 1996, 37(2):341-359.

[103] Vining D R, Kontuly T. Population Dispersal from Marjor Metropolitan Regions: an International Comparison [J]. International Regional Science Review, 1978 (3):49-73.

[104] Walz U. TransportCosts, Intermediate Goods, and Localized Growth [J].

Regional Science and Urban Economics, 1996(6): 47-61.

[105] Watts H D. The large industrial enterprise [M]. London: Croom Helm, 1980.

[106] Weber A. 工业区位论[M]. 李刚剑,等,译. 北京:商务印书馆,1997.

[107] Williamson J G. Regional Inequality and the Process of National Development: a Description of the Patterns [J]. Economic Development and Cultural Change, 1965, 13(4): 1-84.

[108] Wilson A G. Complex Spatial Systems: The Modeling Foundations of Urban and Regional Analysis [M]. Singapore: Pearson Education Asia Pte Ltd., 2000.

[109] Wolfson M C. When inequalities diverge. In Papers and proceedings of the hundred and sixth annual meeting of the American Economic Association [J]. American Economic Review, 1994, 84(2): 353-358.

[110] Yeung H W. Business networks and transnational corporations: a study of Hong Kong firms in the ASEAN region [J]. Economic Geography, 1997, 73(1): 1-24.

[111] Zhang X B, Kanbur R. What difference do polarization measures make? An application to China [J]. Journal of Development Studies, 2001, 37(31): 85-98.

[112] 安虎森. 空间经济学教程[M]. 北京:经济科学出版社,2006.

[113] 白永秀,任保平. 区域经济基本问题研究[M]. 北京:经济科学出版社,2004.

[114] 蔡芳芳,濮励杰,张健,等. 基于 ESDA 的江苏省县域经济发展空间模式解析[J]. 经济地理,2012,32(3):22-28.

[115] 蔡昉,都阳. 中国地区经济增长的趋同与差异[J]. 经济研究,2000(10):3-37.

[116] 蔡昉,王德文,都阳. 劳动力市场扭曲对区域差距的影响[J]. 中国社会科学,2001(2):4-14.

[117] 曹芳东,黄震方,吴江,等. 1990 年以来江苏省区域经济差异时空格局演化及其成因分析[J]. 经济地理,2011,31(6):895-902.

[118] 曹芳东,吴江,徐敏. 基于空间计量经济模型的县域经济发展差异研究:以江苏省为例[J]. 地域研究与开发,2010,29(6):13-28.

[119] 曹广忠,周一星. 中国城市经济增长多因素分析[J]. 经济地理,1999,19(2):31-37.

[120] 曹小曙,柳意云,闫小培. 泛珠江三角洲的经济地理格局与区域发展展望[J]. 中国发展,2004(3):46-53.

[121] 柴彦威,蔡运龙,顾朝林,等. 人文地理学词典[M]. 北京:商务印书馆,2005:

100,334.

[122] 陈栋生.论区域协调发展[J].工业技术经济,2005(2):2-6.

[123] 陈斐,杜道生.空间统计分析与GIS在区域经济分析中的应用[J].中南大学学报:社会科学版,2003,9(3):355-359.

[124] 陈丽媛."中部崛起"与湖北经济增长极的构建[J].统计与决策,2006(11):47-49.

[125] 陈良文,杨开忠.我国区域经济差异变动的原因:一个要素流动和集聚经济的视角[J].当代经济科学,2007,29(3):35-42.

[126] 陈修颖.区域空间结构重组:理论基础、动力机制及其实现[J].经济地理,2003,23(4):445-450.

[127] 陈修颖.长江经济带空间结构演化及重组[J].地理学报,2007,62(12):1265-1276.

[128] 陈秀山,徐瑛.中国区域差距影响因素的实证研究[J].中国社会科学,2004(5):117-129.

[129] 陈秀山,张可云.区域经济理论[M].北京:商务印书馆,2003:195-214.

[130] 陈宗胜.关于收入差别倒U曲线及两极分化研究中的几个方法问题[J].中国社会科学, 2002(5): 78-82.

[131] 仇方道,朱传耿,孔令平,等.江苏省县域经济差异及时空特征分析[J].经济地理,2004,24(4):468-472.

[132] 崔功豪,魏清泉.区域分析与区域规划[M].北京:高等教育出版社,2000.

[133] 戴先杰.江苏省区域生产力布局模式研究[J].现代经济探讨,2000(10):54-56.

[134] 戴先杰.江苏省生产力总体布局态势分析[J].地理研究,1994,13(3):76-82.

[135] 邓庆远.影响我国区域经济差异的政府宏观调控与制度创新因素[J].经济经纬,2005(4):43-46.

[136] 董长瑞.关于两极分化研究方法的选择[J].经济学家, 1998(1):24-28.

[137] 董德利,吴亚娟,徐邓耀,等.四川省区域经济差异分析及协调发展对策[J].四川师范学院学报:自然科学版,2000, 21(2) :161-165.

[138] 董先安.浅释中国地区收入差距:1952—2002[J].经济研究,2004(9) :48-59.

[139] 董亚娟.基于人力资本视角的浙江区域经济差异统计研究[D].杭州:浙江工商大学,2008.

[140] 窦玲.制度供给差异对区域经济差异的影响[D].西安:西北大学,2006.

[141] 段学军,虞孝感,Nipper J.从极化区的功能探讨长江三角洲的扩展范围[J].地理学报, 2009, 64(2): 211-220.

[142] 樊福才.黄河流域城市经济空间分异与发展研究[D].开封:河南大

学,2008.
[143] 樊新生,李小建.河南省经济空间结构演变分析[J].地理与地理信息科学,2005,21(2):70-73.
[144] 樊新生,李小建.基于县域尺度的经济增长空间自相关研究[J].经济经纬,2005,6(3):57-60.
[145] 樊新生.20 世纪 80 年代以来河南省经济空间结构演变研究[D].开封:河南大学,2005.
[146] 范剑勇.要素聚集与地区差距:来自中国的证据[C].中国制度经济学年会论文集,2003.
[147] 方倩,崔功豪.江苏沿江地区经济差异演变及其机制研究[J].经济地理,2004(6): 772-775.
[148] 冯俊新.经济发展与空间布局:城市化、经济聚集和地区差距[D].北京:清华大学,2009.
[149] 高志刚. 区域经济差异理论述评及研究新进展[J].经济师,2002(2):38-39.
[150] 葛莹,姚士谋,蒲英霞,等.运用空间自相关分析集聚经济类型的地理格局[J].人文地理, 2005(3):21-25.
[151] 顾朝林, C 克斯特洛德.北京社会极化与空间分异研究[J].地理学报,1997,52(5):385-393.
[152] 盖文启,蒋振威,丁斑.我国区域经济发展差异性研究[J].经济学动态,2010(9):85-90.
[153] 郭岚.中国区域差异演变新特征及未来变动趋势分析[J].经济体制改革,2008(5):86-90.
[154] 管卫华,赵媛,林振山.改革开放以来江苏省区域空间结构变化[J].地理研究, 2004,23(4):541-550.
[155] 郭庆旺,贾俊雪.积极财政政策对区域经济增长与差异的影响[J].中国软科学, 2005(7) : 46-53.
[156] 郭腾云,董冠鹏.京津冀都市区经济分布演化及作用机制模拟研究[J].地理科学, 2012,32(5):550-556.
[157] 郭腾云,徐勇,张同升.我国区域政策与区域经济空间分布变化的计量分析[J].地域研究与开发,2006,25(4):1-5.
[158] 郭腾云.1952—2003 年我国区域经济极化趋势及其方向[J].河北师范大学学报:自然科学版,2005,29(4):412-416.
[159] 郝寿义,安虎森.区域经济学[M].2 版.北京:经济科学出版社,2004.
[160] 何江,张馨之.中国区域经济增长及其收敛性:空间面板数据分析[J].南方

经济,2006(5):44-52.
[161] 何萍,史培军,高吉喜.过程与格局的关系及其在区域景观生态规划中的应用[J].热带地理,2007,27(5):390-394.
[162] 洪兴建,李金昌.两极分化测度方法述评与中国居民收入两极分化[J].经济研究, 2007(11):139-152.
[163] 胡鞍钢,熊义志.我国知识发展的地区差距分析特点、成因及对策[J].管理世界,2000(3):5-18.
[164] 胡彬.长江流域板块结构分异的制度成因与区域空间结构的重组[J].中国工业经济,2006(6):60-67.
[165] 胡培兆.共同富裕与良性两极分化[J].理论前沿, 2003(22): 27-29.
[166] 胡序威,周一星,顾朝林.中国沿海城镇密集地区空间聚集与扩散研究[M].北京: 科学出版社, 2000.
[167] 胡毅,张京祥.基于县域尺度的长三角城市群经济空间演变特征研究[J].经济地理,2010,30(7):1112-1117.
[168] 胡志远,欧向军.基于泰尔指数的江苏省区域差异多指标测度[J].经济地理,2007,27(5):719-724.
[169] 黄其霜.当前中国社会-经济极化与空间分异研究[J].陕西师范大学学报:自然科学版,2008,36(11):177-179.
[170] 黄雪琴.全球化对区域经济差异的影响机理及其调控研究[D].南京:南京师范大学,2008.
[171] 简晓彬,沈正平,刘宁宁.苏北与苏中、苏南经济发展差异的演变及成因探析[J].经济问题探索,2007(2):53-59.
[172] 金凤君,王姣娥.铁路提速的空间经济效果评价[J].铁道学报, 2003,25(6):1-7.
[173] 金凤君.我国航空客流网络发展及其地域系统研究[J].地理研究,2001,20(1): 31-39.
[174] 金丽国.区域主体与空间经济自组织[M].上海:上海人民出版社,2007.
[175] 金荣学.中国经济转型时期省际经济增长差异研究[D].武汉:华中科技大学,2006.
[176] 靳诚, 陆玉麒.基于县域单元的江苏省经济空间格局演化[J].地理学报, 2009, 64(4): 713-724.
[177] 靳诚,陆玉麒.基于空间变差函数的长江三角洲经济发展差异演变研究[J].地理科学,2011,31(11):1329-1334.
[178] 金相郁,武鹏.中国区域经济发展差距的趋势及其特征——基于 GDP 修正

后的数据[J]. 南开经济研究,2010(1):79-96.

[179] 李国平,陈晓玲. 中国省区经济增长空间分布动态[J]. 地理学报,2007,62(10): 1051-1062.

[180] 李江涛,汤茂林. 外商直接投资(FDI)与江苏省区域经济差异研究[J]. 地理与地理信息科学,2006(2):59-63.

[181] 李冀, 严汉平. 中国区域经济差异演进趋势分析——基于政策导向和收敛速度的双重视角[J]. 经济问题,2010(12):14-18.

[182] 李丽,管卫华. 改革开放以来江苏省区域经济差异格局演化研究[J]. 经济地理, 2010,30(10):1605-1611.

[183] 李敏纳. 黄河流域经济空间分异研究[D]. 开封:河南大学,2009.

[184] 李清泉. 论区域协调发展战略[D]. 北京:中共中央党校,2000.

[185] 李胜会. 经济集聚与区域经济增长:理论探讨和实证研究[D]. 广州:暨南大学,2008.

[186] 李小建,樊新生. 欠发达地区经济空间结构及其经济溢出效应的实证研究——以河南省为例[J]. 地理科学,2006,26(2):1-6.

[187] 李小建,苗长虹. 增长极理论分析及选择研究[J]. 地理研究,1993,12(3):45-55.

[188] 李小建,乔家君. 20 世纪 90 年代中国县际经济差异的空间分析[J]. 地理学报,2001,56(2):136-145.

[189] 李小建. 经济地理学[M]. 北京:高等教育出版社,1999.

[190] 李秀伟,修春亮. 东北三省区域经济极化的新格局[J]. 地理科学,2008,28(6): 722-728.

[191] 李旭旦. 人文地理学[M]. 北京:中国大百科全书出版社,1984.

[192] 李植斌,汪伟新. 浙江省 90 年代区域经济差异变动研究[J]. 浙江海洋学院学报:人文社科版,2003,20(3):32-37.

[193] 李志刚,吴缚龙. 转型期上海社会空间分异研究[J]. 地理学报,2006(2):199-210.

[194] 厉以宁. 西方经济学[M]. 2 版. 北京:高等教育出版社,2005.

[195] 梁棋,王慧敏,张显清. 江苏区域经济发展水平差距成因的实证分析[J]. 江苏商论,2004 (1):126-127.

[196] 林毅夫,蔡昉,李周. 中国经济转型时期的地区差距分析[J]. 经济研究,1998(6):3-10.

[197] 林勇,张宗益. 禀赋差距还是权利缺失:区域经济发展差距理论与实证研究[J]. 中国人口·资源与环境,2008,18(1):51-56.

[198] 刘芬.黄河流域人口空间分异研究[D].开封:河南大学,2008.
[199] 刘海波.我国产业集聚水平及其对区域差异的影响研究[D].长春:吉林大学,2007.
[200] 刘慧.区域差异测度方法与评价[J].地理研究,2006,25(4):710-718.
[201] 刘金山.泛珠三角地区经济收敛性分析及趋势估计[J].当代财经,2005(4):88-90.
[202] 刘强.中国经济增长的收敛性分析[J].经济研究,2001(6):70-77.
[203] 刘清春.经济增长中地理要素作用的空间计量经济学分析[D].上海:华东师范大学,2007.
[204] 刘生龙,张捷.空间经济视角下中国区域经济收敛性再检验[J].财经研究,2009,35(12):16-26.
[205] 刘湘南,黄方,王平.GIS空间分析原理和方法[M].2版.北京:科学出版社,2008.
[206] 刘夏明,魏英琪,李国平.收敛还是发散——中国区域经济发展争论的文献综述[J].经济研究,2004(7):71-72.
[207] 刘迎霞.基于空间外溢效应的区域经济增长空间局部趋同研究[D].开封:河南大学,2007.
[208] 刘颖.空间经济视角下地区非均衡发展问题研究[D].沈阳:辽宁大学,2009.
[209] 刘再兴.经济地理学:理论与方法[M].北京:中国物价出版社,1996.
[210] 刘兆德,谢红彬,范宇.20世纪90年代江苏省经济发展及空间差异研究[J].经济地理,2003,23(1):23-27.
[211] 刘兆德,姚丽丽,虞孝感.20世纪90年代以来长江三角洲地区空间极化研究[J].地理与地理信息科学,2007,23(6):82-86,91.
[212] 鲁凤,徐建华.中国区域经济差异的空间统计分析[J].华东师范大学学报:自然科学版,2007(2):44 51.
[213] 鲁凤.中国区域经济差异的空间统计分析[D].上海:华东师范大学,2004.
[214] 陆大道.区域发展及其空间结构[M].北京:科学出版社,1995.
[215] 陆大道.论区域的最佳结构与最佳发展——提"点-轴系统"理论和"T"型结构以来的回顾和再分析[J].地理学报,2001,56(2):127-135.
[216] 陆大道.区位论及区域研究方法[M].北京:科学出版社,1988.
[217] 陆玉麒.江苏沿江地区的空间结构与区域发展[J].地理科学,2000,20(3):284-290.
[218] 陆玉麒.区域发展中的空间结构研究[M].南京:南京师范大学出版社,1998.

[219] 陆玉麒. 区域双核结构模式的形成机理[J]. 地理学报，2002a，57(1)：85-95.
[220] 陆玉麒. 中国区域空间结构研究的回顾与展望[J]. 地理科学进展，2002，21(4)：468-477.
[221] 陆玉麒，董平，王颖. 双核结构模式与淮安区域发展[J]. 人文地理，2004，19(1)：32-36.
[222] 吕拉昌. 极化效应、新极化效应与珠江三角洲的经济可持续发展[J]. 地理科学，2000，20(4)：355-361.
[223] 马国霞，田玉军，石勇. 京津冀都市圈经济增长的空间极化及其模拟研究[J]. 经济地理，2010，30(2)：177-182.
[224] 孟斌，王劲峰，张文忠，等. 基于空间分析方法的中国区域差异研究[J]. 地理科学，2005，25(4)：393-400.
[225] 孟德友，陆玉麒. 河南外向型经济区域差异及极化态势分析[J]. 地域研究与开发，2009，28(4)：52-56.
[226] 欧向军，赵清. 基于区域分离系数的江苏省区域经济差异成因定量分析[J]. 地理研究，2007，26(4)：693-704.
[227] 欧向军，陈修颖. 改革开放以来江苏省区域经济差异成因分析[J]. 经济地理，2004，24(3)：338-342.
[228] 欧向军，顾朝林. 江苏省区域经济极化及其动力机制定量研究[J]. 地理学报，2004，59(5)：791-799.
[229] 欧向军，叶磊，张洵，等. 江苏省县域经济发展差异与极化比较[J]. 经济地理，2012，32(7)：24-29.
[230] 欧向军，朱传耿. 江苏省区域经济差异与发展战略演变初探[J]. 人文地理，2005(2)：25-29.
[231] 欧向军. 江苏省区域发展差异综合分析[J]. 地域研究与开发，2006，25(5)：18-23.
[232] 欧向军. 江苏省县域经济差异演变的结构分析[J]. 地域研究与开发，2005，24(2)：25-29.
[233] 潘文卿. 中国区域经济差异与收敛[J]. 中国社会科学，2010(1)：72-84.
[234] 彭文斌. 资本流动对区域经济差距的影响研究[D]. 上海：复旦大学，2008.
[235] 蒲小川. 中国区域经济发展差异的制度因素研究[D]. 上海：复旦大学，2007.
[236] 蒲英霞，葛莹，马荣华，等. 基于 ESDA 的区域经济空间差异分析——以江苏省为例[J]. 地理研究，2005，24(6)：965-974.
[237] 蒲英霞，马荣华，葛莹，等. 基于空间马尔科夫链的江苏区域趋同时空演变[J]. 地理学报，2005(5)：817-826.

[238] 邵川.江苏省区域经济空间结构研究[J].徐州教育学院学报,2005, 20(1): 57-60.

[239] 沈坤荣,马俊.中国经济增长的"局部收敛"特征及其成因研究[J].经济研究,2002(1):33-39.

[240] 沈正平,翟仁祥.江苏省南北经济发展差距及其协调研究——兼与鲁南和中国东西部地区的比较[J].经济地理,2003,23(6):742-746.

[241] 石磊,高帆.地区经济差距:一个基于经济结构转变的实证研究[J].管理世界, 2006(5):35-44.

[242] 宋萍,洪伟,吴承祯,等.基于 ESDA 的福建省县域经济差异[J].福建农林大学学报:自然科学版,2009, 38(4):406-411.

[243] 苏良军,黄渝祥.苏南苏北经济发展水平差距成因探析[J].数理统计与管理,1999, 18(1): 19-24.

[244] 孙久文.我国区域经济问题研究的未来趋势[J].中国软科学,2004(12): 67-70.

[245] 覃成林,唐永.河南经济增长局部趋同研究[J].地理研究,2007(3):548-557.

[246] 覃成林,张伟丽.区域经济增长局部趋同研究评述[J].经济学动态,2008(3): 101-106.

[247] 覃成林.中国区域经济差异研究[M].北京:中国经济出版社,1997.

[248] 谭遂,杨开忠,荀丽娜,等.一种基于自组织理论的城市与区域空间格局演变模型研究[J].经济地理,2003(2):149-153.

[249] 汤国安,杨昕. ArcGIS 地理信息系统空间分析实验教程[M].北京:科学出版社,2006.

[250] 汤学兵,陈秀山.我国八大区域的经济收敛性及其影响因素分析[J].中国人民大学学报, 2007(1):106-113.

[251] 王冠贤,魏清泉,蔡小波. 20 世纪 90 年代珠三角经济区空间分异的特征分析[J].经济地理, 2003,23(1):18-22.

[252] 王合生,李昌峰.长江沿江区域空间结构系统调控研究[J].长江流域资源与环境, 2000,9(3):269-276.

[253] 王慧.开发区发展与西安城市经济社会空间极化分异[J].地理学报,2006, 61(10): 1011-1024.

[254] 王家庭,贾晨蕊. 我国城市化与区域经济增长差异的空间计量研究[J].经济科学,2009(3):94-102.

[255] 王检贵.两种不同类型的两极分化[J].经济学家, 2000(2): 69-73.

[256] 王建廷.区域经济发展动力与动力机制[M].上海:上海人民出版社,2007.

[257] 王鹏飞，Robert BAO，Catherine WONG. 加拿大地域间收入差异与国家财政补贴[J]. 地理研究，2011，30(7)：1309-1318.

[258] 王启仿. 区域经济差异及其影响因素研究——以江苏省为例的实证分析与检验[D]. 南京：南京农业大学，2003.

[259] 王学勇. 江苏省县域经济增长收敛性和空间格局分析[J]. 安徽农业科学，2011，39(33)：20815-20818.

[260] 王迎英，曹荣林. 产业结构变动对经济增长贡献的时空差异研究——以江苏省为例[J]. 地域研究与开发，2010，29(3)：19-24.

[261] 魏冬. 投资、经济增长、地区差距——以江苏为案例的实证分析[J]. 南京社会科学，1996(9)：32-35.

[262] 魏后凯，刘楷. 中国地区发展：经济增长、制度变迁与地区差异[M]. 北京：经济管理出版社，1997.

[263] 魏后凯. 外商直接投资对中国区域经济增长的影响[J]. 经济研究，2002 (4)：19-26.

[264] 魏后凯. 全球化、国家战略与中国地区差距[J]. 嘉兴学院学报，2005，17(1)：91-95.

[265] 魏敏，李国平，王巨贤. 我国区域竞争力区位差异的实证研究[J]. 中央财经大学学报，2004(5)：41-45.

[266] 魏武雄，William W S Wei. 时间序列分析——单变量和多变量方法[M]. 2 版. 北京：中国人民大学出版社，2009.

[267] 温桂芳，马栓友，赵萍，等. 积极财政政策与经济增长效应分析[J]. 人文杂志，2003(3)：52-60.

[268] 翁瑾，刘明宇. 经济学关于空间结构研究的综述[J]. 当代财经，2006(6)：13-16.

[269] 吴殿廷. 中国三大地带经济增长差异的系统分析[J]. 地域研究与开发，2001(2)：10-15.

[270] 吴启焰. 大城市居住空间分异研究的理论与实践[M]. 北京：科学出版社，2001.

[271] 吴相利. 河流系统功能与流域经济的空间组织模式剖析[J]. 绥化师专学报，2000，20(1)：14-17.

[272] 吴玉鸣，何建坤. 研发溢出、区域创新集群的空间计量经济分析[J]. 管理科学学报，2008(8)：59-66.

[273] 吴玉鸣，徐建华. 中国区域经济增长集聚的空间统计分析[J]. 地理科学，2004，24(6)：654-659.

[274] 吴玉鸣. 空间计量经济模型在省域研发与创新中的应用研究[J]. 数量经济技术经济研究,2006(5):74-85.

[275] 吴玉鸣. 中国经济增长与收入分配的空间统计分析[D]. 上海:华东师范大学,2004:3-18.

[276] 吴玉鸣. 中国省域经济增长趋同的空间计量经济分析[J]. 数量经济技术经济研究,2006(12):101-108.

[277] 吴仲文,沈正平. 江苏省县域经济发展差异形成因素研究[J]. 现代经济探讨,2004(12):42-46.

[278] 武春光. 知识能力与区域经济差异研究[D]. 大连:大连理工大学,2009.

[279] 肖根如 ,程朋根,潘海燕,等. 基于空间统计分析与 GIS 研究江西省县域经济[J]. 东华理工学院学报,2006,29(4):348-352.

[280] 熊薇,徐逸伦,王迎英. 江苏省县域经济差异时空演变[J]. 地理科学进展,2011,30(2):224-230.

[281] 修春亮,赵映慧,宋伟. 1990 年以来东北地区铁路运输的空间极化[J]. 地理学报,2008,63(10):1009-1107.

[282] 徐国第,刘元. 我国区域经济协调发展的构想[J]. 经济经纬,1994(4):15-18.

[283] 徐继业,花俊. 空间经济学视角下的产业集聚与经济增长研究——对拥挤效应的探讨[J]. 北方经济,2009 (9):23-25.

[284] 徐建华,鲁凤,苏方林. 中国区域经济差异的时空尺度分析[J]. 地理研究,2005, 24(1):57-68.

[285] 薛力. 全球化进程的空间分异及其对策探讨——以江苏省为例[J]. 城市规划,2003,27(5):26-32.

[286] 薛普文. 区域经济成长与区域结构的演变[J]. 地理科学,1988,8(4):379-384.

[287] 姚波,吴诣民,刘鹏飞. 我国区域经济差异的实证分析[J]. 统计研究,2005(8):35-37.

[288] 颜鹏飞,孙波. 经济增长极的定位和区域经济发展[J]. 管理现代化,2003(3):36-38.

[289] 颜鹏飞,孙波. 中观经济研究:增长极和区域经济发展理论的再思考[J]. 经济评论,2003(3):62-66.

[290] 亚当·斯密. 国民财富的性质和原因的研究[M]. 北京:商务印书馆,1979.

[291] 杨帆. 区域经济的多核心空间结构[J]. 现代管理科学,2005(5):78-79.

[292] 杨开忠. 中国地区工业结构变化与区际增长和分工[J]. 地理学报,1993, 48(6): 481-490.

[293] 杨上广. 大城市社会极化的空间响应研究——以上海为例[D]. 上海:华东师

范大学,2005.
[294] 姚士谋,王成新.区域"板块"形成演变规律及其动力源探究[J].地域研究与开发,2004,23(2):1-5.
[295] 姚士谋,王书国,陈爽,等.区域发展中"城市群现象"的空间系统探索[J].经济地理,2006,26(5):726-730.
[296] 叶依广,王启仿.区域经济增长的局部收敛特征分析——以江苏省为例[J].科技进步与对策,2004(6):156-158.
[297] 曾菊新.试论空间经济结构[J].华中师范大学学报:哲社版, 1996(2):8-13.
[298] 曾永明,张果. 基于 GeoDa - GIS 的四川省县域经济空间分异的研究[J].云南地理环境研究,2010, 22(4):52-58.
[299] 赵光华.陕西区域经济增长差异研究[D].咸阳:西北农林科技大学,2006.
[300] 张伯里.世界经济格局如何升"极"[J].瞭望,2009(23):10-13.
[301] 张春梅,吴启焰,张小林.区域战略视角下中国地区差异时空演化特征研究[J].地理与地理信息科学,2012,28(4):55-59.
[302] 张春梅,张小林,吴启焰,等.中国区域经济差异空间分异特征及其机理研究[J].统计与信息论坛,2012,27(5):30-35.
[303] 张景秋,杨吾扬.中国临海地带空间结构演化及其机制分析[J].经济地理,2002,22(5):574-579.
[304] 张可远,欧向军,沈正平.江苏省主要经济带产业转换与空间相互作用研究[J].地理科学,2007,27(5):648-654.
[305] 张久文,叶裕民.区域经济学教程[M].北京:中国人民大学出版社,2003.
[306] 张敏,顾朝林.近期中国省级经济社会要素流动的空间特征[J].地理研究,2002(5):315-318.
[307] 张藕香.人力资本对经济增长和地区差异的影响——基于中国农村的实证分析[D].咸阳:西北农林科技大学,2007.
[308] 张文.云南区域经济差异及协调发展研究的背景与意义[J].玉溪师范学院学报,2003,19(9):40-44.
[309] 张文尝,金凤君,樊杰. 交通经济带[M].北京:科学出版社,2002:11.
[310] 张晓峒.EViews 使用指南与案例[M].北京:机械工业出版社,2007.
[311] 张晓旭,冯宗宪.中国人均 GDP 的空间相关与地区收敛:1978—2003[J].经济学(季刊),2008,7(2):399-414.
[312] 张玉明.知识溢出、空间依赖与中国省际区域经济增长问题研究[D].沈阳:东北大学,2008.
[313] 赵济,陈传康.中国地理[M].北京:高等教育出版社,1999:337-373.

[314] 赵新正.经济全球化与城市-区域空间结构研究:以上海-长三角为例[D].上海:华东师范大学,2011.
[315] 赵英兰.国外解决地区差距的宏观政策[J].特区经济与港澳台经济,2005(2):2.
[316] 赵映慧,修春亮,姜博,等. 1990年以来东北地区三大城市群的极化发展[J].经济地理, 2010, 30(5):738-743.
[317] 赵映慧,修春亮,姜博,等.1990年代以来空间极化研究综述[J].经济地理,2010, 30(3):383-387.
[318] 甄峰,顾朝林,沈建法,等.改革开放以来广东省空间极化研究[J].地理科学,2000,20(5): 403-410.
[319] 周二黑.黄河流域经济空间分异规律研究[D].开封:河南大学,2007.
[320] 周起业,刘再兴,祝诚,等.区域经济学[M].北京:中国人民大学出版社,1989.
[321] 周毅.基于DEM的黄土高原正负地形及空间分异研究[D].南京:南京师范大学,2011.
[322] 周玉翠.我国区域经济差异及其空间结构研究——基于改革开放以来成长性产业发展的研究视角[D]. 南京:南京师范大学,2007.
[323] 朱长青,史文中.空间分析建模与原理 [M].北京:科学出版社,2006.
[324] 朱厚伦.中国区域经济发展战略研究[D].武汉:华中科技大学,2003.

后　记

本书是在我的博士论文的基础上修改完善而成的。时光飞逝，通过三年的努力，博士论文终于完成。毕业四年后，根据专家学者提出的修改建议，结合社会经济的发展实际，对完成的博士论文进行进一步调整改进，准备以专著的形式出书。在书即将出版之际，此时既有收获的欣喜，也有经历的辛酸，更是心存对老师、专家、同学、同事、朋友和家人的感激之情。怀着一颗感恩的心，向多年来帮助我、关心我、鼓励我的老师、专家、同学、同事、朋友和家人表示衷心的感谢。

回顾在南京师范大学地理科学学院攻读博士学位的这几年，无论是在艰辛的求学之路上，还是在充满迷茫困惑的人生旅途中，我的导师张小林教授都给予了我最真挚的指导和帮助。博士论文的选题、构思、写作和修改，恩师都给予我非常细致和耐心的指导，字里行间凝聚了恩师大量的心血。每一次聆听恩师的教诲时，深深地被他的渊博知识、深邃思想、缜密思维、敏锐视角和兢兢业业、严谨的治学风范所震撼，更是被他那豁达的胸怀、善良的品性所折服。深深感谢张老师，感谢他对我的信任与鼓励、理解与宽容、教诲与帮助，学生将铭记于心，永久珍藏。

在读书的三年过程中，也得到了南京师范大学地理科学学院吴启焰教授的认真指导及宝贵建议。吴老师的悉心指导不仅使我逐渐完善自身的科研技能，提升了科研素质，还使我明白了许多人生的道理。在此，谨向吴老师表示崇高的敬意和衷心的感谢！

在论文的写作过程中，还得到了地理科学学院杨山教授、陆玉麒教授、赵媛教授、汪涛教授、黄震方教授、沙润教授、汤国安教授等老师的指导和帮助。正是因为各位老师的无私帮助，才使得本论文能够更加完整和严谨。贺德刚老师、周安宁老师、陈霞老师、彭元老师等为我在南师的学习做了许多工作，在此一并致以诚挚的谢意！

我的硕士生导师——江苏师范大学经济学院院长朱舜教授，一直关心我的学习和进步，在朱老师身边学习的情景时常浮现在我的眼前，与朱老师之间亦师亦友的感情将成为永久的回忆。

感谢南京大学张捷教授和南京地理与湖泊所陈雯研究员，在多次担任南京师范大学地理科学学院博士学位论文答辩委员会专家的过程中，你们深刻而精彩的点评，让我受益匪浅。

感谢同门师兄兼同事的尚正永教授，正是你的鼓励和帮助才使我走出阴霾并坚持完成学业。感谢南京大学关劲峤博士、南京农业大学孔伟博士、南京航空航天大学秦晓倩博士，你们对我的鼓励弥足珍贵。

感谢李红波博士、冀亚哲硕士、殷冉硕士、李玉芳硕士、吴江国硕士，我们六个是张老师同一年的学生，共处的时间最长。在漫长而又短暂的三年期间，我们分享彼此的成功与失败，给予彼此鼓励与帮助，成就了不一般的同门同窗之情。感谢郝莉莎博士、王亚华博士、李传武博士、石诗源博士、邵大伟博士、朱彬博士、曾文博士、秦莉茹硕士、蔡香佩硕士、徐建红硕士、李闻硕士、曹文莉硕士、裴璐硕士、张荣荣硕士、耿焕侠硕士、郭芸君硕士、张超亚硕士等同门师姐师妹师兄师弟们，你们的前领后推是我的动力之源。另外，王贝贝、任晓蓉、任思思等同学也在一个实验室的学习过程中建立了深厚的感情，感谢你们！

感谢梁艳博士、周玮博士、沈宏婷博士、张亚楠博士、张春菊博士、甄艳博士、曹芳东博士、郭文博士、孟德友博士、沈惊宏博士等 2010 级同学，虽然专业各异，但是经常的交流与讨论让我受益匪浅。

感谢曾在南京师范大学地科院深造的我的大学同学邢红博士，谢谢你在生活上和学术上给我的帮助和鼓励，跟你一起度过的这一年中，让我好像又重新回到了充满浪漫和活力的大学时代。

感谢淮阴师范学院提供的学习机会与资助，感谢城市与环境学院提供的宽松条件，感谢毛广雄院长、姜于书记、朱国传书记、黄远志书记、张云副院长、尚正永副院长、羊森书记、孙爱军副书记、王涛副书记对我在宁读博和撰书期间的关心、照顾与帮助。郭丽老师和徐海英副教授一直帮助我处理单位中的工作并给予我很多鼓励，陈良教授、庄秀琴副教授、蔡安宁博士、刘传明博士、张飞博士、叶正伟博士、卢研博士、徐洪文博士、周红英老师、韩庭老师、周宇老师、徐红林老师等同事都很关心我的博士论文的撰写和专著的出版，在此一起表示感谢！

最后要深深地感谢我的家人。本应安享晚年的父母双亲，在我外出读书和撰写专著期间，帮我照顾孩子和家庭，解决了我的后顾之忧，使我能够安心读书。感谢我的公公婆婆，他们经常为我在外学习、生活和工作重任感到担心，给予我许多的鼓励与祝愿。亲情永远是心灵的港湾，老人们的健康与快乐是我最大的幸福！

感谢我的爱人马燕明先生，他在完成自己工作的同时还要承担起照顾家庭的重担，让我能够安心地在外求学和著书！感谢我那可爱的儿子马诗豪同学，他也能理解老妈中年在外学习的辛苦和著书的煎熬，自己独立、健康、快乐地成长着，他是我一直努力的精神支柱！

张春梅

2017 年 5 月 22 日晚于江苏淮安